■ 小学、幼儿园教育教学研究丛书

教育发展
止于至善

广东省小学、幼儿园名师培养对象赴台湾研习心得（第二辑）

曾用强　主编

华南理工大学出版社
SOUTH CHINA UNIVERSITY OF TECHNOLOGY PRESS
·广州·

图书在版编目（CIP）数据

教育发展　止于至善：广东省小学、幼儿园名师培养对象赴台湾研习心得. 第二辑 / 曾用强主编. —广州：华南理工大学出版社，2019.5

（小学、幼儿园教育教学研究丛书）

ISBN 978-7-5623-5913-5

Ⅰ. ①教… Ⅱ. ①曾… Ⅲ. ①小学教师–师资培养–文集 ②幼教人员–师资培养–文集 Ⅳ. ①G625.1-53 ②G615-53

中国版本图书馆 CIP 数据核字（2019）第025095号

Jiao Yu Fa Zhan Zhi Yu Zhi Shan——Guangdong Sheng Xiaoxue You'eryuan Mingshi Peiyang Duixiang Fu Taiwan Yanxi Xinde（Di'er Ji）

教育发展　止于至善——广东省小学、幼儿园名师培养对象赴台湾研习心得（第二辑）
曾用强　主编

出 版 人：	卢家明
出版发行：	华南理工大学出版社
	（广州五山华南理工大学17号楼，邮编510640）
	http://www.scutpress.com.cn　E-mail: scutc13@scut.edu.cn
	营销部电话：020-87113487　87111048（传真）
策划编辑：	黄冰莹
责任编辑：	王昱靖
印 刷 者：	广州市新怡印务有限公司
开　　本：	787 mm×1092 mm　1/16　印张：14.5　字数：365 千
版　　次：	2019 年 5 月第 1 版　2019 年 5 月第 1 次印刷
定　　价：	48.00 元

版权所有　盗版必究　　印装差错　负责调换

编委会

主　编：曾用强

副主编：方坚伟　梁祖菲　张　燕　陈子杏

编　委（以姓氏笔画为序）：

　　马永建　李　青　钟　蔚

前　言

在学校教育中，教师可以说是教育实施过程中的核心与灵魂。日本教育学家永井道雄说："办好教育的关键，第一在教师，第二还在教师。"为什么教师具有如此重要的地位？原因就在于教师能够对学生的生活、成长乃至思想观念施加影响，进而影响社会的发展。正如习近平总书记于 2014 年教师节前夕同北京师范大学师生代表座谈时的讲话中指出："……教师的工作是塑造灵魂、塑造生命、塑造人的工作。一个人遇到好老师是人生的幸运，一个学校拥有好老师是学校的光荣，一个民族源源不断涌现出一批又一批好老师则是民族的希望。"

那么，如何成为一位优秀的教师呢？其秘诀就在于不断地学习与积累经验。德国教育家第斯多惠曾提醒我们："一个人不教育好自己，就不可能去教育别人；学生所受的教育和教养程度，取决于教师所受的教育和教养程度。学校是儿童受教育的场所，也是教师接受教育的地方；教师要通过一切环境和活动来教育自己。自我教育是教师的终身任务。"简单地说，教师要让学生善于学习，首先自己就要成为学习者。教师，是一个需要不断学习和积累经验的职业。这种经验的积累，一方面是通过实践，在和学生进行教学互动的过程中不断成长；另一方面是从专家的引领、同行的交流以及书籍的阅读中领悟教育的智慧。

由广东省外语艺术职业学院（以下简称"我院"）承办的广东省新一轮"百千万人才培养工程"小学、幼儿园名教师培养项目就汇聚了这样一批优秀的教师，他们虽然来自不同的地区、不同的学科，但是都具有一种共同的品质，就是热爱教师岗位，善于学习，乐于研究。他们深知：教学是一门艺术，要使这门艺术臻于极致，一方面需要依靠教育技能的掌握和运用，另一方面需要不懈地研究和探索。所以，一名普通教师若要成长为"名教师"，其关键就是要学会做一名发展型、思想型和研究型的教师。

而这也是我院在制定广东省小学、幼儿园名教师培养方案时的基本出发点，即强调教育理念、科研与实践的三位一体，使名师培养对象朝发展型、思想型和研究型教师的目标不断前行。我院通过有针对性的开阔视野、专家指导、任务驱动、个人研修等方式，为名师培养对象搭建一个成长、交流与展示的平台，挖掘名师培养对象的潜能，引导他们重视个人教育理念的反思与凝练，重视创新意识与创新思维的培养，促进培养对象教改科研与教学实践能力的提升。

这套丛书是小学、幼儿园名师培养对象学习与成长足迹的重要记录。其中包括名师培养对象赴台湾地区及澳大利亚研修学习后撰写的研修报告的合集，从这些研修报告中我们不难看出名师培养对象看待国内外教育的独特视角。他们从教育理念、教学方法、教学管理等诸多方面对国内外教育进行认真的审视与比较，并结合自身的教育教学实践进行反思，探寻自身的教育成长之路。另外，作为一位优秀的教师，名师培养对象最重要的舞台还是在课堂上，本丛书还包括体现他们教学理念与教学水平的优秀教学设计合集，也从一个侧面反映了他们作为名师培养对象的研修成果。

我院项目组将这些内容结集出版，一方面，是考虑到更大限度地发挥名师培养对象研修成果的示范辐射作用，因为作为有着丰富教学经验以及乐于探索的优秀教师，其思考与实践对于教育界的同行们无疑是有启发意义的。另一方面，这套丛书也是我院承办广东省小学、幼儿园名教师培养项目的重要成果之一，有助于我们对名教师培养工作进行总结和反思，从而继续深化和完善小学、幼儿园名教师培养工作。

曾用强

目 录

小学篇

003　以人为本　多元发展 / 肖　靓
011　深入人心的台湾教育 / 邹美文
015　传统·人文·生态 / 赵韶亮
018　行走在"全人教育"的天地中 / 姚燕涣
021　全人教育纪录 / 吴秉健
026　走进台湾地区感受传统教育的魅力 / 吴夏梅
029　行走宝岛，看见教育 / 岳　旭
032　建筑空间与教育的优美对话 / 向苏龙
037　为学勿萌老态，做人须具童心 / 刘占双
041　赴台湾培训研修小结 / 李　彤
048　赴台湾教育研修报告 / 叶　梅
052　学思行 / 高红妹
056　台湾教育思赏录 / 陈郭恒
063　一脉相承　和谐统一 / 黄嘉碧
069　从师资培育及管理看台湾教育 / 吴燕娜
075　对台湾学校校园文化建设的"角色"观察、剖析与认识 / 赖李真
077　台湾全人教育理念下的融合教育 / 马善波
082　"全人教育"理念为学生发展插上理想的翅膀 / 谢国刚
085　难忘的台湾教育考察之旅 / 梁婉清
089　利用资源，创办特色 / 冯婉霞
092　赴台湾研习考察报告 / 陈丽丽
095　"全人关怀"在细节中闪光 / 李上青
099　全人教育：台湾小学教育的别样风景 / 曾德统
105　赴台湾参访学习心得体会 / 周彩霞
107　彰显办学特色　传承中华文化 / 李思娜
110　不忘初心砥砺前行 / 陆梅红
115　以生为本，促进学生多元成长 / 邹小婷
118　美美宝岛行　纯纯教育梦 / 林淑媛
123　全人教育　立足未来 / 李　浩

127　台湾随访录 / 林焕好
133　实施全人教育，引领多元发展 / 余美珍
137　他山之石可以攻玉 / 林　琛
140　百草逢春全面育人 / 王金发
143　15天，我的台湾研习之旅 / 陈晓燕
149　台湾，教育的另一种印象 / 蔡敏胜
151　遇见·台湾教育 / 卢小娟
156　台湾"全人教育"的所见所思 / 李宇韬
159　弘扬传统文化　凸显国际视野 / 陈树德
162　走进台湾　感悟教育真谛 / 黄伟祥
166　从台湾"核心素养"教育中探寻"全人教育" / 高　飞

幼儿园篇

173　赴台湾深度考察研修学习总结 / 吴冬梅
176　赴台湾考察总结 / 辛小勇
180　赴台湾开展幼儿园教学研修交流总结 / 蔡　君
185　台湾亲师教育管窥与启迪 / 麦　榴
189　我眼中的台湾幼教 / 杨　梅
191　聚焦教育、透视人文、多元发展、专业同根 / 王艺澄
194　走进台湾，遇见美好 / 黄怡珊
197　比较大陆与台湾地区幼儿教育的异同及其启示 / 赵崇锐
201　台湾幼儿的教育环境、课程与师资培养掠影 / 陈洪樱
204　自主是放飞思维的翅膀 / 黄少慧
207　加深两岸交流，共促先进教育理念 / 冯　虹
211　传统文化与先进理念的结合 / 王　维
213　台湾考察学习总结 / 周玉坚
219　台湾地区幼儿园情绪领域教育及其启示 / 许　凯

小学篇
XIAO XUE PIAN

以人为本　多元发展
——"全人教育策略及实施"赴台湾研修报告

■ 华南师范大学附属天河实验学校　肖　靓

2017年12月25日，我怀着激动兴奋的心情起航台湾，参加广东省新一轮"百千万人才培养工程"第二批小学名师培养对象为期15天的"全人教育策略及实施"第二期研修交流之旅。本次赴台研修活动，我们通过专题讲座、标杆小学参访、跟岗、座谈交流等形式，多角度了解了台湾学校的办学特色与理念、课程设置与组织、校园文化建设，了解了课堂教学过程，学习了先进教学方法、班级管理手段及方法等。考察中，我们先后参访了台湾师范大学、华梵大学、新北市大安小学、东海大学附属小学、台中市北区太平小学、高雄光荣小学、屏东大学、台东县丰源小学、佛光大学、宜兰礁溪小学等学校，聆听了几位教授关于台湾教育的讲座，这些学校先进的教育理念、现代民主的管理模式以及丰富的课程改革经验给了我许多新的启示，让我感触颇深，受益匪浅。

走在台湾，一切都那么井然有序而不失自然美：四面环海的台湾岛空气新鲜洁净，错落有致的建筑被花草妆点衬托，宽阔的街道上车辆有序前行。大街小巷的整洁清新，接待人员的热情主动，司机、服务生的彬彬有礼，无不流淌着人文的血液。我想和谐的环境应归功于这里的教育。台湾教育以人为本，不但启发人的智慧而且净化人的心灵。中国传统的文化积淀与现代人文素养的巧妙结合被台湾民众表现得淋漓尽致，让整个环境在蓝天白云的映衬下沉浸在一片柔和之中，显得无比的素雅而美丽。这么美好的环境无疑为教育下一代提供了一个巨大的隐形的有力支撑。台湾有公立学校，也有私立学校，还有佛教办学等。不管是公立还是社会集资办学，他们都有一个共同目的：以人为本，让所有的孩子都能够享受优质教育。于是教育资源的充分利用与挖掘成了一条重要途径。

浸润在凸现人文情怀与传统文化中的台湾基础教育，处处都展现着"以人为本，弘扬传统"的印痕。所有这次参访的学校给我们的共同感觉是学校工作一切围着"人"转，时时处处爱护人、关心人、服务人。如校长带领我们参观校园时，碰到老师和学生都会当着客人的面对他们赞美有加，学生表演项目结束校长都会带头鼓掌并给予夸奖等。下面从五个方面谈谈我此次台湾之行的收获。

一、以人为本，大师育人

清华大学前校长梅贻琦说"所谓大学者，非谓有大楼之谓也，有大师之谓也"。12月27日，我们参访的位于新北市石碇区大仑山顶的华梵大学就有这么一位大师——晓云法师，她是华梵大学创办人，她的思想和精神影响了全校师生，华梵大学的教师爱教育、乐于奉献，学生坦荡、善良和进取。简江儒副校长给我们做介绍道，晓云法师是集佛学、艺术、文学、教育于一身的般若行者。她早年从事文学美术研究，有"岭南女画杰"之雅誉。她环宇周行二十余国，论著包括佛教艺术与般若禅意论集、画册、诗集等，享誉国际。后以79岁的高龄创办华梵大学，终身不建寺庙，不任住持，立志做教育界的一头耕牛，直到生命的最后一天。释晓云法师提倡"觉之教育"，并以"人文与科技融汇，慈悲与智慧相生"为创校宗旨，"德智能仁"为校训。"觉"是重视自我反省、开拓心灵智慧的人本教育，以实现人文精神与科学技术的整合，结合儒家忠恕传统道德及佛教"自觉觉他"的菩萨精神，培养德学相彰、能为时代中流砥柱的栋梁人才为目标。我们现在倡导"人文与科技"相结合，而晓云法师早在20多年前就已经有这样超前的理念。

图1　华梵大学简江儒副校长给我们做报告

晓云法师说："教育与我的生命是一体的，它将陪伴我到生命的最后一天。""做老师永远都是年轻的，因为我不讲年老的话，我要讲年轻人听得懂的话，这样我就会变得年轻。"环境会影响人，整个校园就是晓云法师的画，每一处建筑、景致的布局设计，处处都能体现晓云大师创办学校时的别具匠心。五明楼、荟萃楼、明镜楼、世学馆、统理馆、民先馆等建筑物错落在崇山峻岭中，掩映在郁郁葱葱间；心镜湖、精进轩、读书亭、三友路、梅园、竹林、松岗等依山而建，浑然天成，给人"天人合一"的无限和谐感。天为锦帐树为屏，学子在此求学幸甚至哉！这样布置校园环境的核心就是提供多元的学习环境，79岁的晓云法师自己设计和布局校园，还通过出售自己的画来筹建校园。艰辛创办学校之余，还经常与学生一起聊天，通过心与心的交融，学生很喜欢她。晓云法师的教育情怀深深打动了我。

二、以人为本，环境育人

1. 台中市北区太平小学的厕所文化

太平小学以"同去、童趣"为设计理念，加入阅读、运动、本土观、国际观的主题，发展本地文化特色，并融入美感教育，展现厕所人文美学，学生喜欢一同去厕所（同去），进入一个富有"童趣"的空间，让厕所不只是解决学生生理需求，更提升成为心灵成长天地。该校运用四个亮点达成"同去、童趣"的设计理念。一楼的"本土风",乃将"双十流域"地图绘制在弧形马赛克墙砖上,让学生了解本地文化,认识台中公园、放送局、柳原教会、孔庙等地。六角形洗手台设计,犹如古代水井造型,让学生了解饮水要思源,配合木质地砖与隔间,创造出古朴的视觉效果,像是进入时光隧道,尽享"双十流域"的意境。二楼是走"运动风",运动能促进新陈代谢,更能强健体魄,蓝色的瓷砖搭配黑色烤漆小人,呈现学校发展的运动社团项目,例如舞蹈、溜冰、篮球、羽球、跳绳等主题,创造出具有运动风的厕所。三楼是以"阅读风"呈现,阅读是学校本位课程,学校藏书最多的图书馆也在三楼,六角形洗手台上方有棵"树木"的意象造型,表现树木汲取洁净的水为养分而枝繁叶茂,天花板绿色造型是树干上的叶子,树荫下的马赛克砖书墙,营造"树屋"的感觉,让学生遨游书香天地。四楼来到了"国际风",一切从本地出发,迈向国际,放眼世界地球村,弧形墙面绘着学生心目中的世界地图,让学生了解世界各地不同的文化,都能在和平、互爱与尊重的胸怀下共存、共荣。

图2　台中市北区太平小学的厕所文化——本土风

学校在努力营造温馨、快乐、希望的太平园地,以学生为本,让环境育人。太平小学只有400个学生,但学生活动的场所非常大,学校占地面积2.5公顷,在如此大的活动空间培养出来的孩子一定是心胸开阔的人。

2.高雄市光荣小学的走廊文化

高雄市盐埕区光荣小学就在爱河旁边,学校没有围墙,与社区融为一体。新校舍2005年落成,校舍善用旧校留下的铁杉、枕木等素材,融合盐埕区历史元素以及水岸花香的生态意象,以水、光、绿为建筑特色,打造出美丽的校园。新的教学楼走廊、楼梯的每一面墙或阶梯上都充满文化元素,或是盐埕八景,或是宣传口号。教学楼走廊有一间课室那么宽,活动空间相当大,学校通过营造宽阔、和谐、开放的学习环境,希望孩子们变得心胸宽广、和善欢乐。

图3　高雄市光荣小学的走廊文化

3.具有希腊爱琴海风格的台东县丰源小学

热情的吴秀金校长从丰源小学的历史、规划、设计的理念、建筑的风格、教育活动的开展、学科学习成效等方面向我们介绍了该校的特色。让我们都不由地赞叹"好美"！丰源小学校园依山傍水，兼具海洋和农村风情，设计理念以人为主，以教育持续发展为原则，符合美观、节能、持续等绿色校园的建筑目标。学校建筑以蓝色、白色为主调，呈现出浓浓的地中海风情。内部设计科学实用，多边形的教室设计除大片窗户外，各设置两个前门和一个后门，因为方向各不相同，可以引进各方向的风流，让教室透气又凉爽，而且教室是梯形的，一个前门和走廊非垂直设计，可以避免室内、室外行进的碰撞问题。教室外廊是拱门和圆柱的搭配，让廊道空间更显优雅温柔，各立柱的边角也细心地做圆角处理，预防学生撞伤。漫步校园中看着有如哥特式教堂风格的彩绘玻璃，圆拱形的窗户和S形曲线栏杆，海浪造型的屋顶，整座校园展现出欧式的浪漫风情，人身处其中，可以感受到柔性的氛围，舒缓紧绷烦躁的情绪。

丰源小学脱离了旧时代学校威严的刻板印象，既像一个美丽又浪漫的童话世界，又像一艘即将起航的帆船，将建筑美学与校园美学完美地结合和呈现，让校园空间规划更弹性、更多元，除了提供师生教与学之外，还发挥了附加价值和效益，让校舍不只是校舍，校园也不只是校园。校园中每一处设计都融入了设计者细腻的心思，在读的学生们说上学就像度假般自在。该校虽然生源大多数来自农村，学生也只有102人，可是教学成效还是很突出的，在每学年台湾地区指定的3年级和5年级的学业统一测评中，学生的成绩均高于县平均水平。

如果我们可以多为孩子考虑，多给孩子提供他们喜欢的环境和课程，那孩子一定会越来越喜欢上学。

三、以人为本,课程育人

1. 台中东海大学附属小学的 SMART 英语课程

东大附小的英语课程特色体现在:

(1) Small Class Size 小班教学。分三大组,每大组分成 3～4 个小班,每班 15～18 人,重视个别差异,力行分组教学,辅以适当学习教材,依据各组情况进行课程进度调整。授课方面,每周 10 节英语课程,其中中师 6 节课,内容是课文内容讲解及阅读技巧,自然发音基础建构,文法教授及讲解或者小书(phonics)教学,外师 4 节课,内容是 conversations → modules,外籍教师依据主教材配合练习会话或者小书(phonics)教学。

(2) Multi-activities 多元活动。包括教师团队设计多元、多样、生动活泼的教学活动,举办相关的英语展演活动,提升学生学习兴趣,达到寓教于乐的目标。

(3) Authentic Materials 生活化教学。一是采用现今美国小学使用的 *Journeys* 教材为教科书,利用网上阅读自学功能。二是外师编写的 *Modules* 教材让课程更加完整,教材内容符合真实生活情境。

图 4 台中东海大学附小英语图书馆

(4) Reliable Teachers 优质团队。学校具备丰富教学经验的专业教学团队,有外师 11 位,中师 18 位,教师群多具有硕士学位及 TESL 证书。

(5) Technology 多媒体辅助教学。每间教室配置互动式白板与投影机,利用白板(tablet)进行数字化教学,如 Kahoot,Plickers 线上游戏式测验的使用,在课室中带入即时反馈系统 IRS(interactive response system)的学习模式,激发学生学习动机和提升教学品质。

2. 高雄市盐埕区光荣小学的海洋教育课程

光荣小学的李哲明校长是个有胆识、有魄力、有作为的校长,学校只有不到 300 个学生,20 多个老师,李校长却设计出了让人折服的国际化课程,包括:海洋教育、创梦课程和艺游课程。课程做得非常细致到位，李校长毫无保留地给我们分享了详细的课程安排、问卷调查结果和统计数据等。

图5　光荣小学的李哲明校长给我们做报告

　　李校长说："学校活动就像烟火，放完就没了，因此，一定要把理念贯彻到课程，实施到课堂，这样才能成为学校文化和内涵，可以世代累积。"李校长利用学校附近的爱河，开发了"海洋教育"国际课程，培养学生的国际视野。他指出，我们都是地球人，需要具备跨国移动力，培养学生对跨文化的理解和沟通、尊重和欣赏，这样才能走得长远。海洋教育有五大主题——海洋休闲、海洋社会、海洋文化、海洋科学和海洋资源。首先是探究式学习环境规划，运用爱河水域，以独木舟、OP级帆船及激光级帆船，设计运动游憩教育探究式学习课程，探索操帆控舵的技巧以及独立解决问题的能力。其次是探究式学习课程规划，自我挑战——独木舟及立式划桨系列课程，帆船教育——水上体育风帆课程，生态实察——环境教育系列课程。最后是知海爱海亲海，通过帆船系列课程体验鼓励学生探究学习，从孩子的生活出发，走向户外探索海洋生态与环境，提升学生的学习动机与自信，共同点燃学习热情。虽然过程很艰辛很曲折，甚至在帆船课中丢失了学生和帆船（最后还是找回来了），李校长还是坚持到底，他勇敢和执着的精神令人佩服。

　　教育是面对孩子这个地球将来最重要的力量，所以，无论是中国大陆还是台湾地区，我们坚信只要把孩子教好，未来地球就会更好，我们一起努力。

四、以人为本，爱心育人

　　屏东大学是一所拥有高教、技职与师培三大体系的"教学与科研融合型大学"，教育目标是人文关怀、专业展能和创新卓越。学校的特殊教育系做了一项创举，那就是他们拥有了"学习辅助犬训练教室"，由特教系部分学生成为领犬员，促进小朋友阅读，更能协助身心障碍的小朋友阅读。他们的理念是"用生命影响生命"，通过辅助犬协助有特殊需求的学生有自信、有动机地学习。训练一些狗狗听孩子朗读，陪伴孩子阅读。部分社区的孩子如果安排不到医生，可以到这里接受辅助治疗。由小朋友念书给狗狗听，让小朋友觉得阅读更有乐趣。

接受过服从训练的狗狗懂英文和中文双语指令，安静地趴在毯子上休息，静静地聆听小朋友阅读，一旁有领犬员照顾犬只，若是小朋友阅读完毕可以喂狗狗吃零食、拥抱、拍抚或玩食物抛接等。特教系有两间专门的特教室，免费向附近社区有困难的孩子开放，帮助了不少家长和孩子。由狗狗陪伴读书，这是我第一次听说，顿时让我觉得学校特教系真有爱，也很会想办法去帮助有需要的孩子。

五、以人为本，合力育人

台湾的每一所小学都建立有家委会和"家长志工团"，每一个人都把教育孩子视为义不容辞的责任，每一个人都在积极为孩子做事。可见学校已把教育推广到了社会、推广到了社区，实现了学校、社会与家庭的合力教育。这为广大师生了解社会、接触社会、融入社会提供了更为广阔的舞台。家委会的会长一般由资深的家长担任，任期两年，并且常年在学校免费办公，参加学校校务公议及所有活动。家委会设有导护辅导团、爱心妈妈团、爱心辅导团等，分别负责上下学护送路队、早自习讲故事、辅导学困生、特长生培养、心理辅导等。家长们不但义务为学校服务，而且资助办学，为师生排忧解难，已成为一种常态机制。家长对教育的鼎力支持与配合，再加上社会的良好氛围导向，让我深深感受到"三位一体"的合力教育管理模式的重要地位。家长关注学校即关爱自己孩子的幸福，这为促进学生健康成长提供了坚实的支撑。

图6 家长志工在大安小学图书馆帮忙

台湾之行，来去匆匆。所见所闻、所思所想难免肤浅，但的确开阔了视野。教育是为社会服务的，台湾教育的对象是全民的、场所是广阔的、方式是多元的、活动是多样的、参与是志愿的、服务是无偿的。教育创新需要先进的教育理念来支撑与引领，台湾突出人本化的教育理念：以全人教育、生命教育、终生教育为主轴，以精致教育为核心，潜在课程为半径，真正画出了人性化和科学化的教育同心圆。

　　随着两岸关系的不断发展，两岸之间的交流和合作将会越来越多。让我们牵着彼此的手，共筑美好的教育之梦！

深入人心的台湾教育
——台湾研修报告

■ 广州市越秀区执信南路小学　邹美文

一、基本情况

2017年12月25日至2018年1月8日，由广东省新一轮"百千万人才培养工程"小学、幼儿园名师培养对象22名学员组成的教育考察团，赴台湾进行了为期15天的学习和考察。在赴台湾前，我们接受了有关培训，由台湾驻东莞台商育苗基金会昌博士主讲，让我们对台湾教育体制、教育内容等有了大概的认识。在台湾为期两周的培训，内容丰富、形式多样。我们先后听了7场不同的专题学术报告，考察了十几所大中小学；参观了台北故宫博物院，还参观了台湾师范大学、华梵大学。

一路行程紧张而充实，所考察的每一所学校都是在当地享有盛誉、各具特色的优质学校。回顾这次考察学习活动，在大学课堂里，我们聆听了大学教授对台湾教育体制、课程改革和教育现状的分析，获取教育理论研究前沿资讯，了解目前在台湾学校中广泛应用的具有支撑性作用的教育理论知识；分享来自一线的资深校长、教师关于在台湾如何当校长、教师的成功经验和体会，与他们共同品味从教的酸甜苦辣。

二、主要观感

1. 轻松的育人氛围，让他们在班级、学校中找到归属感

台湾学校从3岁到16岁的教育中，处处都体现着这一点。学生学习负担轻，学生感受不到来自学习方面的压力，课堂的组织形式、内容丰富；课堂也不会有各种繁琐的提问，看不出教师的语言组织痕迹和课堂结构套路；教师的激励、赏识、游戏贯穿整个课堂，成为课堂的主要形式，孩子们喜欢课堂。课室的布置，学校的每一项设施，教师的言语眼神，无不透露着对孩子的尊重和关爱。

参访台湾的每一所学校，一定不会忘记一面面会"说话"的墙壁，每天都如春雨般润物细无声，悄悄滋润着孩子们的心灵。炫彩夺目、充满童趣的墙壁文化，都是孩子们的"佳作"和精心制作的成果。自画像——认识自己，接纳自己；标示语——了解生活常识；作品集——获得自豪感；提示语——了解制度，规范意识。不需要言语，静静地记录着孩子的成长痕迹。最重要的是，孩子每天都能得到肯定，跟自己比哪怕一点点进步，墙壁都会告诉孩子、提醒孩子。墙壁文化如此强大，还能装饰学校，为学校增添靓丽的风景，而且陶冶学生情操，启迪学生心智，促进学生的全面发展，充分发挥了校园文化的隐性教育功能，成为学校校园文化建设和传播的重要阵地。课室是孩子温暖的学习乐园、精神家园。每个孩子在课室里都是被尊重的，他们的学习需求在这里得到满足，他们是独特的个体，学校、老师的做法就是尽量激励、满足孩子，让他们找到成长的自信和动力。在参访中，其中还有一所学校，校舍虽然质朴，但竟然拥有"五星级"的厕所文化，设计风格均由孩子们参与和选择，四种风格独具特色：本土风、运动风、阅读风、国际风，同时

解决了厕所的异味问题，让学生爱上厕所，成了这所学校独具风格的文化。这所学校不论是校长，还是学校中层，甚至孩子们都会对学校的厕所文化津津乐道，随时挂在嘴边，让人想到小店的一句广告语"走过、路过、千万别错过"。厕所文化凝聚了学校每个人的智慧，这是值得我们学习和借鉴的。

2. 教师专业化程度高，付出很多，负担不轻

教师大多是大学毕业，取得硕士学位，接受教师专业培训，获得教师资格证。校长要获得校长资格证。这直接影响着学校的发展。学校实行校长负责制，校长对学校的各项工作负责，拥有教师聘用、考核、奖惩权，拥有学校经费的安排使用权。近年来，台湾生源严重缺失，人口分布不均匀，台北和台中人口集中，学校生源相对集中；台东人口稀疏，一些学校学生只有十几人，往往面临着生存的危机。教师要承担数学、计算机、科学等多学科的教学，个别学校16：10～16：50第二课堂活动课非常丰富，开设的课程包括：科学、围棋、舞蹈、足球、大提琴、轮滑、桌游、小提琴、街舞、美艺创作等，音乐和体育由专任教师执教。教师依据教学大纲制订教学方案，学校也会根据学校的办学理念申报学校特色，并申报有关课题，这样也可以向上级部门申请一定的经费打造学校特色课程。

教师一周工作量一般为二十几节课，学生在校的时间通常为5～6小时，学生和教师都在学校用午餐。学校课时安排较为灵活，很多学科教学趋向整合。在交流中我们得知很多学科没有统一的教材，只有统一的教学大纲，教师要根据大纲备课、写出详细的教学设计，提交到学校网站，供校长和其他老师同时参考、检查；学校老师的工作时间超过10小时，大部分老师经常加班。在学校行政班子的人员结构中，学校除了校长是教育部门任命的，其他中层干部都是由学校推荐，据了解，很多学校老师们都不愿意做，他们认为这份工作不但没有增加任何收入，还给自己增加了额外的工作量，所以就出现了老师们宁愿做自己的专业，也不愿意承担行政管理工作这种现象。为了解决这个问题，有的学校采取轮流制，每个老师都需要承担这部分的工作，有的学校校长认为有的老师有责任心便亲自去做思想工作，想办法说服，可见，教师的负担并不轻。

3. 德育教育的途径多样性

考察台湾每一所学校，我们能从许多细微之处看到道德教育的成效。小校园，"大文化"。例如：下午有一段时间，学生要参加学校的社团活动，很多同学要离开课室，分别到不同的场室和活动区域上课，孩子们要在规定的时间拿好轮滑、球类等装备前往，在这大概5分钟的时间内，学生上下楼梯不争先恐后，保持右行，几乎不会发生拥堵的现象。

在台湾，学校是如何进行道德教育的呢？这成为我考察学校时留意和询问的重点。我们发现台湾学校的道德教育具有途径多样性的特点。

（1）通过课程教学，对学生进行道德教化和健康行为方式的指导。健康课，涉及学生成长过程中遇到的所有问题，给学生生活技能、表达能力、思考能力、与人相处以及道德修养方面以全面的指导。

（2）通过其他学科和课外活动进行道德教育。台湾学校非常注重在其他学科教学中渗透道德教育内容，如通过艺术课，培养学生的情感和欣赏水平，丰富学生对美的心灵体验；通过体育课，培养学生的体育精神，指导学生在体育活动中养成守规则、勇敢、拼搏、合作等品质；通过健康课，使学生了解健康的重要性；通过烹饪课，让学生体会食物和能源来之不易，不要轻易浪费；通过实验课，让学生了解人与人合作、团结协作的重要

性；通过戏剧课，让学生置身于艺术殿堂，让学生展示自我，培养自信心。此外，台湾学校还广泛开展各种课外活动，学校经常组织集体活动，如各种集会，社区表演、各种俱乐部活动、义卖慈善活动等，以增加学生的道德实践机会。

（3）注重校园环境的熏陶。学校是教书育人的场所，优美、有序的校园环境无疑对学生有着潜移默化的影响。老子曾说："天下大事，必做于细。"还记得当我们踏进参访学校的校门，呈现眼前的首先是独有的迎接方式，小提琴演奏，腰鼓队的表演等，没有华丽的舞台和服装，他们却能用悠扬的旋律和节奏，让人忍不住停下脚步，认真聆听和观看，让人有宾至如归的喜悦。到校园内，无论走到哪个角落，都可以看到学生展出的作品；在楼道上，在学校最显眼的地方，总是展出着学校的、学生的各种荣誉；在每个课室，我们都仿佛置身于各个不同主题的公园。校园环境的每一个细节，无不让人们感觉到以人为本、张扬学生个性、倡导优良品质的道德教育，真正做到环境育人。

三、特色办学引发新思考

在台中大安小学、台中太平小学的参访学习中，我们听取了黄志成校长和余益兴校长的专题报告，受益匪浅，体会良多。给我留下印象最深的是，他们通过坚持"特色办学"，成功打造了属于自己的独特教育名牌。经历多年的摸索和总结，创建了体育特色、经典阅读、艺术教育、英语教育、厕所文化特色等学校品牌，这所学校无疑是成功的学校，形成了自己的特色，打响了自己的品牌。由此我想到，学校其实只需要打造一个特色品牌就可以成就一方新天地，像我们一提"觉之教育"，马上就想到华梵大学；一说"最美校园"就会想起台东丰源小学一样，它们就是有了特色，而我们众多学校其实是没有什么特色的，怎样特色办学将成为今后我们思考的话题和追求的目标。

四、真正的教育是以学生为本的素质教育，素质教育才是教育的归宿

实施素质教育是当前我国教育的主旋律，新课程的实施和教改理念的不断实践，成为落实素质教育的助推剂，教师和教育教学管理者是教育发展、学生成长的生力军。我们所参观考察的学校有的在热闹繁华的市区，有的在离市区较远的小镇，各自都能利用自身优势资源办优质教育。他们着眼于学生的德、智、体、美全面发展，让学生的实践能力与创新意识得以兼顾。大到学校的硬件设施，小到校园中的一草一木，无不展现着良好而又务实的育人氛围，无不体现着素质教育旺盛的生命力。例如：爱琴海风情的台东县丰源小学，环境美、建筑美、颜色美，让人不自觉爱上这里的环境，爱上这所学校，这就是这所学校的特有风格，从感官上就能让所有学生爱上学校，这是所有教育者的梦想与追求。丰源小学放手让学生自主参与管理，学生自发组织开展各种活动，参加社会实践，培养社会责任感及实践创新能力，让学生树立了爱心意识、责任意识和维护正义的精神。相比之下，我们平时的教学在潜意识之中还是只看重学生的成绩，在育人方面缺少创新和实践，在教育教学管理方面为学生德育发展创造的条件还不够。

五、用爱呵护每个学生，用心去引导学生

爱是教育的灵魂，爱是塑造美好心灵的力量。平等的爱、理解的爱、尊重的爱、信任的爱、民主的爱，等等，这些都是教师爱的真谛。不论在生活上，还是在学习上，都要给

予学生必要的关心和帮助。只要有问题及时处理，处理方法得当，注意和学生沟通，学生就会信任、喜欢老师，也就喜欢上老师的课。爱学生，还表现在老师对学生的尊重和信任以及对学生的严格要求，同时又要注意学生的个体差异，区别对待。对成绩比较差的学生，我们老师要采用不同的教育方法，因材施教。只有注入了爱才能引起学生的共鸣，才能走进学生的心灵，才能成为学生的良师益友，成为一个成功的教育者。是的，教育需要真情流露，在台中市北区太平小学参观时，有一位二年级学生在打扫楼道，我们经过楼道时，孩子们会很有礼貌地问好，见到我佩戴的胸卡，她跑过来用稚嫩的声音，说出我的名字，并且告诉我，"阿姨我记住你了"，刹间的小感动，不经意的惊喜，教育感人的故事不就在这不经意间吗？

这次考察学习的时间虽然较短，但收获甚大，感受台湾教育人文底蕴的深厚，既加深了我对台湾学校构建校园文化的认识，也使我以后在学校开展校园文化建设时有了更加明确的思考方向和指引。

传统·人文·生态
——全人教育策略及实施第二期赴台湾研修交流总结

■ 广州市海珠区瑞宝小学　赵韶亮

2017年12月25日至2018年1月8日，作为广东省新一轮中小学"百千万人才培养对象"小学名师培养对象赴台湾学习的成员之一，通过为期15天的理论学习、参观活动，我对台湾小学教育教学有了比较全面和深刻的了解。现在对本次我在台湾培训学习中的发现和感悟进行总结。

一、强调人文与传统

1. 优雅安静的人文气息

在华梵大学，令我印象最深的是其"觉之教育"的办学理念和"人文与科技融汇"的办学宗旨。融摄中国历代圣贤的哲学思想，参考世界各国教育学者的论著，去芜存菁，融会贯通。这是对中国传统文化的尊重与升华。其实，在当今，人们都知道科技的发展不但需要人文，而且也离不开人文。但华梵大学创始人在30年前就提出了这样的理念。人文对科学发展的意义是多方面的。科技的发展需要一个能促进其发展的良好的人文背景。科技发展尚是如此，美术作为人文学科，教学更不能忽视其人文特质。尤其在基础教育阶段，无论是欣赏课，还是造型表现课，过度讲技法技能，而无视作品中或创作中的主题和内涵，以及其所涉及的背景和意义，就失去了基础教育阶段的美术教育教学的意义。

以美育人，关键在于以高层次的美感动人的内心，只有形式与内容统一的美才能真正进入孩子们的心灵。也只有让孩子们根据自己的经历和阅历，在立足传统的基础上，放远目光，学会以自己的方式表现表达自己的想法，才能培养出人文性与创造性并存的人才。

此外，在台湾的参观学习中，我聆听了许多讲座，了解台湾地区的教育体制和状况，看到了不同学校的办学理念，收获很大。作为美术老师的我，发现一个有趣的现象——在众多的讲座与汇报中，美术学科方面的内容所占的比例不多，有时只有短短几句，但一定占有一席之地。因为，无论对于一个人、一个集体还是一件物体来说，美都是不可或缺的一部分。漫步在台湾的校园、课室，无一不体现美的重要性——美的环境、美的装饰，以及美的学生作品。这也就体现了美术教育作为素质教育一部分的重要性。也许是由于学科的特点，美术在很多人的想法中没有语文、数学等学科显而易见的工具性、实用性和思维性，一般情况下也没有像体育、音乐学科所展现出来的那种场面上的激情。由此，我想起来一句我们引用得很多的诗句——润物细无声。台湾之行，让我感受到了静静的美，美的素质来自于美的教育，不一定需要轰轰烈烈。

2. 不能丢失的传统文化

闽南语是台湾地区人民的主要地方语言。在台中太平小学，有专门的闽南语教学课程，让我看到学校教育如何深深地扎根于当地文化。

学校为我们展示了一节六年级闽南语教学课例。教学内容是关于过年习俗。老师首先从台湾地区的地名趣味谜语导入，然后切入到过年的儿歌《正月调》——"初一早，初二早，初三睏到饱，初四接神，初五隔开，初六……"通过儿歌展现了多年以前的台湾地区人民的过年传统习俗，此外，老师还拓展到了过年讲好话的习俗。这节结合地方特色语言的课例妙趣横生，一方面，教会了孩子们如何讲闽南语。另一方面，生动地向孩子们展示了台湾地区独特的文化习俗。

对地区特色文化的传承，是不少教育界人士已经进行了多年的研究。其实，我们作为教师可以做得更多。比如，在我们的美术教学过程中，也可以有效地运用这种拓展的形式，把自己地区或者学校的本土资源或者特色资源有效地结合起来，期间兼顾对传统文化的传承，这也是我们教育者的责任。

二、善用环境与资源

1. 处处可文章

文化，是一个非常广泛和最具人文意味的一个词，简单来说，文化就是一个地区内人类的生活要素形态的统称。在一般人的概念里，厕所很难与一般意义上的文化联系起来，而厕所文化往往指向于肮脏、阴暗甚至是污猥等比较消极的元素。

在台中市北区太平小学，在小小解说员的带领下，我们参观了在教学楼里以独特的厕所文化主题打造了4个"五星级"厕所，厕所内外卫生干爽，色彩明亮。一楼展现学校所处的地域文化主题，二楼到四楼分别是运动主题、阅读主题和地理主题。这样的厕所很受欢迎，孩子们喜欢用这样的厕所，能在其中感受到各种不同主题的文化，受到教育，在上厕所时也会精心呵护这个地方。学校是育人的地方，如果能充分发挥环境和各个场地的优势，即便不起眼甚至想不到的地方，都可以化身为神奇的育人场所。

2. 花开蝶自来

高雄市爱河学园光荣小学有四大特色，分别是海洋教育、国际教育、跳鼓特色和桥牌项目。这些特色扎实融合在学校课程中，并在多任校长任期内一直延续发展。

其中，海洋教育以帆船运动项目展开。学校在五、六年级设有帆船班，当中已有六年级学生达到台湾地区最高级别选手的水平。在日常训练中，学校投入了大量人力物力。学生练习顶风航行、迎风换舷等高难度技巧。在训练中，设有翻船的环节，训练孩子自救能力，培养学生的毅力和勇气。学校还每年办一次大型的帆船体验活动，提高学生家长的参与度。此外，学生还参与学做帆船的体验，在2.5小时以内完成组装，让学生了解相关知识。

光荣小学在学校课程方面，制定了多个课程方案，其中一个方案就是：帆船与水资源。在这个课程里，有国际重要帆船赛事介绍；有关于如何成为全球人才的阅读和讨论；有海洋保育及环境永续发展问题；有帆船赛事说明等。其中也融合了跨文化的交流和理解。拓宽孩子视野，才能让孩子走得更远。花开蝶自来，经过学校的努力和学校特色项目的开展，孩子们的意志越加坚强，遇到困难也能勇往直前。学校办此特色课程，从一开始得不到家长的支持，到后来逐渐得到了家长的理解和认同，创立起自己学校的特色品牌。

特色课程，是对学生进行人格教育和品格教育的载体。光荣小学利用学校地域特色和独有资源，让特色课程与人格教育进行深度结合，我对此深受启发。

三、注重生态的教育观

1. 教育和谐呈生态

在不同的学校参观，常常听到一个关键词：生态。

这里说的生态，是指生物在一定的自然环境下生存和发展的状态，在大安小学，校长特别提到了学校的生态用地区域。在校园里，常常看到各种野生动物以及鸟类，为了吸引更多的蝴蝶进入校园，还特别种植了蝴蝶的食草，由此可见学校对环保以及环保教育的重视。在高雄光荣小学，学校拆掉了围墙，完全跟社区的生态环境融合在一起。所以说，教育并不是喊喊口号或是通过一两场活动就能实现。大安小学以长期的实际的行动来实现这种环保的教育。

生态一词又常常用来代指和谐。"生态"常用来定义许多美好的事物，如健康的、美的、和谐的事物。在台湾，我所看到的师生关系都非常和谐。在台中太平小学，学生看到校长，不是立正敬礼，而是上前拥抱，亲密地叫"校长好"。下课铃一响，孩子们都会从课室里面出来，跑到游乐的地方尽情地玩耍。为了满足儿童这样的天性，同时保证孩子们的安全，学校对游乐场所的设计标准要求非常高。这些细节无不体现着一个生态理念——还原孩子们自己年龄段原本该有的状态，呵护孩子们尽情发挥的天性。我们讲生态，对动物尚是如此，对孩子们，不是更应该这样吗？

2. 特殊教育显关怀

在屏东大学的特殊教育主题培训由教育行政研究所张庆勋教授主持。首先，特殊教育系里的台湾特教大师吴典武教授以及特教系黄玉枝主任进行了两岸特教交流情况介绍。接着，我们在黄玉枝主任的带领下参观了特殊教育系及特殊教育中心，各种设备和设施都融合了特殊教育理念。随后张庆勋教授做讲座报告，从良师兴国和师道谈起，讲授如何进行特殊教育师资生的培育，特别是核心素养和关键能力方面的培养。张教授也对特教师资培养课程、学分、教师证取得等进行了介绍，包括语文、健康教育、社会、艺术与人文等基本课程，以及辅导、英语、自然等专长课程。

在屏东大学特殊教育系，最令我印象深刻的是这里的理念。第一，特殊教育中心向社区开放，提供给有需要的孩子和家庭进行训练，应用"陪读狗狗"（学习辅助犬）就是其中一项很独特的训练。第二，应用艺术活动进行训练，因此在师资生培育中对艺术教育也进行了加强。

特殊教育是体现教育公平的一项工作。在我们的课堂上，也会有一些特殊的孩子和特殊的行为，在必要时，如何在普通班教学中灵活运用特殊教育理念，以保证课堂教学的正常进行，也是目前我们急需探讨的重要课题。

行走在"全人教育"的天地中
——赴台湾考察研究总结

■ 广州市天河区龙口西小学 姚燕涣

2016年12月17日,我有幸参与广东省新一轮"百千万人才培养工程"名师培养对象赴台湾考察学习团,在广东省外语艺术职业学院张燕教授、陈子杏教授的带领下,我们一行22人,赴台湾进行"全人教育"考察学习,领悟全人教育的真谛。

一、全人教育——感悟教育的真谛

我们在台北大学聆听了台湾地区教育研究院教育人力发展中心洪启昌主任关于"中小学校长教育理念与人文素养"的专题报告。报告从"教育理想与价值""形而上的教育理念发展重点""教育上的核心素养""中小学校长应有的教育理念与领导特质""教育人员应有的作为"等方面展开,让我对"全人教育"有了初步的了解。其中,最让我印象深刻的是洪主任对教育的真谛的理解。

讲座开始,洪主任便引领我们倾听孩子的心声:"在生活中有一种冷,是爸妈觉得我们冷!在学生心里有一种好,是学校觉得这样对我们更好!"当投影幕出现这两句话时,我内心顿然冒出一种愧疚感。已为人母的我,何曾不是把我个人习惯性的思维强加给女儿呢?为人师的我,何曾不是用固化的教学方式和手段,强制学生去接受知识呢?洪主任说得好:"教育不是灌输,而是点燃火苗,传承使命与价值。最有效的教育方法,不是告诉孩子答案,而是提问后,让孩子体验寻找答案的过程。""每个人身上都有太阳,重点是如何让它发光……"洪主任字字珠玑,句句箴言,道出了教育的真谛。

二、体验"觉之教育",感受全人教育魅力

12月20日上午,我们离开繁华的台北市区,沿着蜿蜒盘旋的山路,翻越重重山脉,来到大仑山上的精致森林大学——华梵大学。只见重峦叠嶂、幽谷静深,少了尘世的喧嚣,去了俗事的浮躁,我们初悟"觉之教育"。

在华梵大学校方的指引下,我们首先进入晓云法师纪念馆,聆听了华梵大学副校长简江儒博士的介绍,观看了关于该校创办人晓云法师的视频,欣赏了华梵大学专题纪录片,全方位了解"觉之教育"的理念与实践,并一点点地走近了晓云法师的世界:"觉"是重视自我反省、开拓心灵智慧的人本教育,以实现人文精神与科学技术的整合,结合儒家忠恕传统道德及佛教"自觉觉他"的菩萨精神,培养德学相彰、能为时代中流砥柱的栋梁人才为目标……在聆听简校长的报告过程中,我们的心变得更加宁静了。

走出纪念馆,简校长又带领我们体验景观教育。学校的自然景观顺应自然环境与大地素材,规划出三友路、大学之道、菩提大道、自然教室、阿育王柱、风空剧场等数十处环境教育场所。这些教育场所借助大自然与景观的熏陶,令校内达到"园中无枯木,校内无废人"的境地。

行走在华梵大学这所精致森林大学的大学之道上，在"觉之教育"的感召和引领下，我们迸发了对"全人教育"的无限思考与遐想。作为名师培养对象，我们将继续怀揣着教育梦想，远离尘嚣，笃定教书育人，成就有意义的人生！

三、课程创意多元践行"全人教育"

"全人教育"是一种理念。要践行理念，不是喊口号，必须要依靠实实在在的课程。东海大学附属高级中学便是践行"全人教育"理念的一个典范。

东海大学及其附属学校是台湾地区唯一一所集合幼儿园、小学、中学、大学、研究所的完全教育学园。如何落实"全人教育"课程？我以该校小学部为例进行概要说明。

学校小学部坚持"活泼创新、全人教育"理念，他们的教育愿景是"创新、精致、温馨、卓越"。为了实现教育愿景，学校成立了课程发展委员会，进行了全面的、多元的课程设计。一是精致课程，主要体现在校园环境的建设上，依据学校得天独厚的地理位置，设计精致典雅、有利于学生性情陶冶的校园环境，发挥校园环境这一隐性课程的教育作用；二是卓越课程，包括语文数学、艺文健体、自然社会、校外教学、多元活动、安亲才艺等六大系列课程，促进学生创造思考和多元学习能力；三是促进学生品格身心健康的温馨课程，包括心（品格教育）、技（情艺活动）、体（体能锻炼）三大模块课程；四是创新课程，如具有视野前瞻开阔作用的音乐增能班、英语课程。

这种多层面、多维度的课程设计，为践行"全人教育"理念奠定扎实的基础。

四、构建富人文素养的校园环境

到台湾的第二周，我们绕过台湾最南端，沿着太平洋岸边往北走，来到台东县，走进被誉为台湾最美小学的台东丰源小学。

踏进校门，映入眼帘的是一栋蓝白色地中海风格建筑。白色主体搭配蓝色轮廓的丰源小学，在蓝天白云好天气的衬托下，散发出浓浓的地中海风格，美得让人难以想象这里是一所学校。这独具风格的建筑特色，处处体现出人文的关怀。据校长介绍，设计这样的校园环境，除了因为学校独特的地理位置和气候特点，最重要的是体现了以"以人为主"及"教育永续发展"为原则。如在多功能集合区，楼层拐角处采用嵌入式的设计，与建筑物充分结合，师生走几步路就可以抵达参与集会活动；透光天井让空间更加舒适明亮，木板地面亦可提供教学和学生嬉戏使用。教室呈多边形设计，除大片窗户外，各设置两个前门和一个后门，因为方向各不同，可以引进来自各方的风流，让教室透气凉爽。前门梯形和走廊非垂直设计，可以避免室内、室外行进的碰撞问题。室外走廊的立柱的边角也都做圆角处理，预防学生撞伤。围栏和圆弧通廊，营造柔性氛围，舒缓紧绷烦躁的情绪……每一处设计不但精致，而且符合儿童在学习与成长上的发展需求，极富人文关怀，让孩子们生活在美的环境，进而养成美的内涵。

除了优美独特的校园环境，最吸引我的是这所学校的经营理念：学校存在的价值，不在得奖多少或媒体曝光度，而是真实地帮助每一位孩子向上提升，老师与孩子一起，今天比昨天更好。以"快乐、学习、感恩"为学校愿景，即体会和认识到"基本的学习能力"是成就个人幸福感不可或缺的柱石。无论孩子有多大的不同，"被珍视与期许"要让每一个孩子都感受到。为此，教师要不断提升自己，为孩子的需要而学习，利用科技化的评量筛选，发现每个孩子不同的"不会"，帮助需要帮助的孩子，从有效的教学策略着手，如图像化学习和社群运作等，延续并提升学生学习成效，并促进学生在自信心上的提升。在这富有人文素养的校园中学习和生活，是何其幸运，何等幸福。

  2016年的最后一天，我们结束了台湾学习。在台湾研习的两周，当地的文明给我留下了深刻的印象：并不宽敞的大街小巷洁净清新，纵横交错的交通路口无人闯红灯，街头问路时得到温馨友好的引领，校园里随处都是师生彬彬有礼的问候，还有无处不在的各种"志工"服务……时时处处都在彰显着中华民族的优良传统。台湾较高的文明素养并非自然天成，在很大程度上也得益于"全人教育"。

  在台湾，无论是专家给我们介绍台湾的全民教育，还是校长报告自己如何经营学校；无论是参访教育行政部门，还是在中小学访问交流，听到最多的一个词就是"全人教育"理念。教育理念作为一种文化氛围、一种精神力量、一种价值期望、一种理性目标深深扎根在台湾教育人的心中，繁花似锦，枝繁叶茂。

全人教育纪录
——第二批小学名师赴台湾"全人教育"研习总结

■ 韶关市教育科学研究院　吴秉健

2016年12月下旬，在广东省外语艺术职业学院张燕教授和陈子杏副教授的带领下，我有幸作为广东省"百千万人才培养工程"第二批小学名师培养对象赴台湾参加了为期15天的环岛"全人教育"研习活动。从西至东逆时针环岛行，从台北出发，经由新北、台中、嘉义、高雄、台东、花莲，最后又回到台北。从高校到中小学，甚至偏远农村小学，从理念到实践，我们全面地体验了台湾的全人教育。然而真正触发我记录所思所想的动机是台湾的全人教育魅力，其一直根植于中华文化的基本教育形态吸引了我。

一、全人教育与人文素养

我们在12月19日在台北大学（三峡校区）聆听的首场教育学术报告是由台湾教育研究院洪启昌教授主讲的"中小学校长教育理念与人文素养"。洪教授根据过去许多台湾中小学学校教育的显性理念不足而提出校长的教育理念与人文素养，并针对教育对象孩子心声提出校长和教师存在的专业盲点。洪教授从教育理念和人文素养出发，旁征博引，提出如下观点：

（1）教师在学校的教育教学实践中，要从理性思维角度提出教育理念不要被惯性思维绑架教学行为。

（2）教师把学生当作培养对象，所培养的创新型人才应更像猎人而非农夫。因为猎人要到人迹罕至的领域才能找到猎物，而农夫则容易守旧在固定的田野年复一年地耕种。

（3）教师在教育学生和引导家长养育儿女的过程中，应该提倡育人新观点。人生应该赢在转折点而不应该总是追求赢在起跑点。

（4）教师在教学过程中，要充分了解学生的学情，探寻学生的真实需求。满足学生需求是变革的出发点。

（5）教师在培养学生核心素养方面，从中华民族传统的家庭伦理观——长幼共享衣物或分享美食的礼让有序中提炼人文素养。

（6）教师在教学改革中，要从只重视平均值转向关注和思考变异度。不能只关心全班的考试平均分，更需要关注学生的个性与共性的差异程度。

（7）教师在教学中，对教学中产生的一些数据，不仅仅要反思教和学的方法。还要反思教和学的态度。

（8）教师培养学生的核心能力，应该重视学生的动手实践能力、创造产品的能力，而不是简单的复制或模仿，关键是创造过程不能被机械训练替代。

（9）教师在教育教学中，要深刻认识到教育贵在养趣，好事坏事往往是同一件事。通过其趣味性可以让它们之间进行转化。

（10）教师在教学中，要谨记学科概念容易背诵，也容易忘记。实践性操作和动手能力才是学生能带走的素养。

二、技术服务人群，品德导正社会

12月20日上午，我们从台北市到达新北市深坑区大仑山上的华梵大学进行参访研习。华梵大学位于新北市石碇区大仑山顶，海拔500～550米，为台湾地区地理位置最高的大专院校。

我们在晓云法师纪念馆聆听了华梵大学副校长简江儒博士的介绍，在华梵大学的发展进程中，原来的工学院陆续增设人文科系，之后更名为华梵人文科技学院，最后才形成如今的华梵大学。通过观看关于该校创办人晓云法师的视频，欣赏华梵大学专题纪录片，全方位了解了"觉之教育"的理念与实践。"觉"是重视自我反省、开拓心灵智慧的人本教育。以实现人文精神与科学技术的整合，结合儒家忠恕传统道德及佛教"自觉觉他"的菩萨精神，培养德学相彰、能为时代中流砥柱的栋梁人才为目标。在聆听简校长的报告过程中，我们的心变得更加宁静了。

华梵大学校区风景优美，校方自称为"森林大学"，校内普遍为相思林，另外在三友路沿线种植梅花、竹子、松树。这是晓云法师用年过古稀的双手，带领一群追随者创造出的独具特色的"觉之教育"。

三、弹性与多元课程，品格为先的全人教育

12月21日，小学名师项目组在台中参访研习期间，我们走入东海大学附属小学和幼儿园体验全人教育之真谛。东大附小的愿景与展望是：效率、创新、温馨。学校秉持东海大学"超越、开创"的创校精神，以培养学生"学习能力""服务热忱""国际视野""实践能力""多元智慧""人文素养"以及"正确的人生观"为目标。其办学理念凸显：品格为先，全人教育。

东海大学有附属中学、小学和幼儿园，属于民办学校，实施从幼儿园到大学一贯制办学。根据台湾教育行政部门的规定，由于学校规模超过千人，学校原有的属性名称"实验"中学和小学均撤销了"实验"二字。学校办学有特色，注重课程的设置，遵循"弹性与多元课程"相结合的原则。既有传统的课程设置：语文领域（汉语、闽南语、英语）、数学领域（数学）、社会领域、科技与人文（美术、音乐）、健康与体育（体育、健康），也有自然与生活科技的弹性课程，根据不同的年级需要设置不同的课程。

学校的经营特色：落实品格教育，加强生活教育。学校拥有扎实的中文基础教育课程、多元、活泼的才艺社团、多姿多彩的增能活动、辅导室贴心的服务、实施绩效卓著的ESL（以英语为第二语言）外语课程。学校在教育传承的过程中也有突破。如语文领域，除了汉语课程，还结合实际开设了闽南语课程，为当地民众和发展需要服务。在自然与生活科技领域，从小学一年级就开始设置课程，不但有专人授课，还有专门的教室，做很多实验课，引导学生在实验中探求科学真理。在体育与健康课程中，学校规定每周星期五上午有两个小时的户外越野、跑步运动，长期坚持，强健体魄。

我们参访了台北大安区大安小学，该校在突破传统的同时，注重特色课程。如体育特色明显，孩子们表演的轮滑、抖空竹等几乎可以与专业级别媲美；台中西屯区永安小学以书法为特色，实现"百草逢春，书法育人"的特色教育，在台湾地区得到很高的认可。

四、学力及品格为导向，偏乡村小同侪互助促发展

12月23日，我们研修参访团在嘉义县竹崎乡竹崎小学进行研修参访活动。该校是一所美丽的乡村老校，学校愿景聚焦：健康、快乐、成长、学习。

竹崎校有名贵的印度紫檀树木，环境优美、怡人。该校翁俊忠校长提出了一个设想，让大自然成为学生的课堂，并把学校建成花园，办开放式的花园学校，实现生态式的学校管理理念。教师专业发展方面，学校建立了专业负责的师资团队，完善英语师资，以学力及品格为导向经营班级。

学校的有效教育优势体现在：乡内最强的师资、有丰富的英语教学资源；有良性的竞争和同侪互助的机会；有实在的阅读理解策略教学方案，每班每周有一节韵律课体验。

翁校长提出校务发展重点主要有：（1）引导教师正确的教学信念。（2）建立学生正确的学习态度。（3）品格生活教育全力推动阅读。（4）提供多元社团机会。（5）充实教学设施，改善教学环境。（6）运用国际村英语资源。

五、喜阅祥瑞愿景，温馨快乐学园

12月26日，我们在高雄市立瑞祥小学进行"学校愿景和本位课程"专题的研修活动。当天的研修活动先由瑞祥小学校长林玲吟女士代表学校致欢迎辞并作《学校愿景：温馨快乐学园和学校目标与本位课程》的学术报告。瑞祥小学林校长在学术报告中提出"喜阅祥瑞3W"，教育目标是：尊重、健康、负责。学校的核心价值理念为：注重人文素质、乐观开朗、提升科技涵养。课程由教育部门规定的课程和地方校本课程组成。

祥瑞校本课程提出：低年级的阅读是所有学习的基础，低年级阅读从培养阅读兴趣开始，也是培养阅读素养的关键，通过播撒阅读种子，让阅读成为净化小幼苗心灵的"芬多精"。中年级的阅读通过书作为桥梁，以书本内容的加深和拓宽为手段，由教师引导，让学生从文本结构与归纳分析，扩大阅读范畴，作为衔接高年级阅读的基础。高年级的阅读是多面向的阅读，是落实大量阅读的途径之一。配合学生学习心理发展的基础，结合高层次思考内容，让阅读成为学生带得走的终身学习能力。

课程评价：低年级的阅读注重重述和预测，侧重摘取文章大意的初级能力，强调学生对故事结构的觉察，由题目及文章内容预测文章的进行及结局。中年级注重归纳和理解结构，侧重从讨论中感受阅读的乐趣并深入理解文章内涵。透过文章组织架构，了解全文大概脉络。高年级阅读能力注重摘要和提问，侧重删除不重要、重复的信息，找出文章主要概念，再以连贯而流畅的文字呈现文本初始的意义，能用"六何法"找出文本重点并提出高层次问题。

学校社团特色：客家采风社和走马盖乐团。开设足球班、优资班、英语教学资源中心。充分利用家长志工开展英语村进行游学和网络教材的拍摄。每年有100万台币由家长捐献，部分有志工家长参与的社团活动，比教师专业开展的活动更加优质。

在教学管理方面，林校长提出：充实设备、善用科技；整理环境、营造空间；改善校舍、安全设施；沟通管理、顺畅行政；推动创新、强化展能。因应学校问题，因势利导、沟通改革、大刀阔斧，再造文化、形成常态。

六、用珍视与期许领略全人教育

12月27日，我们抵达台东。面向宽广的太平洋，我们用全景式观察的视角走进了台东丰源小学的全人教育。学校以地中海风情的建筑风格展现了一所乡村小学，校长吴秀金女士热情地带领我们游览校园。教室设计别具特色，除了大面积的玻璃窗，每间教室都有3个门，且开门方向与走廊非垂直设计，避免室内学生出门互相碰撞。虽然临近新年，但这里依然繁花盛开，绿草如油。据吴校长介绍，该校的学生中有25%原住民和45%汉族，家长以务农为主。学校共设置六个年级，另包括一所幼儿园，学生总数96人（含幼儿园25人）。该校教职员工22人，75%具有硕士学位，教师的专业进修理念是为孩子的需要而学习。

丰源小学特别重视弱势儿童的教育权利，无论孩子有多大的不同，要让每一个孩子都感受到被"珍视与期许"。学校注重儿童的品格教育，与扬帆协会合作，采取正向品格引导的方式，每月一个品格教育主题，培养学生健全的品格。因此，该校虽然有23名儿童来自于低收入、中低收入、经济困难、失亲和隔代教养的家庭，属于弱势儿童的范畴，但他们在学校受到了平等的教育，同学之间并无歧视现象，所有儿童都得到应有的"珍视与期许"。

学生的人数虽然不多，但学校秉持"全人教育"理念，以"快乐、学习、感恩"为学校愿景，提供丰富多样的教学实践，帮助学生掌握全面的知识、技能以及正确的人生态度和价值观，使他们可以将所学知识运用到实际生活中，实现他们的人生目标。吴校长说，学校存在的价值，不在得奖、媒体曝光率，而是真实地帮助每一位孩子向上提升，教师与孩子一起，今天比昨天更好，认识到"基本的学习能力"是成就个人幸福感不可或缺的基础。

丰源小学开展了多元的教育活动，国学、科学、体育、环保、艺术、社会、综合等学科均得以扎实地实施。比如，艺术与人文深耕教学计划，邀请艺术家到学校指导教学，艺术团体经常到学校展演。阅读活动，晨读活动每周至少三次，图书馆借阅，每周每班一节阅读课，天下杂志伙伴基金会的阅读巡回车定期上门展示新书，提供阅读书籍。学生的素质得到了全面的培养。

七、三生教育，融合生命生活生涯

12月29日，我们抵达宜兰佛光大学。佛光大学副校长刘三锜作"佛光大学的教育创新与改革"学术报告。刘校长首先介绍近代以来台湾高等教育环境的演变，教育改革、市场开放、少子女化的趋势发展、教育主管机构的因应等。接着介绍了佛光大学的创新与改革。分别从系所整合、课程学程化、通识教育改革、招生策略变革、师生关系强化、拓展国际交流、行政组织再造与改革。

学校每年筹措有6～7亿台币的经费，民办的方式办成公办的收费院校。当年高峰期有2 900名专修硕士生，近年来学生人数骤减。每个系所有7～8个导师，10名左右的教师，从22个系所整合成14个系，教师也在转岗。学生的选课有30%为必修课程，70%为选修课。学校将相近的课程整合成学程，学生也可选修外系的课程，双主修可以获得双学位。

倡导三生教育：生命体现品德、生活体现品味、生涯体现品质。

佛光大学以培育品学兼修的未来栋梁人才为己任，激励青年学子珍惜生命、珍爱生活、珍视生涯，以"三生教育"的概念贯穿青年人的成长和成才过程。学校为了实现自己的办学目标，增加学生博雅知识、提高学生学习兴趣、对学业不精的学生进行补救教学、取消毕业门槛。学校开设中文和外语（日语、泰语、韩语、西班牙语）多种语言课程。此外，学校也增设人文艺术、基本语文能力（能力提升工程、应用文、演讲）、文学欣赏，划入博雅内容。学校还鼓励学生跨领域学习，进行课程模组化设计：开设校级通识学程、学院基础学程、学习核心课程、学系专业学程。学生选择社会专题，经过课程认证获得学分。学生被录取后的报到率达到93%，学校目前规模达到4 300学生，每年有100多名大陆学生。学生根据兴趣寻找导师，另外也有学术家族，学长、学弟架构。未来也走书院制度，教师与学生同住形成书院导师。

佛光大学注重师生的气质、学习的气氛和生生之间的交往，师生关系融洽。对教师的评价，学校从学生大样本的评价中，采用掐头去尾取中间值的方法评定教师的工作绩效。

八、结语

在台湾环岛体验全人教育的研习参访活动中，从繁华的台北高校到台中的偏远村小或台东县环太平洋的渔村小学，到民办东大的附中、附小以及高雄市的祥瑞小学，我们都互动探讨了教师专业化发展、观课议课、校长和教师的流动机制等课题。大家对未来两岸教育进一步的融合、提升有了初步构思，期待着在不远的将来我们能有更深层次的交流。

走进台湾地区感受传统教育的魅力

■ 韶关市翁源县实验小学 吴夏梅

认识台湾地区是从小学时学习《日月潭》这篇优美的文章开始,接着是初中唱着《高山青》及林志颖的《十七岁的雨季》让我对台湾地区更加向往。2017年12月我有幸参加由广东省教育厅组团的广东省中小学新一轮"百千万人才培养工程"第二批小学名师赴台培训班,15天的培训让我了解了台湾地区学校的办学特色与理念、课程设置与组织、校园文化建设,知道了台湾地区的课堂教学过程,教学方法、班级管理手段等,可以说是捆载而归。其中让我印象最深刻的是台湾地区传承中华传统教育的魅力。

一、环境育人——传统的校址选择

这次赴台湾的研修活动我们参访了很多学校,有大学、中学、小学,我发现它们都有一个共同的特点——选址跟古代书院的选址观念是一致的。如:东海大学附属小学建在一片郁郁葱葱的树林之中。最具代表的是华梵大学和台东县丰源小学。

华梵大学位于台北市大崙山西南坡,高560米,是一所没有围墙的森林大学。设计者善用地形,巍巍的校舍依绵延的群山而建,以天为锦帐树为屏,以园林树下为课堂,在树中学习,向自然师法,远离了城市的喧嚣,借助大自然与自然景观的熏陶,让学生能静下心来读书,亲切和煦、温馨宁静。整个学校环境与学校文化相得益彰,达到了"园中无枯木,校内无废人"的境地。现代教育多注重知识的灌输,而忽略了心灵的培养,致使知识与精神不能达到均衡发展,导致人文精神的荒芜与理性思考能力的衰减。唯有宁静才足以致远,华梵大学的园林境教思想足以带给我们启发。

丰源小学校园依山傍水,兼具海洋和乡村风情,设计理念为以人为本并以教育持续发展为原则,符合美化、节能、持续等绿色校园的建筑目标。学校建筑以蓝色、白色为主调,呈现出浓浓的地中海风情。内部设计科学实用,多边形的教室设计除大片窗户外,各设置两个前门和一个后门,因为方向各不相同,可以引进各方向的风流,让教室透气凉爽,而且教室是梯形的,一个前门和走廊非垂直设计,可以避免室内、室外行进的碰撞问题。教室外廊是拱门和圆柱的搭配,让廊道空间更显优雅温柔,各立柱的边角也细心地做圆角处理,预防学生撞伤。漫步校园中看着有如哥特式教堂风格的彩绘玻璃,圆拱形的窗户和S形曲线栏杆,波浪造型的屋顶,整座校园展现出欧式的浪漫风情,让人感受到柔性的氛围,舒缓紧绷烦躁的情绪。我们都说它既像一个美丽又浪漫的童话世界,又像一艘即将起航的帆船。该校虽然大多数生源来自农村、学生也只有102人,但教学成效还是很突出的,据说很多人慕名前来参观,也吸引了许多过路旅客的目光。丰源小学将建筑美学与校园美学完美地结合和呈现,让校园空间规划更弹性、更多元,除了提供师生教与学之外,还发挥了附加价值和效益,让校舍不只是校舍,校园也不只是校园。校园中每一处设计都融入了设计者细腻的心思,该校的孩子们说上学就像度假般自在。

学校是培养人才的地方,只有在良好的校园环境中才可以培育出为社会做贡献的人才。"孟母三迁"的故事就很好地说明了环境对学生的影响。校园环境通过耳濡目染、潜移默化对受教育者产生养性怡情、陶冶情操的积极作用。

二、传统的课程教学

台湾地区每间学校都开设有传统课程，如剪纸课程、民乐课程、茶艺课程、国学课程等。在参访的学校中带给我最大震撼的是高雄光荣小学。这是一所美丽的校园，而且拥有一位充满魅力的校长，他的四大办学特色，把一所濒临撤并的学校，变得生机勃勃。李校长所说的一段话我至今还记忆犹新。他说："学校活动就像烟火，放完就没了，因此，一定要把理念贯彻到课程，实施到课堂，这样才能成为学校文化和内涵，可以世代累积。"我们一下车就看见一群身穿靓丽的传统服饰的学生在迎候我们。他们为我们表演了富有特色的跳鼓阵。他们手执画龙绣凤的娘伞，锤击着圆红的大鼓，或跑，或跳，或蹲，劲中有美，美中有韵。在参观校园的时候我发现楼梯的每一层阶梯上都贴有：草蜢撩鸡公（比喻自不量力）、惜子连孙、惜花连盆（比喻爱屋及乌）等闽南语的谚语，该校每个班一周开设一节闽南语课程。光荣小学的海洋教育课程也让我们肃然起敬，台湾地区四面临海，学校善于利用周围环境，因为临近爱河之便，光荣小学成立了全台湾唯一的帆船体育班，积极开展海洋教育，这套让学生们知海、亲海、爱海的特殊课程更曾获得台湾地区"教育部门"颁发的教学卓越银奖。学生在课程中除了掌握驾驶帆船的技巧，还锻炼出面对困难能勇往直前的勇气。李校长还给我们阐述了海洋课程的设置，课程都设有教育目标、实施方案等，每一个地方都想得很周全。通过课程的落实，使学生知海、爱海、亲海、用海，在学好本领的同时还懂得保护环境。光荣小学在传承传统文化的同时还注重推动学校的国际化，李校长认为拥有跨文化的认识才能走得更长远。听完李校长的介绍后，大家都很佩服这位校长的勇气和魄力。大家还在特色课程落实方面作了交流，这让我知道不是办活动，而是通过课程去落实教育，这样学校才有内涵。

中华传统文化博大精深、底蕴深厚，是中华民族的血脉、灵魂和根基。优秀传统文化进校园有着重要意义，习近平总书记指出："中华优秀传统文化是我们最深厚的文化软实力，也是中国特色社会主义植根的沃土""应该把这些经典嵌在学生的脑子里，成为中华民族的文化基因"。所以我们每一位基础教育者要积极推行优秀传统文化进校园，开设好优秀传统文化课程。

三、传统的养成教育

在台湾地区参访时学生的彬彬有礼，巧手能干至今还历历在目。特别是台中市北区太平小学的厕所文化更让我震撼。该校厕所以"同去、童趣"为设计理念，加入阅读、运动、本土观、国际观的主题，发展本地文化特色，并融入美感教育，展现厕所人文美学，学生喜欢一同去厕所（同去），进入一个富有"童趣"的空间，让厕所不只是解决学生生理需求，更让它提升成为心灵成长天地。该校运用四个亮点达成"同去、童趣"的设计理念。一楼的"本土风"，将"双十流域"地图绘制在弧形马赛克墙砖上，让学生了解本地文化，认识台中公园、放送局、柳原教会、孔庙等地。六角形洗手台设计，犹如古代水井造型，让学生了解饮水要思源，配合木质地砖与隔间，创造出古朴视觉效果，像是进入时光隧道，尽享"双十流域"的意境。二楼是走"运动风"，运动能促进新陈代谢，更能强健体魄，蓝色瓷砖搭配黑色烤漆小人造型，呈现学校发展的运动社团项目，例如舞蹈、溜冰、篮球、羽球、跳绳主题等，创造出具有运动风的厕所。三楼以"阅读风"呈现，阅读是学校本位课程，学校藏书最多的图书馆也在三楼，六角形洗手台上方有棵"树木"意象的造型，表现树木吸取洁净的水为养分而枝繁叶茂，天花板绿色造型是树干上的叶子，树荫下的马赛克砖书墙，营造"树屋"的感觉，让学生遨游书香天地。四楼来到了"国际风"，一切从本地出发，迈向国际，放眼世界地球村，弧形墙面设计学生心目中的世界地图，让学生了解世界各地不同的文化，都能以和平、互爱与尊重的胸怀共存、共荣。在参观的过程中，我们发现该校非常整洁，而且人人参与到保洁的行动中，连低年级的小朋友拖地的动作都非常娴熟。

好习惯从细节入手。太平小学校从大处着眼，小处着手，巧做"厕所文化"，使良好的厕所文化浸润着学生的心田，让良好行为习惯的养成反过来促进学生健全人格的培养，使其受益终身。这值得我们每一位教育人学习。

这15天的研修活动学，让我们感受了台湾教师和学生的文明、谦逊、真诚、淳朴……看到了台湾校园特有的文明秀美、文化厚重。正如梁祖菲团长所说，研修活动让我们开阔了视野，增长了见识，学到了许多好的经验、得到了好的启示。我们一定要将所学积极内化，主动运用到自己的教育教学中去，在学习和研究中拓展思路，在质疑反思中完善自我。

行走宝岛，看见教育

■ 深圳市福田区狮岭小学　岳　旭

2016年12月，我和一群有着共同教育理想和信仰的广东同仁在我国宝岛台湾开展教育考察。20天的全身心浸润，从台北到台南，我在教师、家长和游客的角色中不断切换，用打开的方式，看见教育、品味文化。

一、从教师角度夸台湾校长

陶行知先生说：校长就是一所学校的灵魂。在台湾我们走访了4所高校、6所小学，有幸和校长们这些学校灵魂人物近距离接触，他们身上一些特质深深让我们折服。

1. 务实

台北大学现董事长李先生是一位80岁的老人，他是2000年台北大学改制后的第一位校长。他认为校长就是学校的舵手，一定要站在未来的角度规划学校，清楚地知道学校今后的发展目标，要培养怎样的学生。他说，目前正是台湾教育的转型期，制度化的工作已经完成，幼儿园免费、中小学12年免费，高职教育兴起，大学学位宽裕，建议我们来台湾关注台湾教育的三个问题：①师资培训。目前台湾有3个中学教师师资培育中心和2个小学教师师资培育中心。②课程教材。目前台湾统一编订课纲，而教材为民间编定，各校自行采纳。③翻转教学等实验教育。目前台湾有部分学生在家上学，翻转教学正在兴起。

2. 儒雅

华梵大学是台湾第一所佛教社会高等学校，创始人晓云法师虽已圆寂，但无论是我们接触校园的人，还是观察校园的景，都觉得法师从未离开。她79岁时创办大学，据说为这所大学她27次选址，终于挑选了这个地块，学校也因此别名"森林大学"。她弘扬儒佛文化，创建"觉之教育"，拓土，觉之，从自觉到觉他。她特别重视景观对人的成长的影响，认为人应该在自然中学会慈悲和谦卑，要保持人和环境之间真诚的关系。"因为与人为善，所以活得长久。因为活得长久，所以豁达清澈。"

3. 睿智

一所有着"最美大学"之称的东海大学，其实是一座"东海城"。学校规模从幼儿园到大学，是一所完整的宗教学校。钟校长向我们娓娓道来学校的办学理念和个人的教育理念。在台湾，几乎所有的校长在介绍学校的时候，首先谈到的都是传承，然后才是创新和改变。而钟校长最引以为豪的就是，他推动教师的专业发展的做法。他认为，教师是教学现场第一线人员，理应专业再专业，而教师如何引导学生学习从而实现学生的主动学习，非常重要。一进校园，我们就在一间教室里看到五年级的导师在研究一个数学内容的教学策略，可以看到，这种研讨是常态的，更难能可贵的是，教师在参与的过程中始终是愉悦的、主动的。由此可见，学校的课程建设应该是卓有特色的，因为它拥有一支教育自觉、教学自信的教师队伍。

二、从家长角度听"大家"之言

在台湾，我们有幸听了几位大师的讲座，其中台湾教育研究院教育人力发展中心主任洪启昌教授和台北市立大学研发长郭家骅博士的讲座让我不由地反思自己作为一个家长的不足。洪教授的讲座谈到"教孩子怎么赢人家，更要教孩子怎么输人家"，学会怎么输的确是一个难题。我家的孩子自小争强好胜，受不得小挫折，经不起小失败，应该说就是我们父母在她的成长过程中忽视了教孩子"学会输"，让孩子具备"输赢都是人生常态"的心理。我们很多时候担心孩子因为"输"而感到失望，跟孩子玩游戏时，总是喜欢让着孩子，让孩子赢。这种成人"自以为是"的礼让和低估孩子能力的行为，反而容易让孩子养成喜欢"赢"，只能"赢"的心理预期和习惯。想赢，是成功者的特质，而输不起，则是失败者的通病。让孩子真切感受输的过程，面对输的结果。只有这样他们才会去反思为何输了，更有动力去改变。如果我们连这种机会都不给孩子，怕是以后他们只会输得更惨。赢未必可喜，输未必可悲，胜负并不重要，跌倒了站起来的姿态更重要。不怕输的孩子，才更有机会赢。

而在郭博士的讲座里，他的"具备大规模的合作组织能力"能让"生存最佳化"的观点让我们有豁然开朗之感。每个人都有自由的行为，我们怎么去判断这个行为的好坏？唯一的标准就是：对合作是否有帮助，有助于合作就是好的行为，影响合作就是坏的行为。所以一个人要具备良好的合作特质，才能提高生活质量，并可持续发展。而良好的合作特质需要从小训练"行为的标准化"，因此幼儿教育和小学教育显得尤为重要。教育的意义就是促进合作的行为标准化，把所有影响合作的行为排除。边听讲座，我边检视自己的教育行为，发现自己在女儿的成长过程中对"标准行为"的重视和强化的确有较大的缺失。一方面基于我自己在成长过程中家庭就给了我很多个人自由发展的空间，"自我"行为较多。另一方面女儿天性比较聪明好动，在她的幼儿阶段我们更注重开发她的智力，而忽略了对于"规则""合作"等的培养。女儿在幼儿园能比较好地遵守规则，但在家里，我们并没有让这些行为得以很好地强化。所以，随着女儿年龄的增长，我们渐渐发现，她虽然学习成绩优异，但在与人相处的过程中，总是会有冲突，包容性比较差。明显的问题就是我们家的孩子不少的行为影响了合作，要想办法帮助孩子排除这些影响合作的行为。作为一名家长，我深刻意识到"培养孩子的合作特质"责任重大。

三、从游客角度品台湾文化

如果说两年半前我第一次到台湾，只是感受到了台湾人民的礼貌、平和，那么这次让我体会到了他们每一位对自己的社会角色，对自己的人生价值，对活着的意义的高度的责任感。

台湾的校长和我们谈教育，首先是传承，将学校的传统发扬光大。他们有79岁开始治理与办学的；有80多岁还在为学校发展献计献策的；有在偏僻的乡村学校工作19载，将自己的日夜都奉献给了学校的；还有一人管理幼儿园到大学四个学部，引领教师专业发展的。无不让我们感受到教育领袖的情怀和担当。学校的主任、教师，在我们参观期间热情接待、毫无保留地回答我们各种提问，不遗余力地向我们介绍学校的特色。

我们团队的负责人昌博士和他请来陪同我们的吕老师，在我们所有的非工作时间，主动向我们介绍台湾的风土人情、文化历史、美食美景，不断向我们推荐观看台湾的小说、纪录片、电影。从台中到嘉义两个多小时的车程中，播放了电影《一个老兵的故事》，海峡两岸血浓于水的骨肉情深，让我们"哭"了一路。

为我们开车的陈司机，一个瘦瘦小小的台湾男人，除了主动为我们放拿行李外，当我们上车时，他总是站在车门口，礼貌地向每一个人问好；当我们下车时，他总是第一个下车，用手罩着挡风玻璃，给我们每一个人提醒：小心，小心哦。生怕我们不小心磕到头。车上谁晕车不舒服了，谁的水弄洒了，谁要丢垃圾了，他都会及时处理，从来没有一点不耐烦。

还有我们路途中的一家生物科技公司，专门研制用台湾当地一种叫作"月桃"的植物，萃取精华，制作成护肤品、保健品等产品。公司的创始人向我们介绍："我觉得我可以用别人都看似不起眼的植物，进行研发制成产品，这就是我的生存价值。就像我们平时看到路中间有块石头，我们把它移开，这样就有可能避免一场事故一样，这就是我们做这件事情的价值。"这位先生还在当地一所学校设立了奖学金，奖励那些学习和品质优秀的学生，当作对社会的回报。这不禁让我想起在洪教授在讲座中讲到自己在学校看到一位快乐的洗碗工妈妈，一边洗碗一边哼着歌曲，这位妈妈告诉洪教授："我觉得自己的工作很重要啊。你看我如果碗没洗干净，孩子就有可能生病，生病家里人就会焦急，从而带来家庭矛盾；家庭不和谐的情绪就会带到工作中，就会影响到经济。这就是工作的意义啊！"

通过此次考察，我们对台湾教育有了初步了解，无处不在的校园文化、校长的教育智慧、教师对教育事业的热爱、台湾朋友的真诚友善以及他们对本职工作的敬业品质都令我们感动。此行听到许多有价值的教育思想，学到一些值得我们思考和借鉴的教育教学行为，我会不断把教育做得更好。

建筑空间与教育的优美对话
——台湾学校考察报告

■ 深圳市罗湖区人民政府教育督导室　向苏龙

2017年底至2018年初,我有幸参加广东省教育厅组织的小学名师培养对象赴台湾参观考察项目。行程中我感受最深的是台湾学校普遍重视教育环境的营造,每每感动于从儿童视角所设计的精致、漂亮,从这些建筑空间背后我们更发现经过岁月洗涤下的风光与人文催眠后的青春更是值得细细品味。台湾学校普遍学生人数不多,校园面积也不大,但很多学校对于环境文化与精神文化融合建设,为儿童未来发展创造的美好环境令人难忘。教育过程应有美学的滋润,校园美学与建筑空间的营造应具有教育意义,只有这样才能展现其最大的教育力量,优美而有内涵的环境将会创造不一样的教育效能。学校是教育的场所,景观环境、教育氛围、学校文化、师生互动、家长参与、行政效率都要在优美的学校建筑之中孕育,美的涵养可以让学生的素养深化和提升,最重要的是校园空间美学营造不能仅停留于理念,它需要探索与实践,化理念为实际,这才是教育的最高表现。深圳罗湖区正在大力进行美丽校园建设,希望本文能提供参考。

校园中优美的造型、丰富的色彩、愉悦的情境、节能的设施、优质的空间、文化的意境、优良的设备、便利的操作都是美的展现、良好的育人环境。

一、学校建筑空间从美学角度整体精心规划

建筑空间美学对学校而言是一门需要花时间探究与钻研的主题。建筑主体的设计,美学的考虑应该占着重要的比重。校园空间,不仅指环境物质、物理空间,也包含心理空间、精神空间、社会空间与历史空间,要非常好地做到空间之美和使用便捷、功能创造、布局科学很不容易。从美学的角度而言,创造让人愉悦的空间必须是学校建筑设计一项重要的理念,建筑要对师生的教与学产生积极的作用。因为美育教学所依靠的基础是学校建筑的美感设计、比例、线条及色调的美感,是每一位师生甚至家长所喜爱的空间。

台东丰源小学地处乡村,面积不大,全校仅有102个学生还包括幼儿园的29个幼儿,有22个教职员工。因建筑及教学特色赢得"全台最美的地中海小学"称号。学校整体设计既像一个美丽浪漫的童话世界,又像一艘即将起航的帆船。该校以蓝色、白色为主调,呈现出浓郁的地中海风情,如哥特式教堂风格的彩绘玻璃、圆拱形的窗户、S形曲线栏杆、波浪造型的屋顶,展现出欧式的浪漫风情。

图7 台东丰源小学校舍

胡适小学则在整体设计上把学校分为四大主轴：飞翔教室及大楼梯、生活与美学的家、精神地标、简朴丰富而温暖的意象。整个学校规划成十大区域：教学区、情境区、生态区、活动区、体验区、游戏区、表演区、书香区、田园区、特色区。教育教学与空间美学和谐统一，通过优美、有创意的环境，激发学生学习热情，让孩子体验学习的乐趣。

台湾华梵大学是一所没有围墙的森林大学。在校园空间的规划上，分为教学、行政、活动、宿舍及运动五大空间，并辅以开放空间或广场缓冲。在学校建筑空间规划设计上，创办人晓云法师充满园林思想，着重"景观境教"，依自然环境与大地素材，规划出友道、威德、禅智、书香、院道、清凉六大景观区，设置三友路（竹林、梅园、松岗）、阿育王柱、心镜湖、菩提大道、自然教室、读书亭、流光书屋、风空剧场、华开莲现、大仑览胜、登天梯、精进轩、玉桂清泉、生态池、清凉亭、华梵农园等近三十个校园美景。晓云法师认为，环境教育实际上是超越物质的心灵养分，借助大自然与景观的熏陶，天为锦帐树为屏，在树中学习，向自然师法，期能净化心灵，拓展生命，达到"园中无枯木，校内无废人"的境地。

图8 华梵大学

二、学校建筑空间与学校精神脉动

参观考察的这几所学校，尤其大安小学和胡适小学，建筑空间从理论的论述到空间的建设，每个设计的教育内涵，都有其详尽的说明，更有学习的系统结构。通过建筑空间和环境文化体现教育理念，值得我们细细品味。在校园建筑空间的呈现上，表现的是开放、人文，当然都在一定的规则范围内，所以都是区域性限定的学习空间，让学生在环境的影响下，潜移默化感受学习的乐趣与内涵。建筑与精神的融合，重在学生心灵的感受及由此所产生的脉动，建筑空间所散发出来的内在文化信息既是视觉的感受、嗅觉的舒畅，更是心灵的触动。

胡适小学校园的每个角落都有着让学生感受的地方，尤其是胡适名言的生命对话，从校园的角落到教室周边都充满了以胡适精神为核心的文学氛围，即自由学风，人文思潮。校园自由学风承袭胡适自由主义风格，开放的人文气息更是胡适人文教育核心理念。

大安小学通过不一样的图书馆创造别样的"六一"儿童节，让节日与学校理念、特色结合，创造不一样的阅读特色空间。学校图书馆不仅建筑空间宽敞、优美，里面布置更是人文、舒适，图书的内容多样、丰富，分类科学，查找便捷，营造出每一个师生都喜爱的阅读空间环境和文化环境。可以利用的角落都充分利用设计成随处可见的图书吧，因为自由与人文都必须建立在大量的阅读与思考的基础上。

三、学校建筑空间与社区资源互动关联

台湾的很多学校都对社区开放，与社区接轨。大部分学校都保持了中国传统文化中的脸面——"大门"，但学校又是开放式的，与社区浑然一体。这一点与澳大利亚学校没有校门或者说处处都是校门不同，也和大陆大部分学校校园环境的相对封闭不同，取了一个中间状态。胡适与大安小学校园的建筑和空间相当多元，在这个环境中，可以感受到学校在构筑的历程中彰显的时代潮流，体现出胸怀强大的抱负与开放，且跨越校园界线，与外面宽广的世界产生互动。

胡适小学受益于周边社区与特色环境。如校园附近的南港城、大坑溪和四分溪保育区。学校利用这些有特色、有内涵、有底蕴的独特空间环境，所达到的育人效果是非常好的。胡适小学整合了优质的自然资源与社区资源，通过各项调查汇总出学校八大系统资源：①教育系统资源；②咨询系统资源；③教学与辅导系统资源；④人力资源；⑤社会福利机构资源；⑥社区机构资源；⑦自然生态资源；⑧医疗系统资源，将这些资源融入学校教学，并与社区产生紧密的互动关联。

大安小学和胡适小学结合当地特色与学生生活经验，向外延伸学校空间的做法值得推广。大安小学与胡适小学所在地的人民在历史文化与生活的发展中，形成了茶文化特色。因此，学校精心规划茶文化活动——寻茶趣，采茶趣，做茶趣，品茶趣取得较好的教育效果，培养了学生会热爱并尊重自然的绿色生活方式和可持续发展理念及行为等。

大安小学所在的卧龙学区三校联合举行盛大的校庆系列活动，大大提升了三校的美誉度，这也是校园空间合作延伸的较好范例。三校以"卧龙实验创客行学园教育乐芬芳"为主题，携手同迎校庆。要知道台湾的学校因为学生人数持续减少，学校必须要有特色、有质量、有良好的口碑和品牌效应才能在生源争夺、生存危机中幸存。

光荣小学的特色是利用所在社区附近台湾著名的一条爱河，深耕海洋教育，积极发展帆船运动。以独木舟、OP（OPTIMIST）级及激光（LASER）级帆船，设计运动游戏教育探究式学习课程，探索操控帆船、把握舵把的技巧，培养学生独立解决问题的能力。

四、学校建筑空间与学生现代生活接轨

生活是学习的核心。教学和学习都应回归到我们的生活世界。实践创新主要是学生在日常活动、问题解决、适应挑战等方面所形成的实践能力、创新意识和行为表现。

胡适小学把学校设置成教学区、情境区、生态区、活动区、体验区、游戏区、表演区、书香区、田园区、特色区等十大空间。活泼多元的教学、情境、游戏、表演、艺术区等成了孩子们驰骋创意的场所。如情境区有魔法故事屋,星象馆、英语情境空间、森林步道区、情境游泳池、生活教育情境围墙、厕所教学情境区、海洋教室等空间。让学生来到学校生活,看到的、听到的、感受到的都是生活,更是学习。学校特别重视学生内在的感受和在环境中的良好体验,真可谓处处是情境,境境拟生活,时时可学习。大安小学的黄校长介绍,他们就是构建这样的情境教学目标:激发学生学习,引发内心感动;贴近生活经验,增进学习效能;见识情境实况,增广学习视野等。

大安小学和胡适小学教室内的空间格局非常人性化,由学校和全体师生共同讨论,列出教室内需要的设施。除此以外,管理者还要综合社区地域发展因素、学校愿景、核心价值、特色发展、教学特色、学生学习等因素,一一思考:教师、学生要的是什么,教师的教学如何进行,学生的学习如何产生,教与学的元素有哪些,教学空间设计如何达到想要的特色发展、目标、学习成效。基于以上的这样的团队思考,再提出如下设想:一是多样化的学习空间改造,活化教学方法;二是以情境和环境为基础的弹性学习方式;三是以有教无类的精神实践因材施教的理念;四是以开放教育心胸发展自我创作;五是以爱心关怀弱势群体,做到齐头并进。

现代都市的学校都注重交通安全教育:有引进交通安全操的,有主题班会课的,也有请警察叔叔进校园对学生培训讲课的。但像胡适小学在学校设交通安全体验区的还是第一次看到。学校巧妙利用一个合适的空间,从网状的十字路口,到红绿灯的设置,都依交通标志规格制作,还设计了能旋转的三面转轴,上面印了"指示""禁止""辅助"及"警告"等交通标识,还设置了交通警察指挥台,让学生了解体验交通警察的辛苦,也进一步让学生了解交通规则。

图9　学生体验交通标志

图10　校园里交通标识

学校注重环境育人已不是新鲜的话题,但像台中市太平小学把厕所打造成育人文化

的，我还是第一次目睹。学校一到四楼围绕"本土、阅读、运动、国际"四个主题打造学校"五星级"厕所——立足乡土，胸怀国际，喜欢阅读，热爱运动。在这里，环境育人，文化浸润无所不入！真的是让孩子们"爱上厕所"了！五星级的校园厕所令人大开眼界，但笔者也持点保留意见，尤其是阅读与厕所联系还是有点别扭。

五、学校建筑空间与学校厚重历史融合

建筑环境所呈现的应该是一种学校文化，当然应该包含学校的历史。漫步胡适小学，他们将过往的历史影像化，校园的环境景致和建筑特色将人们带入到胡适年代：台湾特有的方形廊柱，外加优雅且透露着朴实之美的金檀木，伫立在这个廊道中，自然感受到一股文人气息，感受到一代文学大师的影像。胡适小学的中庭，可以说是学生与历史环境心灵交汇的地方。这里的环境酷似胡适的时代，随处可见胡适名言——如"大胆的假设，小心的求证""要怎么收获，先那么栽"。与胡适名言进行生命对话，从校园角落到教室周边，都充满文学氛围，让学生领略胡适文学的魅力。学校图腾标识都承袭了胡适的精神。

良好的建筑空间设计能让教育向下扎根。如果学校每个空间都融入了美学与教育因子，让教育透过建筑空间得到美学的涵养，创造出不一样的学习空间，让美学的素养紧密结合，教育的内涵会更加深刻。让学生在建筑空间的规划、美感的设计及学校文化熏陶中学习是校园建筑空间与教育的优美对话。

为学勿萌老态，做人须具童心
——赴台湾研习总结

■ 深圳市蛇口育才教育集团育才三小　刘占双

2016年12月17日至31日，笔者等20位教师在广东省外语艺术职业学院张院长和陈教授的带领下到台湾研训学习。期间，笔者浸身学校体验校园文化，深入课堂了解教学文化；与台湾教师互动交流感受教师团队文化……思想在两地文化差异与共鸣中碰撞。

此次台湾研训学习，感觉无形中就是在做一个比较研究。但笔者认为教育、学校教育、数学教学、教师专业成长本应有共性的东西，在此基础上再进行教育现象的比对，更有根据。

（1）教育有两大功能，一是适应，一是超越。培养学生，当然要让他们适应社会，但仅有适应是不够的，同时还要超越。教育不仅要传承人类文明，同时要创新、要变革，这样才可以推动社会发展。从教育功能审视两地教育，有何相互借鉴之处？

（2）学校如何从单向的专业知识传递及专业能力训练拓展到培育人格的独立性、判断能力、选择能力、应变能力？如何尊重及重视人的不同性向及潜能，让人真正享有自由发展的空间，这已成为教育界必须面对的时代主题。在这一方面，台湾与大陆做得如何？有什么不同？

（3）数学教学活动必须建立在学生的认知发展水平和已有的知识经验基础之上。教师应激发学生的学习积极性，向学生提供充分从事数学活动的机会，帮助他们在自主探索和合作交流的过程中真正理解和掌握基本的数学知识与技能、数学思想和方法，获得广泛的数学活动经验。学生是数学学习的主人，教师是数学学习的组织者、引导者与合作者（引自《义务教育教学课程标准（2011年版）》）。对比两地数学教学，各自的传统是什么？如何用新的理念去统一我们的教学思想又保留各自独特的教学风格与优势？

以上几个方面虽不能包含教育问题的全部，但已超出个人能力所及，但凡教育教学问题，皆有着千丝万缕的联系，斩断联系而孤立地就某一教学领域的问题进行研究交流，只能算是头痛医头，脚痒搔脚的治标不治本的做法。这种做法有显性效果，但缺少长久的功效。作为一个教育工作者，当有兼顾全局与部分、共性与个性、一般与特殊、现象与问题、传统与现代、继承与革新、过度与缺失、改造与摒弃、继承与发展的思维思考教育问题。大处着眼，细微处着手，才能使我们所做的工作，在正确的方向，正确的轨道，正确的思维方式，正确的策略方法上运作。也许启动得慢，也许行动起来缓，但一旦启动，就会显示其强大的内趋力与感召力。教育不是轰轰烈烈的运动，而是一场静悄悄的革命。革命为何悄无声息，原因在于其是思想观念的渐变。当然，这是我的一种个人想法，我希望同来的教师能与我同步，但更希望自己身先士卒，做一个思考的人，一个实践自己想法的人，作一点星火，但不敢期待燎原。

走近台湾教育，用心去观察、去聆听、去感受、去比较、去思考，发现台湾地域虽小，但特殊的历史背景、独特的地理位置、多元的文化并行与交融，使得教育呈现出"自主、多元、开放"的发展态势。台湾教育的现状,是应试教育还是素质教育,教师、学生、课程、课堂、考试、评鉴……做何评价?恐怕不会像解一道数学题那样,有根有据,有条有理,有相对固定的答案,仁者见仁,智者见智。仅靠两周的了解,不敢妄加评论,只把自己感兴趣的教育现象列举一二,偶尔评论三言两语,只是有感而发。

一、十五年的免费教育

台湾教育目前制度已相当完善。中小学到大学面临着重大的改变,小学到中学、大学招生很多已是免试和多元入学方式。课程、教材面临重大转型的阶段。从幼儿园、小学到中学是15年免试及免费。从社会福利来说,免费教育是一大好事。但对于教育自身发展来说,教育质量的提高能否与教育投入的增加成正比是社会各界以及教育界内部关心的。大陆一再强调穷国办大教育,没有钱办教育难,要办好教育需要加大教育的投入。而台湾地区,面临的则是一种不同的问题,富区办小教育。台湾和大陆的教育部门有一个共识:没有钱不好办教育,但有了钱教育不一定办得好。这就涉及钱用在何处的问题,学校基础设施建设、学生人头的教育资助、学校各类活动的资助、教师培训计划的资助、教师工资待遇的改善……在我看来,最为重要的是教师待遇的提高以及教师培训资助两个方面。教育的成败,决定在人。教学质量的提高决定于教师。教师工资待遇的提高意味着社会地位的提升,教师的工作被关注与认可。显然,稳定教师队伍,提高教师自我职业认同感与幸福指数,是提高学校教育质量中重要的方面。另外,教师培训是教师走专业化之路的助推器、加油站。社会的发展使教育不断面临新的问题、新的挑战,教师要胜任教育工作,就需要不断更新思想观念、更新知识结构,做一个学习型的教师。同时学校要发展,就要努力建设一个学习型的教师团队,通过培训建立团队共同发展愿景,通过培训提高教师的专业能力,让教学研究与在岗学习成为教师教学生涯中的日常,这对于提高教学质量来说是最为重要的内容之一。十五年的免费教育,对教育发展来说,无疑是利好消息。抓住这一政策带来的发展机遇,一定要从人才的培养入手,偏离了培养人才这一重点,而将钱更多地投作其他,那就不是简单的资金的浪费,而是发展机遇的错失。可以看到,台湾"教育部门"出台了一系列有关教师培训的计划及资助项目。笔者以为,这是一项发展台湾教育的重要决策,激活思维、培训交流、提升教师的专业关注度及专业能力等,这对于增强学校活力大有益处。

二、学生丰富多彩的社团活动

教育的目的,一言以蔽之,曰:培养人。教育的过程就是将一个自然人培养成一个社会人的过程。教育要在充分尊重人自身发展规律、发展可能、发展性向的基础上,充分考虑社会的需要,进而决定培养什么样的人。是培养知识储备型人才,还是培养知识创新型人才?是适应社会还是改进社会,是专才还是通才,是善于解决问题还是长于理性思考?应该说,培养什么样的人,是教育的第一大主题。而真正能够左右人的特质的,在于课程。在大陆,受制于高考的压力,学校、家庭以及社会都将目光盯在分数上,升学率是学校好与不好的晴雨表与标签,分数是一个学生是否为优生的评价指标,分数也是左右一个家庭情绪的调试剂。在万人过独木桥的竞争教育中,在家庭、学校、父母、老师的多重逼迫下,孩子无奈地放弃了自己快乐的童年、少年生活,将身心全部地奉献给了课桌、书本。手捧书本，执笔答卷，还要承受分数评价带来的一次次挫败。这种教育下的学生，失去了太多快乐、自由、亲情，也失去了感知社会的机会。在他的世界里，只有书本，在他的社会里，只有同学、教师以及不敢正视的父母严厉或期待的双眼。不要说社会实践，就是音乐、体育、美术、科学等科目，在初中、高中关键期也被无情地夺去了。这不能不说是一种无奈。课程改革后，学校的课堂教学发生了很大的变化，课堂教学呈现出丰富快乐的景象，一股清新的空气透了进来，教师与学生都在这个过程中感受到生活的美好。随之而来的是一系列的改变，首先是减少学生课业负担的政策，如限制学生在校的时间，严禁双休日、节假日办课外班，限制各类学科竞赛，在小学，对学生的学业成绩，取消百分制，推行等级加评语制，增加体育活动，在校体育活动不少于1小时。增加大课间，丰富中小学生的体育生活等。这些改变，虽然收效还不是很大，但至少"该给孩子一个怎样的生活"已得到了充分的关注，并开始得到实质性的问题解决。来到台湾，感受比较大的是：小学的教育与生活是在一起的，课程尽量回归孩子的生活。学校通过多种社团活动培养孩子的特长。台中永安小学的书法社团给我们留下了深刻的印象。走进永安小学的书法室，"墨耘"两个字饱含学校书法育人的理念与"默默耕耘"的实践历程。1989年，黄义和老师加入永安大家庭，开始指导班上学生书法，一年后，已颇具成效。1991年，林文仁老师秉持一份对中华文化的孺慕之情，召集几位学生，利用午休时间指导学生书法。1993年，黄安全校长对书法教育鼎力支持，提供专用教室，于早修时间让学生练习。1994年组织学生进行春联义卖，有了专用经费。至此，永安小学的书法教育走上稳定发展之路。1995年学校将学生书法作品汇集为《墨耘》专刊，为学生留下成长的轨迹。1996年白文梧校长一秉传统，成立"永安艺廊"，将历年来学生作品及书法名家作品展示给师生欣赏。2001年设置"墨耘点线面的乐章"碑墙，将师生优秀书法作品篆刻于碑墙上。2003年张金圆校长扩增碑墙"墨耘点线面第二乐章"，让社会人士了解学校的书法特色，支持学校书法教育。之后的历任校长均秉承书法教育特色，并不断推进。2014年学校建置"墨耘书法主题馆"，传承书法艺术，璀璨学校亮点。永安小学之所以有现今的成就，缘于学校多年来对"墨耘"精神坚持不懈地追求。这很好地践行了学校"营造艺术人文的学校文化"的追求与理念：艺术是修行，毋庸教条训示，以涵咏温雅澹逸、矫矫脱俗之性情。永安小学以书法陶冶学生情操，养成平和心性。多年来不断推进，从一位老师的自发行为，吸引更多同事参与，逐步发展成为学校育人特色。这是学校文化与特色传承的很好印证，也是非功利追求实践探索获得成功的案例。正如诗句"万物静观皆自得，四时佳兴与人同"所表达的意蕴：踏踏实实做自己认定的事，不因功利而急切，不因浮华而躁动，静待成就自得，就能怡然自得地享受每个阶段应有的快乐。在参观校园的过程中，我们感受到了永安小学育人理念的落实。处处营造人文的学校文化；提供优质的学习环境，学校成为孩子的乐园。学校开设了各种体育类、艺术类、文化课等多个社团，相信在全人教育理念指导下，永安小学在不久的将来一定能取得更辉煌的成绩。

三、践行快乐、感恩、尊重、关爱的校园文化

曾经有学者专门就大陆学校办学思想进行研究，其中从内容呈现的方式来看，绝大多数是四词八字式，如"砺志文明，勤奋健美""求真务实，诚实勇敢"等。从内容本身来看，绝大多数属于励志、劝学。来到台湾，特别关注了学校的办学思想，感觉与大陆有同

有异。相同的是，同样关注智育，关注学生立志向学；不同的是，大陆对智育的关注趋同性、唯一性更突出，而台湾地区则不是如此。在台湾地区，学校更重视人际交往、品德修身、博爱包容、社会责任、国际视野。如台北大安小学的"健康快乐、独立思考、多元发展"，强调培养身心健全的儿童；台东县丰源小学以"快乐、学习、感恩"为学校愿景，培养具有人本精神、乡土意识、国际眼光的新世纪优质人才。相信在和谐的校园环境中，学生能健康成长。学会学习、乐于探索、热爱文化生活、关心社会事务。办学思想是一所学校办学的灵魂，贵在践行之。透过我们参观的几所学校，我们感受到学生是受到尊重、欣赏、呵护的，在校内的活动中，学生有更多的自主参与的机会，发表创见的机会，体现个人价值的机会，这是学生作为发展主体得到尊重的重要表现。台湾对学生社会责任、品德形成的教育，与大陆不太一样，大陆会通过班队会、纪念日、节庆日、社会实践时，向学生进行品德教育，教育的形式大多是教师说教，在台湾，对学生的品德教育，多以讲故事的形式，渗透给学生。一个个真实的、感人的、平凡的小故事，让学生知道爱国、爱亲人、爱教师、爱同学、爱周围的人；知道珍惜美好的学习生活，知道为有需要帮助的人提供帮助，知道改掉学习中的一些不良习惯，知道感恩……这种教育，长期如阳光、如春雨，包围着学生，滋养着学生，无声无息，却蕴含巨大的雕塑力量。

通过两周的研训学习，我最大的感受是：教育是为了促发孩子们心智成熟，培养他们独立思考的能力；教育者应该帮助孩子们经营未来的世界，而不是在复制我们的过去。

赴台湾培训研修小结

■ 深圳市福田区南华小学 李 彤

一、行前培训

12月17日上午,广东省"百千万人才培养工程"第二批小学名师培养对象赴台湾培训研修的导师和学员齐聚广东省外语艺术职业学院,参加赴台湾行前培训。组织者向我们介绍此次为期15天的学习研修活动的主题,包括:粤台两地的教育政策、办学理念与实践经验,小学生身心发展规律及其实践运用,学生学习发展测评与工具的开发运用,小学课程的基本理论与实践,小学老师的专业发展与反思行动,等等。希望我们努力做到:一是要把台湾的教育理念好好地领会,带回去实践发扬;二是要做一个培训者,看看教师的专业发展是怎么样实施和落实到位,要思考如何促进教师、校长的专业化发展。

通过行前培训,我们认识到了此次出行的意义,明确了任务和目标,也对一些应该注意的事项有了清晰的了解。

二、教育者的教育理念与人文素养

清晨的台北,天高云淡,空气清新。参加本次赴台湾培训的20名学员在广东省外语艺术职业学院张燕教授和导师陈子杏教授的带领下来到台北大学,开始了我们第一天的学习之旅。

图11 培训班合影

台北大学校董李建兴先生向我们介绍了学校的历史,学校创办于1949年,占地面积约60公顷,是由相关部门斥资100亿台币建设的美丽校园。台北大学以"追求真理,服务人群"作为办学理念,以人文、艺术、社会科学为发展重点,开设了法律学院、商学院、公共事务学院、社会科学学院及人文学院等5个学院、18个学系。在谈到台湾的教育改革时,李建兴校董谈到了台湾教育近年来的一些变化,如教育权由上层下放至地方,台湾地区的基础教育得以延长年限,免费教育延长到15年,弱势群体的受教育权得到保障,鼓励私立学校发展,大学很多已是免试和多元招生方式,教学方式也随之发生转变,信息技术、翻转课堂等在教学中得到较好的应用。

张燕院长在答谢辞中,向此次培训的邀请和主办单位东莞台商育苗基金会和东莞台商子弟学校表示衷心的感谢,同时给学员们提出三个期望:以认真的学习来回馈赴台湾平台的搭建者和支持者;合理安排时间,优质完成四项培训任务;将全人教育的思想作为这次教育考察的主题,全面理解全人教育的思想概念,认真观摩台湾全人教育的思想、方法,体悟核心内涵,积极探索个人的课题研究与全人理论的切入点,提升培训效果。

随后,台湾教育研究院教育人力发展中心主任洪启昌教授为我们作题为"中小学校长教育理念与人文素养"的讲座,洪教授站在哲学的高度,着眼于学生的需要,透过鲜活的故事阐释他对于中小学校长及教育者应具有怎样的教育理念与人文素养的理解,呼吁教育者应持有独特的思考解决教育和学生的需求,面对世界的发展,从改变自己开始。

洪教授认为,中小学校长应具有的教育理念:一是培养全人化的孩子:以学生为中心,重视品德教育,增进学习兴趣,促进身心发展,强调快乐学习。二是提升专业化的教师,建立教师专业形象,创意多元教学形态,建构专业伦理素养,发展专业学习社群。三是塑造支持化的家长,尊重家长意见,实行理性沟通,强化组织功能,促进亲师合作。四是实现效率化的行政,实现目标管理模式,营造安全学习环境,建立行政支援教学,办理开创性的活动,营建和谐信赖文化。五是营造自然化的社区,深耕社区文化,社区移动教室,配合社区活动,促进资源共享。

洪教授的讲座让我反思自己的教育理念,重新审视自己的学生观、教学观、教育观。我们应该培养全人化的孩子,提升自身专业能力,整合多方资源,切实做到以孩子为中心,创设适合孩子的教育教学。

三、人文与科技融汇,慈悲与智慧相生

华梵大学是一所森林大学,位于新北市石碇区大仑山顶,海拔500～550米,为台湾地区地理位置最高的大专院校。天气晴朗时向西南方可见台北101大楼,向东方远眺则隐约可见海面。校区风景优美,校内普遍为相思林,另外在道路沿线大量种植了梅花、竹和松树,营造了一个宁静和肃穆的环境,是学习和修行的好地方。

在了解学校的办学史后,我们对这所只有3 000多名师生的大学

图12 华梵大学一角

有了更深层的认识。华梵大学是台湾第一所由佛教人士成立的高等学府,创办于1990年,创办人晓云法师是广东人,早年从事文学美术研究,有"岭南女画杰"之雅号,她终身不建寺庙,不任住持,以79岁高龄创办华梵大学,矢志做教育界的一头耕牛,直到生命的最后一天。

我们在华梵大学参观时,处处感受到"觉之教育"理念指导下的教育行为,"觉之"意在辅导青年对心意的善导、对环境的选择,其内涵包括"自觉、觉他、觉行"三个层次,以培养学生谦逊务实、认真负责、勤奋进取、友善合作的特质。学校从服务教育、觉之与人生、社会实践服务三个方面设置课程,设有文学院、工程管理学院、艺术设计学院和佛教学院四大学院,有12个系、12个研究所。

"华梵"意在彰显五千年中华文化及两千年中国佛教思想,用专业技术服务人群,以高尚品德导正社会——人文与科技融汇,慈悲与智慧相生。华梵大学精心设计的校园六区三十景达到环境育人的效果。这里远离城市的喧嚣,以校园得天独厚的清幽雅韵,将人文与科技融汇,在传授知识技能的同时,学生的良好心性得以培养。

四、精致卓越温馨创新

12月21日清晨,伴随着一路的风景,我们在高速公路上奔驰了将近两小时,从台北来到了台中市私立东海大学附属学校,这是全台湾唯一一所从幼儿园到高中的私立学校。校园宽阔优美,行道两边广泛种植的凤凰木和草地形成了绿色隧道。

图13 东海大学附属学校一角

校园中坐落着中式传统合院的学院建筑群,是一所风雅的学府,有"最美丽的校园"的封号。造型别具一格的代表性建筑为贝聿铭之经典杰作,恰似航向天际的飞帆,引领着心灵飞扬。校舍景观规划得力于贝聿铭、陈其宽及张肇康等知名建筑师的设计,依地势而建的学院系所,多为合院的格局,回廊转折,花树掩映,颇有几分古雅的韵味。校园地形分布更有多种形态,如河沟、人工湖、草地、灌丛,吸引着鸟类在此栖息。

钟兴能先生是一位退休返聘的老校长,从言行举止看得出,这是一位很有想法、很有耐心涵养的校长。钟校长向我们介绍，全校有学生约2 000人，班额都在30人左右。我们参观了幼儿园、小学部和中学部。在幼儿园，我看到了小朋友种植的各种植物种子和观察日记，这种人和自然那么贴近的氛围格外朴素。在小学部，我们看到共有24个班，每年级有4个班，分别起名为忠、孝、仁、爱班级，很有中国传统文化特色。在教学上，学校强调启发、讨论、探索、实作、体验、发表、欣赏、省思。开展多元化的评价手段，包括学习态度、作业成果、研究报告、听说能力、纸笔测验等，全面考量学生的学习水平。他们小社团的活动展示吸引了大家的目光，足球、街舞、曲棍球、乐乐棒球、跆拳道、儿童瑜伽、桌球、儿童吉他、魔术、纸黏土、乐高积木、素描创作、计算机应用……丰富多元。我们看到学生所作的科学研究报告图文并茂，富有创意。走出课室，所有的花花草草都是他们上课的素材，校园的每个角落都可以成为开放的课堂。

在会议室，只见每个显眼处都写着一些很有启示性的话语。如：引用名言的力量；运用视觉提示的力量；每堂课都从积极面开始；保护气氛不受有毒言语污染；师生一同欢笑；说和善肯定的话；激励学生定目标；抓住孩子做对事情的时候；帮助学生发现选择的力量；打造开怀的社群。真是句句经典，富有教育的哲理，体现学校教育的用心。

钟校长从办学理念与发展愿景谈起，指出学校一定要有共同的愿景。学校传承了以往的优良做法，提出了"精致、卓越、温馨、创新"的教育愿景。根据学生特质的转变，学习方式的转变，提出十大科技潮流化，引领教育新形态。包括游戏化、翻转学习、远距教学、心智绘图、社群媒体、数位教科书、GOOGLE一下、扩增教学（AR）、大数据等，提出今日教育的改革：填鸭式教育——学习共同体——翻转教室——反翻转教室……

谈到个人教育理念，钟校长指出：信念比方法重要，改变就能带来改变。他注重教师的专业发展。在引导与督导方面，对学生既要推，更要拉。让学习成为一种习惯，读书成为一种乐趣。学校倡导以各种不同的经验来思考这个世界的不同，形成充满活力、与众不同的教学环境。

针对全人教育，"共好"的首义不是竞争，而是学习有同伴，会更有效果。钟校长着重介绍学校从"心、技、体"等方面作努力："心"——品格教育。品格为先，全人教育。他指出，要利用好信仰的力量。注重纪律与国际精神的培养。"技"——情艺活动。开设周三的学艺活动，演讲周、科学周、音乐公演等，激发学生潜能。"体"——体能训练。每周五作为运动日，持之以恒，让体能训练常态化，形成习惯，锻造学生良好体格。

这一天的学习让我深深认识到，有共同美好愿景和正确信念，对学校教育发展是十分重要的。我在那校舍学堂中、曲径通幽处，似乎看到了那种追求真理和学问，不为外物所扰的专注宁静的境界。校园中孩子们天真烂漫、无拘无束，给人一种亲切自然之感，而高中部、大学的学生则个个显得阳光自信。正是精致、卓越、温馨、创新的教育思想，让学生如此自信和快乐。

五、营造艺术人文的学校文化

台中永安小学是一所有百年建校历史的老校，是一所书法特色的学校。早晨，我们来到学校，看到学校的育人理念是营造艺术人文的学校文化，建立精致优质的学习环境，提供适性多元的学生学习，追求卓越的教师专业发展，支援服务的学校行政措施。

永安小学校长陈静姿女士热情地前来迎接，家委会的秘书也参加了会议。两岸代表互赠礼物，然后校长给我们介绍"永安墨耘书法"27年坚持的故事。从1989年来，经过五任校长的传承发扬。"观千剑而识器，操千曲而晓声。"永安小学在书法方面，培育了不少人才，取得了非常卓越的成绩，马英九先生也为该校的书法做过题词。走过教学楼，我们逐级而下，穿过一片绿荫，展现在我们眼前的是一个接近200米环跑的运动场，往右一拐，主任把我们带进了一个教室。学生们正在开展书法的社团活动，三五成群，围着桌子，墙上挂的都是学生的书法作品，走进书法室，"墨耘"两字饱含学校书法育人的理念与"默默耕耘"的实践历程。

学校的书法教育林文仁主任分享他在教书法方面的体会。他特别强调了团队的重要性。包括家长团队和行政团队。开展书法艺术教育，要钱要人要力，还要有一个行政团队的推动带领，要有一个家长团队的财力、物力的鼎力支持。永安27年的传承，离不开每一届校长的对团队建设的重视。林老师从教学时间的保证，教材的编写，组织训练等方面，给我们娓娓道来关于书法教学方面的故事。接着大家也各自分享了对书法教学方面的体会，课程建设实施的过程。林老师还现场挥毫，写下了"天道酬勤，厚德载物"。团长张燕院长对我们提出应做一个有特长的名师。

图14　书法教育交流

永安小学书法教育之所以有现今的成就，缘于学校多年来对"墨耘"精神坚持不懈地追求。很好地践行了学校"营造艺术人文的学校文化"的追求与理念：艺术是修行，毋庸教条训示，以涵咏温雅澹逸、矫矫脱俗之性情。永安小学以书法陶冶学生情操，养成平和心性，27年来不断推进，从一位老师的自发行为，吸引更多同事参与，逐步发展成为学校育人特色，这是学校文化与特色传承的很好印证，也是非功利追求实践探索获得成功的案例。

六、均衡发展的乡村小学

竹崎小学位于嘉义县竹崎乡，与许多农村地区一样，年轻人都往城市跑，留下务农的人越来越少。因此，学生人数很少的"麻雀"学校就成为这里的普遍现象。竹崎小学就是一所连幼儿园在内只有96名学生的乡村学校，但丝毫不比之前城市中所见到的小学逊色。校长向我们介绍，学校环境优美，青山环抱，绿水潺潺，景色幽静，是一所典型的农村学校。学生家庭多以种植柑橘、梨等水果维生。学校之建筑设备，原本简陋老旧，经多年建设已焕然一新，目前计算机教室设备已更新完成，阅书室图书很丰富，书香味浓，教学质量不断提升。更由于全校师生同心协力地开展美化绿化工作，校园绿意盈盈，花木扶疏，呈现一片欣欣向荣的景象。他顺手指着小道旁边的一棵粗大的乔木说，这是印度的紫檀树，价值300多万台币，我们都惊叹不已。

走进学校里面，可看得出学校有一段历史了。教学楼门窗都显得比较旧，但不破烂，非常整洁有序。竹崎小学现在办得有声有色，校长带领他的团队，创意规划，推动校务工作，积极开发应用学校内外人力资源，从阅读教学抓起，注重课程的扎实落实，创设了音乐节等很多让学生有机会展示的平台和英语村等学习基地。学校招收志工，配合学校做好学生的教育工作。给我印象最深的有两方面。

一是阅读教学。竹崎小学作为乡村小学，其阅读教学开展得如此之好，实属难得。校长带领广大教职工整合社会资源，通过自筹等方式每年都投入相当的经费，去购买更新图书，志工和老师一起，开展图书的管理工作。最令我佩服的是阅览室周六日向社会开放，并且阅览室只有周六日才开放冷气。校园里还有开放的流动书吧，学生可以随时阅读。我们同行也分享了自己学校关于阅读的做法，包括跟书店合作、让图书流动起来、有目的有系列地向各年级推荐一些图书。还通过亲子阅读、读书会家长进课堂等成功的做法加强阅读教学，并提出了"阅读要像呼吸一样自由"的观点。

二是社团活动。乡村小学的社团活动也可以抓得很好。这里的社团活动分收费和免费两大类。学校根据学生的实际，开设了十多个适合学生的社团，有管乐、田径、舞蹈、音乐等。每年还举行音乐会，让全村村民参与。由于专业发展的需要也外聘教练，这些都是要进行收费的班。

三是课程教学。校长很注重提供成功的学习经验，建立正确价值观的教学理念。他提出了"正向思考"和"未来想象"两大块的课程教学理念，注重学生的批判思考力、想象力培养，重视基础以及创造力的培养。我们走进了课室，发现这里的学制跟大陆一样，但这里的学生课程学习的内容比大陆更全、难度更大。

七、让所有儿童都得到应有的珍视与期许

台东有一座浓郁的地中海风情的建筑，就是我们访问的学校——丰源小学。这是一所乡村小学，校长吴秀金女士热情地带领我们游览校园，教室设计别具特色，除了大面积的玻璃窗，每间教室都有三个门，且开门方向与走廊非垂直设计，避免室内学生出门互相碰撞。虽然临近新年，但这里依然繁花盛开，绿草如油。据吴校长介绍，该校的学生中25%是原住民，45%是汉族，家长以务农为主。学校共设置六个年级，另包括一所幼儿园，学生总数96人（含幼儿园25人）。学校有教职员工22人，75%具有硕士学位。

图 15　丰源小学

学生人数虽然不多，但学校秉持"全人教育"理念，以"快乐、学习、感恩"为学校愿景，提供丰富多样的教学实践，帮助学生掌握全面的知识、技能以及正确的人生态度和价值观，使他们可以将所学知识运用到实际生活中，实现他们的人生目标。吴校长说，学校存在的价值，不在得奖、媒体曝光率，而是真实地帮助每一位孩子向上提升，教师与孩子一起，今天比昨天更好，认识到"基本的学习能力"是成就个人幸福感不可或缺的基础。

丰源小学特别重视弱势儿童的教育权利，无论孩子有多大的不同，被"珍视与期许"都是要让每一个孩子都感受到的。学校注重儿童的品格教育，与扬帆协会合作，采取正向品格引导的方式，每月一个品格教育主题，培养学生健全的品格。该校虽然有23名儿童来自于低收入、中低收入、经济困难、失亲和隔代教养的家庭，属于弱势儿童的范畴，但他们在学校受到了平等的教育，同学之间并无歧视现象，所有儿童都得到应有的"珍视与期许"。

丰源小学开展了多元的教育活动，国学、科学、体育、环保、艺术、社会、综合等学科均得以扎实地实施。比如，艺术与人文深耕教学计划，邀请艺术家到学校指导教学，艺术团体经常到学校展演。阅读活动，晨读活动每周至少三次，图书馆借阅，每周每班1节阅读课，天下杂志伙伴基金会的阅读巡回车定期上门展示新书，提供阅读书籍。这使学生的素养得到了全面的培养。

在互动环节，大家针对教师专业化发展、观课议课、校长和教师的流动等感兴趣的议题进行了深入的探讨，对未来两岸教育进一步协作、提升有了初步构思，期待着在不远的将来我们能有更深层次的交流。

此次赴台培训研修内容丰富、行程合理、效果显著，使我们对台湾地区独特的教育制度、领先的教育思想、丰富的教育资源、和谐的课堂教学有了深切的体验和感悟，引发了我们对课程改革、学校管理、课堂教学策略等方面的思考，我们必将学习先进的教育理念，进一步改进教育方式，提升管理和教学质量。

赴台湾教育研修报告

■ 深圳市翠竹外国语实验学校 叶 梅

由广东省教育厅主办、广东省外语艺术职业学院承办，为期两周的赴台研修，是广东省中小学新一轮"百千万人才培养工程"第二批小学名师培养项目的第五次集中培训。我们一行20人组成的教育团队从2016年12月17日至12月31日在台进行了为期15天的研修学习，在此期间我们分别对台北教育大学、台北市立大学、华梵大学、佛光大学、台北大安小学、台中永安小学、东海小学、东海大学附属高级中学、嘉义县竹崎乡竹崎小学、高雄瑞祥小学、台东丰源小学等进行了参访，聆听校长报告，学者讲座，每至一校均有交流座谈会，对台湾的全人教育理念与人文素养、教育管理模式、课程体系及家校合作等情况有了比较深入的了解，对台湾师资的培养有了一定的认识。

现我就自己的所见所闻和所悟进行梳理，力求从中挖掘、提炼出台湾教育给我的一些收获和启发。

一、台湾学校教育基本情况

台湾地区的学校教育分为四个阶段：幼儿教育、小学及初中教育、高级中等教育（高级中学和高级职业学校）、高等教育（专科、独立学院、大学、研究所）。初到台湾，财团法人东莞台商育苗教育基金会陪同的吕老师就告诉大家：台湾公办学校学制为：小学6年，初中3年。台湾公办的小学和初中学校实行小班化教学：小学每班不超30人，中学每班不超35人。教师编制为：小学每班1.8人，中学每班2人。学生就读公办学校实行免费，学生所需费用均由相关部门承担。但校园建设、办公设备等已远远比不过大陆的许多公办学校。近几年，为适应新世纪的挑战，台湾地区的基础教育开宗明义，提出三大核心理念"自发、互助、共存"。围绕如何提升教育品质、落实开放教育的观念，更新课程，统整五育均衡，全人发展与终生学习等目标开展教育改革，积极探索"校务评鉴""翻转教学""智慧课堂""生态化教育""生活化教育"等课题。

二、台湾教育的主要做法和基本特点

1. 社会多元办学，各具特色

台湾有公立学校，也有私立学校，还有天主教、基督教、佛教、道教办学等，这是在大陆所见不到的，许多当地人喜欢选择私立学校，虽然私立学校学费是公立学校的3倍，但有能力的家长都愿意花钱让孩子享受优质的教育。如：我们参观的东海小学是一所最初由基督教会创办的私立学校，当时已有五十八周年的历史，学校环境得天独厚（背靠东海大学人、财、物的资源），课程教学多元，树立全人教育理念，学校认为教育之首就是引导学习，让学生学会探索、思考、发问、批判，学校利用基督教堂对学生进行生命教育、感恩教育，每天早上师生有相互道早安的仪式，培养的学生身心品格健康、视野前瞻开阔，成为该区域受家长们欢迎的名校。

再如我们参访的佛光大学、华梵大学就是佛教界人士创办的私立大学。多元化自主办学促进了台湾学校的良性竞争，呈现出百花齐放而又充满个性的办学特色。

2. 重视师资的培养和教师的专业发展，教师地位高

在台湾，教师职业受人尊重，是人们比较向往的职业之一，也是一个难以谋求的职业。原因一是近几年台湾经济低迷，大学生就业率低，加上教师待遇好，台湾教师属相关部门公务员系列，待遇略高于财政、银行职员，退休后的待遇优厚；二是教师职业稳定，教育主管部门在维护教师身心健康、合法权益、公开甄选教师等政策上，很受教师和社会认可；三是相关部门投资教育的资金一般占相关部门预算35%以上，学校和老师每年均可向相关部门申报"优质学校奖""特色学校奖""教学卓越奖""校长领导卓越奖""教学精进计划奖""阅读钻石奖"等，奖励教师的机制得到教师的响应，激励了教师的专业成长，提高了教师的工作热情。

据台北市立大学研发长郭家骅博士介绍，台湾师资培养机构众多，师源充足。但台湾教师的准入制度很严格，在读完四年的专业大学取得学历证书后还要过两关：先是实习半年后参加全台湾的教师资格检定考试，才能拿到教师资格；然后才可以参加有关学校的教师招聘考试，学校的教师招聘考试都有统一的规定，分为笔试和试教两个环节，笔试结束后根据招聘人数按3∶1择优进行试教，通过试教胜出即可录用当教师。每年教师缺员增补常引得数十倍持有教师资格证书的候选人竞聘。一般人都要参加过几个县市的多场考试才有机会当上老师。台湾的教师没有职称评定，一般开始当老师的两三年为初任教师，初任教师经学校评定及格后即可晋升为晋级教师。男女教师退休的年龄都是65岁，但教龄满25年就可提前退休，退休时可以一次性领取退休金，也可以按月领取。

台湾非常重视教师的专业化发展，要求每位教师在5年内必须有不少于60个小时的离岗进修学习。学习一般在每县的研习中心进行，学习进修时数。完成学习任务获取证书后，可作为以后晋升提职的主要依据。

3. 台湾基础教育的均衡发展

台湾地区注重教育资源的均衡配置和发展。在近两周时间，我们从城市到乡村，所到的公立小学校舍、硬件设施建设的投入都是一样的，没有明显差距。比如嘉义县竹崎乡竹崎小学地处一个农业县，且竹崎离嘉义有30多公里，位置太过偏远，资源比较受限。但学校如花园，自然清新，台东丰源小学是一所仅有96人的农村小学，也同样有漂亮的校舍，配有图书馆、实验室、塑胶运动场、电脑室等，每间教室都安装有电子白板等现代化教学设备，全校也按教师编制标准配足师资。

台湾的教育均衡还体现在分类施教上。如把一些有残疾的学生编成特殊教育班，把一些有智力障碍的学生编入资源班，另有一些智力超常的学生编入资优班，更多的则是普通班，前三种编班的学生都必须经过严格的专业鉴定，并且规定：有特教生或资源生的班级学生人数要比普通班少4人，教师配备则比普通班多，教师每月还有1 800元台币的特教津贴。台湾地区有关规定，有特教儿童随班就读的班哪怕只有一个特教生，老师也要为他专门设计一个学习方案，另外会有一个特教专业巡辅员定期来班教该学生，以便提供的教育服务更加周到、细致。相关部门每月还给予特教生9 000元台币的补助。此举充分体现了台湾地区的教育公平理念。

4. 家校社合作，和谐发展

台湾教育把学校与社区、家庭紧密地结合在一起，努力创建"无围墙"的学校，以共同促进学校与社区的和谐发展。如嘉义竹崎小学在举办大型活动之前，一般是由学校和社区共同策划，家长们都作为志工为学校做一些力所能及的事情。校长也列席社区一些会议，社区也可参加一些中小学活动。

学校资源对社区开放，与高雄瑞祥小学林玲吟校长交流的时候，她笑着对我说："台湾的学校走到今天，学校资源能对社区开放，也是经过10～20年的努力才达到的，这都是一个过程，比如台湾学校现在都是地方的活动中心，开始时学校也有顾虑，非常害怕，怕被破坏，怕搞乱秩序，实际时间久了，慢慢就好了，大家都会去爱护自己的地方。"

这次我们参访的许多标杆学校，大多是校长和家委会会长共同参与接待的。每个学校都设有家委会，班级也设有家委会，家委会代表一般经选举产生，设家委会会长。家委会主要任务与功能：一是捐资兴学，费用主要用于学校建设、举办活动费用、会议费、学生奖学金、毕业旅行、参加外出的一些比赛等；二是参与学校每年一次的教师招聘会和学校教材选定；三是成立家长志工队（志工队）；四是通过家长会，能网罗到许多方面的社会关系，对学校软硬件建设，促进学校发展，有着积极重要的作用。

三、收获与思考

1. 台湾以人为本的全人教育理念彰显出教育本质

台湾的全人教育理念表现出较好的传统文化积淀与现代人文素养。我们一行20人从台北到台中，从嘉义到高雄，再从台东回到台北，时而进入学校看教育，时而跳出学校想教育。台北大安小学的体育教学特色彰显着"健康快乐多元发展"的教育理念，台中永安小学"百草逢春，书法育人"的特色教育彰显学校对中华文化的传承，嘉义县竹崎小学的学校变花园的美感教育，彰显学校愿景：健康、快乐、成长、学习。东海小学"弹性与多元课程"设置，从传统的"我思故我在"到如今"我分享故我存在"的思想转变，乃至台北市立大学研发员郭博士所做的"成为进步国家的关键报告"中明确指出的具有大规模的合作能力，都显现出全人教育的本质。

台湾人民彬彬有礼，我们每到一个学校，都受到热情的接待、周到的安排、细致的准备。这里人民素质高，学生的养成教育成果显著。台湾把学校美育称为"美感教育"，包括艺术与人文领域"音乐、美术及综合艺术"等，德育称为"品格教育"，包含人品、道德与人格等。它趋向于艺术、德育生活化，还原人本来应有的品质，如审美、情操、公平、尊重、责任、感恩等，把美感、品格教育看成是学校生活的一种方式，教育的目标是培养一个健全的人，是为未来培养出一个身心健康、人格健全的人。

不管是大陆还是台湾，中华文化一脉相承：中华的文字、闽南语、客家村、街道路名，常令我感觉我就没离开过大陆，没离开过家。台湾社会比较注重弘扬中华传统文化，教育领域更为突出。"礼义廉耻"是所有公立学校的校训，教学楼前树立的一尊孔子或孙中山先生的塑像，至圣先师的文化和思想在这儿发扬光大，除了汉语课程外，很多学校都开设有闽南语、客家话、书法、茶道、国画、民乐等课程。校园的过道里、墙壁上、楼梯台阶上都贴着分别有普通话与闽南语、客家方言相对照的日常生活用语、儿歌以及《论语》《周易》等古代经典诗文内容……中华精典文化的传承在这仍然得以延续，浅浅的海峡割不断文化之根。

2. 环保与生态的意识折射国民素质，而素质反映了教育

台湾的环保与生态意识，总能在不经意间感受到，而环保与生态的学校教育也是一枝一叶总关情，润物细无声……

初到台湾，我就能感受到台湾人民的环保意识极强。当我们在机场坐上大巴车，基金会吕老师告诉我们：以后十多天里，车上备足矿泉水，旅店也有矿泉水，可以随意取用，但要喝完一瓶再开另一瓶，一瓶开封了的矿泉水保质期也有三天，三天后就不要喝了。喝完水后的瓶子要压扁放到车上的垃圾箱里，二十个这样的矿泉水瓶回收后可以再做成一件小背心。垃圾分类处理已成为台湾社会的普遍环保行为。垃圾会有极为详尽的分类，如台湾慈济会垃圾分类有个口诀：1357瓶瓶罐罐纸电。具体代表：1：衣物；3：3C产品（含家电、电脑、通讯）；5：五金制品（金属类）；7：其他（含脚踏车、汽机车、雨伞等）。瓶（塑胶瓶，含塑胶制品）；瓶（玻璃瓶）；罐（铁罐）；罐（铝罐）；纸：纸类，纸容器；电：电池、日光灯管（有害回收物）；有垃圾桶的地方也会有标志指引。台湾的公厕（台湾人称化妆间或便所），拧开水龙头都是细水缓流或如薄雾轻洒，节约环保。莲雾是台湾有名的水果，我们在路边小摊上购买一次性塑料盒装的一盒莲雾，卖家居然告诉我们，他可以用一个莲雾回收我们手中的一次性塑料盒。走进校园虽然没有华丽的建筑但处处整洁干净，在校园内装有用电监测即时看板，这是电力社在监测各用电单位的用电情况，超过规定量电费将倍增。到每一个城市，甚至是一个小镇，很难见到粉尘。街道边的修车店也是干净整洁的。保护环境的意识深深地植根于台湾人民的心中。

3. 家长深度参与学校管理，学校社会化、社会学校化

学校是社区的学校，社区是学校的主要伙伴，即学校社区化，社区学校化，这是台湾中小学教育的重要方面。当前我们的基础教育改革也在大力提倡教育必须为社会主义现代化建设服务，必须与生产劳动相结合，这就要求我们在培养人的活动中，不能仅把此活动局限于学校教育一个方面。不论是学校硬件建设，还是教育教学活动，都由学校一肩挑，这极不利于学校发展，也不利于学生发展。基础教育新课程改革也要求我们充分挖掘课程资源，努力开发校本课程，进行综合实践活动。在台湾的参访活动中我们看到，学校与社区关系非常密切，学校资源有限，社区资源无限，充分挖掘社区资源优势，让社区、家长都作为促进学校发展的重要力量，利用社区课程资源对学生进行教育教学随处可见。

两周时间匆匆而过，我在台湾的研修学习任务也告一段落，台湾教育融入了中西的教育文化精华，对传统有良好的继承，又很好地整合了现代的人才教育理念，习近平主席提出复兴传统优秀文化教育，台湾的实践能给予我们经验与借鉴。两岸人民同根同源，期待更多思想交流，心灵对话，加深了解，增进友谊。感恩接待与安排，这次的学习顺利、圆满，感受了台湾的教育，开拓了教育的视野。多少感慨，多少期待，最后都归结为一个愿望，那就是希望台湾地区与大陆早日实现统一。

学思行
——赴台湾培训总结

■ 深圳市罗湖区洪湖小学 高红妹

2017年12月25日—2018年1月8日,按照广东省中小学新一轮"百千万人才培养工程"第二批小学名师培养方案的要求,在广东省外语艺术职业学院梁祖菲副教授的带领下,我们一行24人赴台湾开展为期15天的以"全人教育理念"为主题的研修活动。本次赴台湾研修活动通过专题讲座、标杆小学参访、跟岗、座谈交流等形式,让我们多角度了解台湾学校的办学特色与理念、课程设置与组织、校园文化建设,了解课堂教学过程,学习先进教学方法、班级管理手段及方法等。

一、培训回顾

1. 启程准备

2017年12月25日上午我们在广东省外语艺术职业学院参加赴台湾前的培训,由梁老师、梁院长和昌博士三人给我们分享赴台湾注意事项和要求,让我们明确了赴台湾学习的日程安排和要求。

2. 开班仪式

2017年12月26日,我们在台湾师范大学举行了简朴而庄重的开班仪式。梁祖菲副教授代表研修团对为本次研修活动做了大量工作的财团法人东莞台商育苗教育基金表示了衷心的感谢,并向全体学员提出了希望:希望全体学员带着问题来学习,把目标与希望投向远方,在培训过程中要学思行,要多思多看多想,才会有收获。

开班仪式后,台湾师大博士生导师戴建耘教授就台湾师大的发展作了精简介绍,接着展开专题讲座"台湾小学教育管理理念与人文素养"。讲座伊始,戴教授通过影片播放,让学员们感受给学生合理的定位与方向是何等重要,教育要不断地变迁与调整,找到更合适的教育方式。讲座中,戴教授通过大量的数据、事例,深入细致地从"落实适性发展的十二年基础教育""培养学生的前瞻应用能力""营造安全永续的友善校园""培育落实教师的专业实践"等十三方面分析了台湾地区当前的教育政策。戴教授强调现代教师应具备7+1种教学基本能力:教学统整能力、协同教学能力、编选教材能力、弹性课程规划能力、参与课程设计能力、基本e化、测验与评价能力以及具有国际化视野的工匠精神与创新教学能力。

3. 参观学习

我们到了台湾5所大学、6所小学参观学习,聆听了11场讲座分享,近距离感受了台湾教育,课程设置和校园文化。

二、培训启发

1. 要让学生爱上厕所

12月29日，学员们来到了台中市北区太平小学。这是一所有着80多年创办历史的小学，学校有400名学生，占地面积2 500平方米。在这里，学员们观看了孩子们精彩的泰鼓表演，聆听了于益新校长介绍学校概况、特色课程的讲座活动。接着大家走进课堂，听了一节有趣的闽南语课。课堂上，学员们和孩子们一起领略闽南语言的特色，尽管语言不通，但能看出来活泼生动的闽南语课很受孩子们欢迎。通过这节课，大家感受到了太平小学对传承传统文化的重视。在参观校园时，学员们被学校的"五星级"厕所牢牢吸引住了，每个年级的厕所不仅美观、洁净，还都精心设计了文化主题，分别有：本土风、阅读风、运动风、国际风等。于校长告诉我们，孩子们喜欢这样时尚、漂亮、特别的厕所，所以每一个孩子都爱上厕所。台中北区太平小学也成了台湾学校厕所标杆。

我们每个学校也应该让学生爱上厕所，同时利用厕所文化激发学生热爱阅读，胸怀国际。

2. 要发挥图书馆作用

图16　图书馆周活动

在台北大安小学让我感受最深的是图书馆周活动，由家长组织年级阅读答题、评价等，能激发学生阅读兴趣，提高图书馆使用效率，这个是值得我们学习借鉴的地方。

3. 要着力打造学校特色

2018年1月5日，我们最后一站来到了宜兰县礁溪小学，聆听了林穑甫校长做的最后一场报告。

学校创立于1931年，有100多年历史。校地面积：38436平方米。班级数：普通班28个，特教综合班1个，特教学前班1个，幼稚班4个，学生数：664人。

图17　宜兰县礁溪小学

学校特色一：该校校舍完善，教学大楼、行政大楼、体育馆、幼儿园等区分明确，用心规划学生学习情境，且因所在地势较高，从校门前方望去，倍感宏伟壮观。

学校特色二：家长热心参与，学校更务实家委会组织之经营，曾荣获优良家委会、最优家委会。该校孕育无数优秀校友，各界杰出人才，校园内有其回馈母校所捐赠之周年留念，如钟楼、大石等，亦有仁爱基金、奖学金等捐献。该校爱心志工超过90人，协助学校推动各项校务，照顾学童。

学校特色三：该校重视所在地文化教育，并积极融入社区，以"温泉礁溪情、活力国际观"为学校愿景，希望学生认识自我与环境，身心均衡发展并开阔视野，接轨国际。

学校特色四：该校落实教学正常化并提倡多元社团活动，以启迪与激发孩子之学习潜能。校内各项社团蓬勃发展，如跆拳道、直排轮、泰鼓、剪纸、扯铃、乌克丽丽、机器人、舞蹈等社团超过20个。

学校特色五：体育团队永续经营专项体育排球20多年，获得超过80面全台湾地区冠军的优秀成绩，1998年核定成立"体育班"。

图18　社团活动多样化

学校特色六：礁溪小学国乐团自1990年成立至今，多次获得县音乐比赛国乐优等及全台湾地区优等之佳绩，多年来更致力于传统乐曲的演练，积极发展"戏曲音乐"之练习，该校退休教师张月娥老师，长期投入传统国乐、乡土歌仔乐曲并献身音乐教育，让具有所在地特色的戏曲文化（宜兰歌仔戏）通过国乐团演奏，让礁溪小学国乐团有着另一种特色。

学校特色七：该校自2006年成立礁溪小学儿童戏团，起初由黄大鱼儿童剧团协助指导，其后结合地方特色，开始自行编导、演出，2013年创作《关帝情·学子爱——庙不可言》，叙说礁溪小学和协天庙百年的历史的故事，2014年为《戏说二龙》，表演两百多年历史的二龙竞渡文化，2015年演出《汤围的异想世界》，刻画童趣的温泉沟故事，营造《礁溪童年三部曲》。2015学年度《新噶玛兰公主》，荣获宜兰县创意戏剧比赛优等。2016学年度《孙悟空大战白骨精》，荣获宜兰县创意戏剧比赛优等，台湾地区创意戏剧比赛优等。2017学年度《千年等一回》，荣获宜兰县创意戏剧比赛优等。

学校特色八：该校于 2012—2014 学年度配合行政部门推动全台湾地区新住民火炬计划，主题"心注新住共创幸福"，希望透过计划的推动，将台湾人民的热情与新住民结合在一起，培养学生、家长对国际多元文化之了解、尊重与国际文教交流之互动，让校内亲、师、生都能实际感受未来台湾社会即将面临的多元文化融合之趋势，并与全球接轨发展。

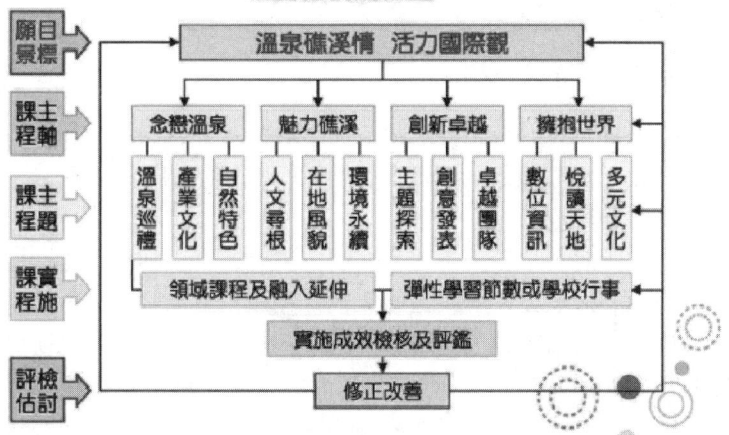

图 19　礁溪小学学校课程架构

教育发展 止于至善
——广东省小学、幼儿园名师培养对象赴台湾研习心得

台湾教育思赏录

■ 珠海市平沙镇连湾小学 陈郭恒

本人作为广东省"百千万人才培养工程"小学名师培养对象在广东省教育厅的组织下到台湾开启了为期半月的研修之旅,收获颇丰。

一、台湾师范大学启示录

2017年12月26日,我们来到台湾师范大学聆听戴建耘教授主题讲座"台湾小学教育管理理念与人文素养"。戴教授语言通俗,观点深刻,给人启发良多。

启示一:名校要有名师

梅贻琦曾提出"所谓大学者,非谓有大楼之谓也,有大师之谓也"的著名论断。台湾师范大学是亚洲顶尖的师范类大学。在科学教育领域,台湾师范大学的论文数量排名全球第一,教育学科论文被引用次数也是高居世界第一。台湾师范大学之所以能取得如此骄人成就,在于拥有众多大师。

以戴建耘教授为例,他现任台湾师范大学博士生导师,曾荣获纽约世界发明展金牌、布鲁塞尔世界发明展银牌、瑞士世界发明展铜牌等奖项。戴教授的资历及荣誉足以说明他的学术地位。像戴教授这样的大师就是台师大的学术旗帜。大学需要大师,大师无疑就是大学的脊梁。

大学如此,小学亦然。学校要发展振兴,要成为名校,还得要有名师。有幸作为广东省第二轮"百千万人才培养工程"名师培养对象参加培训学习,我们感觉任重道远。

启示二:方向优于速度

"每个人都是天才。但如果你用爬树的能力评断一条鱼,它将终其一生觉得自己是个笨蛋。"戴教授在讲座中引用了爱因斯坦的话,旨在阐明教育目的的重要性。

现在很多一线教师对于教育目的往往认识不足。在高考指挥棒的影响下,部分教育行政部门依旧以分数作为对学校、对教师的评价手段。这导致了我们推行素质教育多年,课程标准历经八轮改革,收效依旧不尽人意。

过去曾有人提出"没有教不会的孩子,只有不会教的老师"。这样的论调曾经鼓舞了一批批刚走上教坛的老师,同时也让一批批有一定教龄的老师们困惑不已。前两三年,全美最佳教师雷夫来中国开讲,提到说这句话的肯定不是老师,这样的人也从没有关心过学生。于是引起教育观念上的争议。

现实中尽管老师们想方设法,甚至呕心沥血,每一届学生、每一班学生总会有一些人"掉队"。其实,每一片树叶都是独一无二的,每一片雪花都是唯一的,每一个孩子都是独特的。即使是同卵双胞胎,相貌极为相似,其性格和能力也可能迥异。作为教师,如果不能充分认识到学生个体多样性,就无法因材施教。

国家基于学生的终身发展和社会发展的需要,在2016年正式发布了《中国学生发展核心素养》。站在教改的风口,每一个教师都应该拷问自己,到底我们要培养怎样的人?

各级教育行政部门及决策者务必清楚我们的教育目的是什么，应该革新教育教学评价方式。每一个教师同仁务必明白教育目标是什么，应该懂得教书更要育人。

教育是一门科学，也是一种艺术，更是一项良心工程。教育是让学生良性发展，而不是达到统一的发展高度。如果认不清方向，速度越快，越难免坠入南辕北辙的惨痛轮回。

二、华梵大学启示录

2017年12月26日，我们一行坐车沿着蜿蜒盘旋山路来到台湾华梵大学。简江儒副校长给大家做了"中华文化与儒学融入现代教学的课程创新"。

通过简副校长的介绍，我们获悉华梵大学是亚洲第一所佛教办的大学。学校以"德智能仁"作为校训，办学宗旨是实现人文精神与科学技能的融合，慈悲与智慧相生，结合儒家中恕传统道德，以及佛教"自觉觉他"的菩萨精神，培养德学相彰，作为时代中流砥柱的栋梁人才。

最让人敬佩的是学校创办人晓云法师在79岁高龄，一袭袈裟，为选好校址，择地27处，最终一手创办了华梵大学，从选址到校园布局规划，方方面面亲力亲为，心心念念都是为了教育，这一份情怀特别让人敬佩。

反观当今教育，教改不乏轰轰烈烈之举，急功近利的浮躁比比皆是。有些学校管理者，为了"政绩"，各出奇招；有些老师为了教学竞赛，甚至不惜作秀。

其实，教育要符合规律，不能为了所谓创新而标新立异。教育需要有真水静流的沉稳，教育者更要有耐得住寂寞的清醒。这样的静悄悄的"课堂革命"才是新时代应有新思维和新常态。

如今国家提倡"立德树人"，我们要向晓云法师学习大公无私办教育的情怀。宗教办教育有它的独特性。特别是佛教团体办教育，本着慈悲为怀的心态，本着感化世人为宗旨，也许比一般的公立或私立学校更多了一份赤子情怀。如果世人只把教书育人当作谋生手段，教师入职十年八年后，难免会有倦怠之心。正如简校长介绍的那样，在台湾的教师也有这种得过且过的混日子的职业倦怠。每一份职业，不同种族，不同区域，只要是人的活动，必然就有这人性的弱点。职业倦怠之心也是情理当中。

立德树人是目前教师行业迫切需要解决的思想观念问题。如何加强教师的职业道德，如何提高教师的专业素养。这需要教育行政部门通过树立典型，通过加大培训，来更新观念。同时，也需要教师通过终身学习，提高自身的涵养。

如果教师把教书育人当作一项事业，那么在平凡岗位上也会默默耕耘，自得其乐。

三、东海大学及附属小学启示录

2017年12月28日，我们来到台湾东海大学及其附属小学参访。

东海大学，简称东大、东海，是中国台湾顶尖的私立综合大学，也是台湾第一所私立大学。校园面积达1 339 531平方米，据说是台湾规模最大的学府。校园景色清新幽静，校舍有着唐代风格的古朴雅致，被称为台湾最美大学。由著名华人建筑大师贝聿铭设计的台中市地标——路思义教堂就坐落在东海大学第一校区。校园之美，确实也构成了育人的途径。在流连东大美景的同时，我们还特别注意了校园道路两旁的公告栏，那里粘贴了很多海报，内容五花八门，形形色色。有东海大学校安电子报，有学术讲座海报，有小型音乐会海报，有社团活动海报等，而且大多数海报上都加盖东大学生会新闻部资管处刊管处的海报专用章，标注张贴到期日期。这个做法较大陆大学的做法看似更加规范。

稍后，我们到东大附属小学参访。学校教务主任给我们介绍了他们的教学特色——推崇启发、讨论、探索、实作、体验、发表、欣赏、省思。教学评价评量分为学习态度、作业成果、研究报告、听说能力、纸笔测验。学生的作业主要是习作本、剪贴簿、补充资料等多元化作业。

教务处定期主办科学周、演说周、语文竞赛周、画图比赛、说故事比赛、校内科展比赛、教堂圣诞音乐会、合唱团年度音乐剧公演、期末多元活动。

学务处主办活动也非常丰富。他们强调品格第一、常抓经句教导、德目短讲、友善校园、防震防灾消防演练、学生自治市等。每周的周五还举办很多活动，如篮球相扑、足球接力、拔河、大队接力、越野赛跑、健康操与基本动作原地转法比赛等。为了开发学生多元才艺，他们还设立很多学生社团，类别包括足球、街舞、曲棍球、乐乐棒球、跆拳道、儿童瑜伽、台球、儿童吉他、魔术、纸黏土、乐高积木、素描创作、电脑应用等。此外，还有很多精彩活动：敬师礼赞、儿童节日祝会、园游会、运动会、圣诞节日祝活动等。从校园活动可见东大附属小学的教学特色突出。

其中辅导室也颇让我们侧目，其主办活动相当亮丽。辅导室相当于大陆的功能室，但是我们功能室实际效能与之相比，确实有些苍白了。下面都是他们学校辅导室举办的活动：生命教育体验活动如跳蚤市场、五体不满足、怀孕体验、护蛋小天使；宣导讲座如性侵害、性骚扰暨性霸凌防治宣导、身体界线、家暴宣导；配合主馨园办理相关活动如复活节彩蛋；生涯、定向辅导如小一新鲜人迎新活动、转学生辅导、六年级升学辅导；二、三级辅导工作如个别辅导、小团体辅导……

上述办学特色值得我们参考学习。

此外，我个人觉得东大附小最特别的还是英语教学特色成绩斐然。该校开设了 ESL 课程。据了解，ESL（English as a Second Language，以英语为第二语言/外语）是针对母语非英语的并把英语作为第二语言的语言学习者的专业英文课程，是外国学生申请美国大学所必修的一门语言课程。通过参加 ESL 考试，考生不仅可以提高语言水平，还可以更加深入地了解英美国家的社会结构和文化等，使自己的语言水平达到能够顺利在美国学习、生活的水平。凡考试通过的学生都可获得 ESL 相应的等级证书。ESL 证书是受到美国大学联盟认可的。持该证书考生可自由申请联盟内院校的任何专业，无须再提供托福、雅思等其他的语言成绩。成绩合格者将被相应院校录取，并可能获得高额奖学金。东大附小 ESL 课程中采用的教材是美国小学课程 *Houghton Mifflin Reading*。大陆也有不少学校为了践行国际化教育，引进国外原汁原味的英文教材。但东大附属小学在引进的同时还进行本地化。将地方文化、传统作为英语教学内容，这种校本化的做法值得我们学习。

拿来主义不是媚外，这是一条大胆创新之路；但是，如果仅仅一成不变的生搬硬套，终究会水土不服。如何在拿来后加以加工改造，这就是目前教育所必须面临的问题。教育国际化是大势所趋，文化、观念的融合过程不可避免要面对一个传承与革新的问题。本次到台湾参访学习亦然。

四、台中太平小学启示录

2017年12月29日,我们来到台中市北区太平小学参访。

刚进入学校大门,就迎来迎宾节目——泰鼓表演。孩子们二三十人,重锤击鼓,节奏明快,振奋人心。

接着,余益兴校长为大家介绍该校办学情况。学校办学愿景是太平小学全体师生与家长,期望能在学校营造一个属于知性与感性的天地,让儿童一方面在学业上有精进的表现,另一方面更能具备各项生活能力以因应瞬息万变的时代,却不丧失中国固有之"进取、感恩的心",使儿童在学业与品行都能有充分的发展,达到"真、善、美"的境界。根据余校长的介绍,他们希望学生能知书达礼,热爱生命,快乐学习;希望教师能热爱教学,对学生关怀和谐,并能协同合作;并充分鼓励家长参与学校运作,充分运用社区资源、力量来办学。

其中,太平小学有几个特色让人印象深刻:

(1)五星级厕所。厕所本来最容易藏污纳垢的地方,也是很多学校最拿不出手来见人的地方。而太平小学偏偏在这里做出了新意。厕所不但洁净,还本着"同去""童趣"的设计理念,通过马赛克砖墙装饰,加入阅读、运动、本土观、国际观的主题,发挥本地文化特色,融入美感教育,竟然展现了厕所人文美学。该校的厕所美学还被电视台报道,成为远近学校参观学习的样板。

(2)无障碍电梯。太平小学最我让吃惊的还是无障碍电梯。无障碍坡道在很多小学都有修建。但是为了残疾学生修建无障碍电梯却鲜有报道。在台湾对于偏乡弱势学生的资助工作很扎实。对于残疾弱势学生的关怀不能停留在资金扶助,而应该实实在在在学习、生活上给予人性关怀,这是我们大陆应该向台湾学习的地方。

(3)闽南语。学校开设了闽南语课程,并且是明列在课表执行的。我们还有幸观摩一节课。授课女老师大约45岁。学生有课本,教师使用专门开发的课件,带领学生一起用闽南语诵读关于过新年的主题内容。教师的教学方法算不上什么创新,课堂氛围也算不上活跃,但是这种近乎传统一板一眼的诵读方式,让我看到了一种传承。据了解,在福建省,也没有什么学校会把闽南语列到课表里授课。在我们广东省,也没有学校把粤语列为校本课程来推行。就拿粤语来说,又称为广府白话,有着2200多年的历史,九声六调早就没人去关注,也没人去研究,除了在老一辈语言文字学典籍还有记载外,大多广东人都不知晓。如今全国统一推行普通话,确实有利于南北经济、文化交流融合,但是粤语、闽南语等地方方言,是否也应该加以保护传承呢?

回想,韩国的"端午祭"在2005年已被公布为世界非物质文化遗产,结果到2009年我国的端午节才成功申遗。这事件中有人斥责韩国率先拿端午节去申遗是不厚道的做法。姑且不论是非曲直,我们国人是否也该反省一下呢?教育是文化传承的重要载体,作为教育人责无旁贷。

五、高雄光荣小学启示录

2018年1月2日,我们前往以体育特色著名的高雄光荣小学参访。根据李哲明校长介绍,该校帆船、羽毛球、桥牌特色成绩辉煌。

其中，海洋教育由项目特色转变为特色校本课程的过程让我颇为感慨。很佩服李校长的办学理念与执着办学精神。

当初李校长接管时，该校正值学校面临撤并之际。学校何去何从？作为校长可谓压力重重。李校长提出立足高雄爱河，打造海洋教育，通过帆船运动，打造学校特色课程，进而打造学校品牌教育，这过程历尽艰辛。

启示一：集思广益

如今任何行业不再可能靠单打独斗就能成功，教育亦然。当初光荣小学组建团队只有4位教师，到目前12人的规模；教师从旁观角色到亲身参与；船只也从2艘独木舟、8艘帆船，增加到8艘独木舟、17艘帆船。这些进展都是在遭遇困境后，团队思考解决策略，做了调整方能逐一突破。

启示二：体验参与

不管是教师，还是家长，要推行帆船特色教育，对水的恐惧是最大的障碍。如何克服这份恐惧，学校一方面由学务处利用周三进修时间，安排全校教职员工做帆船及独木舟体验，一开始仍有许多老师在岸上观望，后来看到教练载着其他老师搭乘帆船体验，原来袖手旁观的老师看到参与体验的老师的兴奋神情，都不由自主被感染了，纷纷报名参加。为了解除家长的担忧，学校于2005年在运动会时办了家长风帆体验，让帆船班的小舵手们载着家长航行于爱河，教练更不时划独木舟近距离指导，穿着救生衣的家长尽管会遇到风大而落水的情形，但是对救生衣的浮力也有了更直接的安全体验。后来学校陆续办了许多场次的亲子风帆、独木舟体验活动，大获好评。

启示三：特色校本课程

很多学校都有基于社团或校队形势的特色项目，如篮球、足球、羽毛球等特色项目。这些项目遴选有天赋的学生组建校队，通过这些精英学生参加校外各项比赛，夺取各项荣誉成绩。这是目前很多学校屡试不爽、立竿见影的做法。这样做貌似无可厚非。但究其本质，这只是精英教育，只能让少数学生受益。教育应该面向全体学生，让更多的学生受益，让更多学生通过参加课程活动得以锻炼，在参与过程中收获意志、坚毅、合作等。

高雄光荣小学的海洋教育就是面向全体学生。课程覆盖低中高年级，每一个年级的课程又与不同学科进行整合。例如低年级的"海陆风味餐"课程与生活、综合进行跨学科整合；中年级的"幸福水之旅"课程就与社会、体健整合等。

正因为李校长等教育同仁的坚持不懈，所以开创了高雄光荣小学的辉煌局面。在高雄帆船比赛中，该校六年级学生的成绩堪比成年组。而且，很多学生通过该项课程，身心得以锻炼。学校的办学理念也得到家长及社会的高度认可。高雄光荣小学的特色课程创建历程值得我们学习。

六、台东丰源小学参访启示录

2018年1月2日，我们前往台东丰源小学参访。

走进台东丰源小学，白墙、蓝边的爱琴海风情扑面而来，堪称全台湾最美小学。这间原来属于偏远的名不见经传的小学，竟成为炙手可热的观光景点。据说台东县市所有的婚纱摄影公司都被美丽的校园吸引，没有一家不来这儿取景的。为什么原本一所偏乡学校能成为全台湾最美小学呢？答案就是校长与老师直接参与校舍规划设计。

据了解，该校旧貌跟大多数学校一样都是方方正正、棱角分明的传统模样。时任校长张月昭喜欢摄影、书画等美的事物，她想把舒适、优雅、浪漫的氛围带进校园，所以就和教职工团队共同规划新校园。在规划时，他们更考虑到诸多细节，首先大量使用圆拱造型，让校舍多了生气；大面积窗户让室内通风、采光良好。教室设计部分，将一到六年级的班级教室安排在一楼，方便孩子下课时到草坪游戏，运送午餐也不用爬楼梯；美劳、综合、自然、音乐等专科教室及阅读中心则利用二楼空间，屋顶挑高，使热气不容易聚集。值得一提的是，班级教室空间扬弃了传统的矩形规划，而改以三道门、五边形的设计，不仅进出方便、安全，采光、通风效果也更好。

在大陆，校园重建风格设计，大多数还是行政行为，通过设计公司去操作，就算学校能提出建议，也不见得可以让校方有更多的话语权。所以，很多学校在校貌上有着似曾相识的雷同感。正因为学校校长及教师作为基层使用者，所以比设计机构更加了解校园的实际需求。就从这一点来看，日后校舍建筑设计，教育行政部门及相关的相关部门职能机构应该更多倾听、征询学校及教师的建议，通过集思广益，打造更美更有特色的校园风貌。

七、宜兰县礁溪小学参访启示录

2018年1月2日，我们前往宜兰县礁溪小学参访。林积甫校长给大家介绍校务情况。礁溪小学是一所比较著名的公办小学，办学质量很高。通过聆听，我得到以下两点启示。

启示一：礁溪温泉特色课程务实创新

课程从"温泉古迹礁溪情""创新活力国际观"两方面构建，具体见如下表格：

年级	教学主轴					
	温泉	古迹	礁溪情（乡土人文）	国际观	活力（行政学年活动）	创新（融入领域）
一	1.知道温泉与自来水的区别 2.知道温泉蔬菜	1.能认识帝君庙的主神是关圣帝君及庙所在地 2.能知道"帝君诞辰"祭典	1.知道"礁溪"地名的由来 2.能知道"二龙竞渡"的由来	—	圣诞嘉年华运动会	门神、龙船着色【生活领域】
二	走访温泉沟	协天庙传闻轶事（成立由来）	能知道"二龙竞渡"的特色	—	乡土实察	龙舟竞渡绘画【生活领域】
三	温泉泡汤的礼仪、注意事项	认识祭祀礼仪	温泉热带鱼养殖业的认识	温泉热带鱼养殖业的推广	—	认识礁溪的地理位置【社会】
四	温泉蔬果的种植	石板桥的历史与特色	温泉产业的认识（温泉鲨）	温泉产业的推广（温泉鲨）	多元社团	儿童剧团

续表

年级	教学主轴					
	温泉	古迹	礁溪情（乡土人文）	国际观	活力（行政学年活动）	创新（融入领域）
五	1.礁溪温泉庵的今昔（人文景观分布）	1.协天庙的历史传承与祭祀活动 2.淇武兰遗址	礁溪人文（聚落）及自然景观特色	—	—	温泉产业的营销与经营【综合、社会领域】
六	了解礁溪有哪些著名的风景名胜区	跑马古道的地理位置及景观特色	感受与欣赏跑马古道的历史意义与生态美景	—	欣赏、分辨五峰旗山上各种植物不同的特征与栖息环境	—

反观目前我们大陆，不少学校的特色课程都是无根浮萍，很多都是云里雾里，给人感觉缥缈，务虚胜于实际。特色课程应该植根于地域资源，或者传承于历史渊源，或者继承于人文精神。而且特色课程应该按年级自成体系，循序渐进。

启示二：排球特色常抓不懈

礁溪小学的排球特色是从一年级入学时开始组建。这样就能集中学生，统一时间进行集训。当然，这个排球特色实验班是需要向上级教育行政部门申请报备的。正因为这样，排球特色班的训练相对来说比较规范，训练也得以保障。据了解，礁溪小学排球队已经连续多年蝉联台湾地区公办小学排球竞赛冠军，并且不少毕业生还成为台湾地区排球队主力队员。

在台湾因为有实验教育相关法规保障，允许学校进行特色办学，所以才呈现了像礁溪小学这样的特长班。在大陆因为基于教育均衡与教育公平的考量，所以一直执行"阳光分班"，不允许以任何形式的差异性分班，以免出现重点班的违规行为，关于这个现象有待大家更新观念，有待大家与时俱进，进行教改新探讨。

至于特色班是否合理，这个问题有待进一步商榷。但我觉得礁溪小学的排球特色班算是校内小众的精英教育。且不论是精英教育，还是面向学困生的"补救教育"，本质上其实都是一种因材施教。

目前不少省市在大力倡导走班制教学，抛开热闹纷扰表象，不难发现走班制教学的本质就是形式上的创新分班，且不论好坏对错，归根到底还是通过看似绚烂的形式创新，达到分层教学的目的，进而实现深层次的因材施教。

台湾地区的教育，与祖国大陆同宗同源。两岸教育，精彩纷呈。教育是一门科学，有规律可循；教育是一种艺术，可百花齐放。行走于台湾，对教育进行考察研修，发现台湾确实有很多值得借鉴的地方。从教育同仁身上，我们看到了教育的传承，看到了教育的创新，看到了很多欢欣、鼓舞。

一脉相承　和谐统一

——广东省新一轮"百千万人才培养工程"小学名师培养对象赴台湾研修报告

■ 汕头市珠厦学校　黄嘉碧

结束了两周的台湾研习，我们坐上华航 C1521 班机，准备回程。随着飞机的徐徐上升，望着机窗外的这一片景色，回味着访学行程，我的思绪不由地飘散开来。台湾位于祖国大陆的东南缘，自宋代开始，一直断断续续处在殖民统治和政治动荡时期。一次次的历史变更和环境变化，使台湾在接受外来文化、新生事物方面变得敏锐、包容，在一次次的外来冲击中学会融合，懂得在传承中去创新。

2016 年冬，广东"百千万人才培养工程"小学名师培养对象应邀赴台湾开展"全人教育策略及实施"研修交流学习，作为一名教师，能够有这样难得的机会了解学习台湾的教育现状，我非常欣喜。粤台两地在教育策略、办学理念与实践等方面有哪些可以相互借鉴交流学习的呢？怀着目标和希望，我们踏上了祖国宝岛台湾的访学之路。台湾地区每一位教育同仁热情、好客，让冬季到访的我们感到如春天般的温暖洋溢。为期两周的学习，我们参观访问了十几所大中小学，虽然对台湾的全人教育理念只能有一些粗浅的理解，但是所到之处，践行全人教育的每一幕场景都给我们留下深刻的印象。

一、寓教于境——人与自然，和谐统一

全人教育培养完整的人，舒适和谐的环境与培养和谐完整的人理念的吻合是"以人为本"教育观的反映。华梵大学位于台北东南方石碇乡大仑山顶，为台湾海拔最高的大专院校。校区风景优美，崇尚环境教育，推崇在大自然的园林中学习，亲切和煦，如沐春风。依山而建的校园处处都精心设计，表述学校的愿景、理念和目标，走在"大学之道"，听着"钟亭"清亮而古朴的钟声，随"镜心池"荡涤心灵，置身"自然教室"，与大自然同呼吸，使人感觉文化弥漫于整个校园之中，无处不在，无时不有。师生在宁静的校园中，久而久之，谈吐举止自然流露不同的风度和气质。在这样一所大自然教室中，学校提倡的"觉之教育"——重视自我反省、开拓心灵智慧的人本教育，是超越知识教育的德学相彰的终身教育。

二、规范精致——关注细节，见微知著

台湾小学校园普遍设计得"小而精"，但各有特色，追求精致化的管理和精致化的教育，学校的每一个角落都给人整洁、规范、文明、美丽的感受。

当我们来到台中东海大学附属小学，一下车，一位头发花白，朴素亲切的先生已经在等我们了。他微笑着与我们每个人打招呼，经介绍才知道，原来他就是同时管理着大学、中学和小学的东海教育集团学校的校长。

一位这么"接地气"的普普通通的校长，校园中却处处让我们感受到他"精致卓越温

馨创新"的办学理念。走在郁郁葱葱、绿草如茵的校园中，走廊旁悬挂的一句句温馨的提示话语，窗台上点缀着的精致的节日主题小玩意儿，教室里创新的设计和布置，展板中学生科学研究取得的卓越成绩，静默无声之中凸显的是做事讲究、精心、到位。校长向我们诠释全人教育：教会学生主动学习是一件非常重要的事情，作为一个教育个体，人的知识技能需要教育，喜怒哀乐等情感也需要教育，全人教育，是个性教育与规则教育之间的统一。

图 20　东海大学附属小学走廊小景

三、弘扬文化——民族精髓，传承发展

台湾历史积淀并不丰厚，几乎没有什么历代文人墨客的足迹和墨宝，却在中国文化的传承方面做得不错。

台北市永安区永安小学，是台湾地区最大的小学，有百年办学历史。参观者走在学校的各个角落，都可以欣赏到书法作品。这些书法作品有名家之作，也有师生的习作。书法教育在永安小学已经开展了近30年，在各级各类书法比赛获奖无数。它的成功离不开团队的合作。虽然换了好几任校长，但是每一任校长都把书法教育作为学校特色坚持下来，并在时代的发展中，赋予书法教学新的内涵。学校书法教师林文仁老师介绍："书法的一个教育宗旨是'传承历史、规范行为'"，他举例说，"我们的老师在教学生时，不可以有脾气，这样做的目的是让学生习得为人处事的基本礼仪，着力培养高尚的情操。"教导主任吕主任也补充道："学生学习书法，笔画、结构并不是最重要的教学内容，而是通过书法，让学生学会欣赏艺术。其实书法教育也在践行着'行为教育、艺术教育'的全人教育理念。"创新并不是丢弃传统，永安小学的书法特色教育，令我们感到，传统文化教育要跟上时代的步伐，传统的精髓才能延续下去。

图21　永安小学的书法教室

四、重视阅读——追求品位，积淀提升

更值得思考与借鉴的是，我们看到，台湾的学校非常重视学生的阅读，他们认为阅读对学生一生的发展有非常重要的意义。其实读书就是文化积累，读书就是文化表现，读书能够使校园充满浓郁的文化氛围，读书本身就体现着一种高雅的文化情趣和品位。

嘉义县竹崎小学，是一所拥有近百年办学历程的学校。校园内处处可见的参天老樟树，教学楼边开得灿烂的红白相间的三角梅，成片的绿茵草地，漫步其间，犹如置身一座宁静优美的公园。校内有一个藏书量约3万册的图书馆，学校充分利用资源，在周末对社区开放图书馆，鼓励社区内居民周末空闲带着孩子来看书。在学校的角落，你会不经意地发现一些开放式的书柜，这些书柜造型别致，有叶子形状的，有花朵形状的，在架子上随意地摆放着书籍。校长介绍，这是学校的一个特色活动：漂流书柜。同学们如果遇到喜欢的书可以随意取走，看完再放回来就可以了。学校还在固定时间开设图书跳蚤市场，让同学之间可以互相交换图书。很多时候，老师们也参与到图书跳蚤市场来了。走出校门之际，抬头一看，几个活泼的儿童字体标语映在眼前"健康快乐成长学习"。"校长，这是您倡导的办学理念吗？"我们很自然地问道。"这标语啊，是我们在家长们的访谈和留言中听到的对孩子的教育期待出现频率最高的词语，这是我们教育的共同愿景。"校长如是说。

图22　竹崎小学的图书馆和开放式书柜

如果说，竹崎小学的阅读特色是坚持做出来的成果，那么，同样是阅读特色学校的高

雄市瑞祥小学，"喜阅瑞祥"俨然也是学校在特色教育方面的一张名片，背后却有着这样的故事。林玲吟校长2011年到瑞祥小学的时候，原来的校本课程"蝴蝶生态"专职老师们已逐渐退休，蝴蝶课程渐渐萎缩，看到这个情况，林校长果断决定，结合高雄市阅读活动，以及之前学校的读书活动，开展"喜阅祥瑞"阅读教育活动。图书室配合活动，在周六上午开放，鼓励亲子阅读；并把阅读课程融入语文学科教学。林校长带着我们参观学校的图书室，学校不大的图书室里面，竟然专门开辟了低年级学生阅读区，图书的分门别类也特别细致，还特别制作了醒目的牌子挂在了图书室入口的地方。

五、以人为本——多元定位，依势发展

创新的前提则为人是一个完整的人，身心健康有序并且可以更好地适应周围环境。作为台湾师范院校之母的台北市立大学，在幼教和小学来说，是有着重要地位的学校，全台湾所有的小学校长都必须在这所学校进修之后才可以上任。他们认为：现今社会，作为个体的人，已经无法脱离社会群体独自很好地生活，只有懂得合作，才能取得发展。体育研究所研究长讲道：把孩子送到学校的目的，是发展个人的能力，让他成为融入这个社会中的一员。一个学校要做的事情，是要规范学生的行为、教会他与人合作。懂得合作的策略，是社会进程对个体的人的要求。

全人教育着眼于人的全面发展，是真正"以人为本"的教育。宜兰佛光大学是星云大师创办的一所民办大学，与普通大学的办学相同，还实行民办大学公办收费。佛光大学推崇三生教育："生命、生活、生涯"教育，秉承品德品味品质的核心理念。在学生中进行校园三好教育：说好话，存好心，做好事。面对现当代少子女化的趋势，大学面临招生数减少，停办的情况，佛光大学坦然面对，应对措施之一是市场开放，扩大到境外地区去招生。大胆改革，民办学校公办收费。措施之二是合并系所，由原来的24个合并到14个系。还实施双主修，一主一副的修学制度。取消毕业门槛，借助通识教育提高学生的学习兴趣，英语学科取消必修，把外语作为选修课，增加选修的语言课。把语文必修课变为可选择的多样性课程，如：应用文写作、文学欣赏等。在学生宿舍办书院，目前还鼓励教师住进书院，亲近学生，指导学生。上述这些，都是佛光大学以生为本，因势而变，不断前进的策略和措施。"为学岂能萌老态、做人需要具童心"——图书馆中，王五云先生的这副对联，也正是佛光大学孜孜求学、气势奋进的写照。

台北大安小学处于中心城区繁华地段，是该区享有盛名的学校。我们一行来到学校，校长首先安排了三场学生的展示活动，分别是花样滑冰、扯铃和弦乐队合奏表演。这三个校本活动项目中有舶来的撷取，有传统的秉承，也有本地资源的优化利用。孩子们认真、娴熟、精彩的表演，博得我们参访团阵阵热烈的掌声。经校长介绍，我们了解到学校在课程建设方面，依据学生的个性特长，对传统的"六艺"课程进行适度开发，开设了足球、排球、游泳、合唱等课程。在学校的走廊，我们看到了一面展示墙：带着想象力去旅行——孩子们用各种不同颜色的小圆点拼贴创造出来的带着孩童无限遐想的图画。大安小学为孩子们搭建了飞扬个性的舞台，任由他们张扬个性。

图23 大安小学的学生作品展示墙：带着想象力去旅行

六、均衡发展——学校建设，城乡无异

走过了台北、高雄、嘉义、台东多个城市、乡镇，走访了十几所学校，我深深感到城乡均衡发展的真正含义。在城市中的小学校舍规整、设备齐全、师资优配这并不稀奇，但是，作为乡村学校，也能像城市学校一样，拥有这样的设施设备，却是一件不简单的事情。台湾的参访活动，我们看到了公园式学校——竹崎小学，现代建筑小学——台东丰源小学，他们都是乡镇学校，当你走在乡间的小路突见这样的建筑，一开始，你很难把眼前的景观和一所小学联系起来，可的确是这样的，就如台东丰源小学，一所海边乡镇的小学，他们把围墙设计成低矮的波浪形，教学楼是白墙、蓝边的爱琴海建筑风格，被誉为台湾最美小学。这所乡村小学不大，一个年级只有一个班，全校总共只有80多名学生。走进教室，你可以看到每间教室里都有多媒体演示平台和书柜。"小型学校不能说废就废""孩子受教育最大"是台湾教育在教育均等中坚守的准则。

图24 丰源小学教学楼

"懂得个体生命的意义，珍惜自己的劳动机会和场域，尊重自己服务的对象，这一

切,都践行于人生的日常场景中。"(广东省外语艺术职业学院张燕导师语)每一所学校的参访,都使我们对全人教育的内涵有了为全面的认识。两周的台湾行交流研修,我们感受到台湾地区全人教育关注每个人智力、情感、社会性、物质性、艺术性、创造性与潜力的全面挖掘,关注人的内在情感体验与人格的全面培养,达到人的精神与物质的统一。这与我们现今在素质教育背景下,致力于儿童心智与体魄的全面发展、和谐发展、持续发展的理念一脉相承,其教育目标的走向和谐统一。

台湾的交流研修,我们收获满满。

从师资培育及管理看台湾教育
——赴台湾学习培训考察报告

■ 汕头市教育局教研室　吴燕娜

2017年12月25日—2018年1月8日，我有幸参加广东省"百千万人才培养工程"，作为小学名师培养对象赴台湾进行了"全人教育策略及实施"的研修交流。此行我们参观了台湾师范大学、华梵大学、屏东大学和佛光大学等四所大学，东海学园、台北大安小学和台中太平小学等六所小学，通过参观访问、专题讲座、教学实践和交流研习，我们对台湾地区的教育发展目标、人才培养模式、师资培育方式和教学品质保障机制有了一定的了解。由于笔者曾在一线任教12年，又当市级教研员13年，多次参与并承担本市教师继续教育培训工作，是全国教师资格统一考试面试考官，对教师的现状有一定的了解。本文主要阐述台湾在师资培育及管理方面的经验，以及对我们工作的启示。

一、信念为先：选拔正确的人担任老师

研习第1天，台湾师范大学的戴建耘教授讲座的PPT首页打出的内容：Everyone is a genius，but if you judge a fish by its ability to climb a tree，it will live its whole life believing that it's stupid.（每个人都是天才。但如果你用爬树能力来断定一条鱼有多少才干，它整个人生都会相信自己愚蠢不堪。——爱因斯坦。）这句话直击我内心，引起我的共鸣和深思。让正确的人做合适的事，发挥他最擅长的本领，最容易成功；让有坚定教育信念的人当老师最容易成为优秀老师。这与习近平主席于2016年教师节之际，向广大教师提出的做"有理想信念、有道德情操、有扎实学识、有仁爱之心"四有好老师的第一点不谋而合。一名优秀的教师一定是有坚定的教育信念、有深厚教育情怀的理想主义者，一定能用自己的学识、阅历、经验点燃学生对真善美的向往。所以选择正确的人、热爱教育的人当教师非常重要。

麦肯锡咨询公司（McKinsey&Company）曾发表一篇题为《世界最优学校体系何以最优？》（How the World's Best-performing School Systems Come Out on Top?）的研究报告。该报告认为，在国际学生评价项目中表现最佳的国家普遍具有三条共同的经验，第一条就是让正确的人（right people）成为教师，并且这有赖于建立合理的师资队伍后备军选拔机制，而台湾的做法值得借鉴。

台湾的教师资格大多数是通过师范大学＋教育实践（跟岗听课、当助教、接受培训），也有少数是综合大学教育＋教育实践（同前）这两个培育途径来完成并获得的，本科学历、学士学位是最低门槛，见习一年，经教育主管部门组织的考核合格，才颁发教师资格证，分幼儿园、小学、初中、高中、大学教师资格。如果学士学位不是教育学，有两种途径可以直接获得台湾的教师资格，第一是必须再读一个教学硕士学位（Master of Teaching），偏重教学实践，学制2年；第二是获得一个教育学研究生文凭（Graduate Diploma in Education），偏重教学实践，学制1年，也可以直接获得教师资格。

值得我们借鉴是整个师范专业的招生和培育不止强调学生的学术水平，因这只是培养优秀教师的必要不充分条件；在一年的教学实践中，重视的是培育和考查学生学习意愿、当老师的动机、交流技能等非智力因素，而这都是成为一名优秀教师不可缺少的必要素质。所以台湾整个师资队伍学历和素质都较高。台湾师范大学的教育专业在2013年英国QS公布为教育类全球排名前50强，列49名，两岸大学教育类排名第一名；2014年和2015年分别是排42位和22位，蝉联两岸大学教育类排名第一名。台师大戴建耘教授引以为傲，我们听了也深表赞叹。我国教育部部长陈宝生也指出：国家在制定教师教育振兴计划中提出培养未来的教师主要靠师范教育，要加大师范院校、师范类专业师德建设的力度，让社会主义核心价值观贯穿教师培养的全过程，师德为尊。教和育，"教"主要涉及知识体系，"育"主要涉及价值标准，"德"对学生的成长、未来的发展非常重要。因此，一名优秀的教师一定先是一名教育信念坚定、师德高尚的好老师。

二、专业自觉：培养终身学习的教师

师范教育走向大学化、开放化、综合化是国际主流的改革方向，台湾也不例外。台湾所有基础教育教师均由大学培养，并规定获得一个需要至少4年完成的学士学位是成为中小学教师的前提。尽管这是被公认为台湾师资队伍建设质优的集中体现，但在职教师在专业上精益求精的自觉，以及培养终身学习的教师的培训体系更是台湾师资队伍持续质优的保障。

戴建耘教授认为：在台湾提出落实适性发展的12年的教育目标（见图25）大背景下，提高教师的学历层次并不意味着就能培养出优秀的教师，还有很多与学术水平没有必然关联的因素也发挥着重要的作用，例如成为教师的动机。之所以要求所有教师都要有学士以上学位，是因为教师工作于一个新知识不断形成的环境中，培养的是未来的成熟人才，从事的是为未来服务的事业，因而必须成为一个终身学习者，而这需要通过高等教育学习，接受必要的教育理论、实践素养和研究工具学习。台湾师范大学对有志于从事教育事业的教育学士、硕士和博士的培养，更注重的是一种基于研究、探索的工作和思维方式，而不在于传授了多少静态的学科知识和教育学知识。这种教师培养理念的前瞻性，我们从台东县丰源小学吴校长的介绍中也有更深刻的了解。

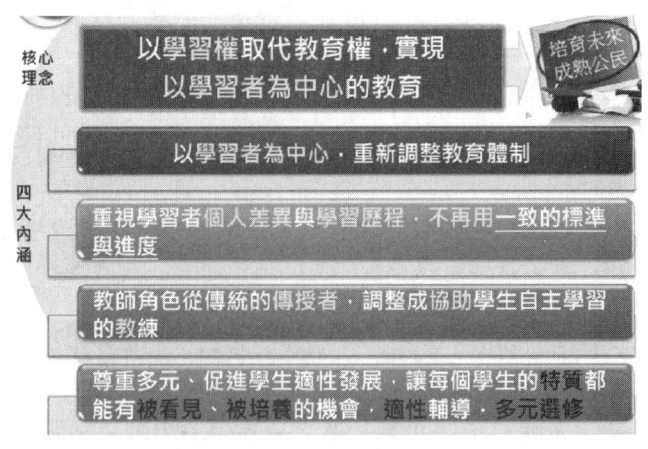

图25 台湾提出落实适性发展的12年的教育目标

其次，台湾也很重视在职教师的继续培训，采用形式多样的培训方式，满足不同职涯教师的多元需求，把学习自主权还给教师，助力专业提升成为教师自觉行为。例如，为培育落实教师的专业实践，台湾师范大学特别研制了科学合理的中小学教师专业发展系统，为新入职的教师提供了可操作性较强的方案，使新任教师站稳讲台（见图26）。

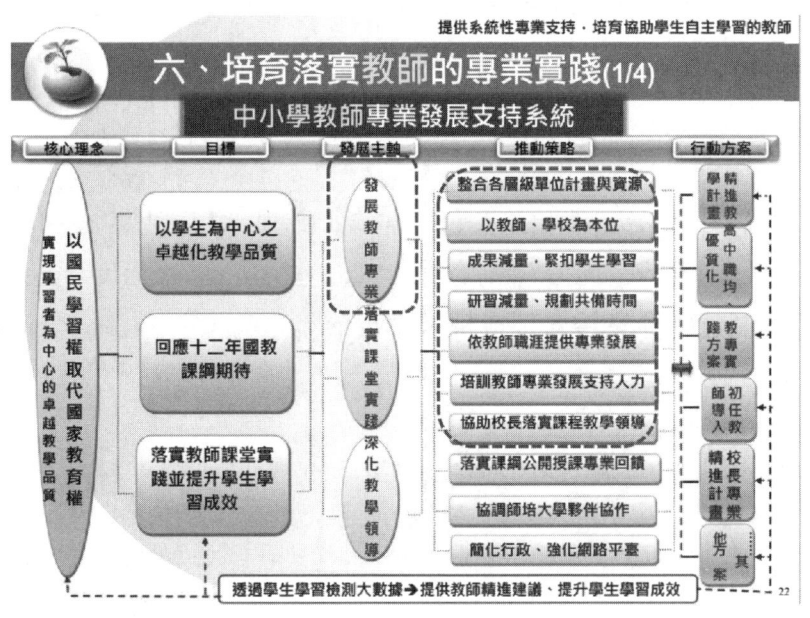

图26　台湾师范大学中小学教师专业发展系统

再如，台北教师研习中心是一所专事教师培训的管理机构，其开设很多课程提供给教师选择。有根据学校不同人员角色的需要预设的课程，如有校长、专任教师（分学科也分不同年龄段）、图书管理人员、医护人员等针对性强的培训课程。课程面非常广泛，并不局限于单学科，也有跨学科的；培训课程是菜单式服务，教师在网上可以根据自己的需要自选课程学习，只要修满学分就算合格。这样一来，教师参加培训的主动性和积极性与按照指令和规定的迥然不同，学习的自觉和效果也是明显的，终身学习的愿景得以实现。

三、职业自信：让教师成为有吸引力职业

台湾教师自我提升的自觉促进了教师职业的自信。首先，台湾教师属于公务员系列且待遇略高于普通公务员，高准入、高地位、高待遇使得教师职业得到社会尊重，很有吸引力。第二，教师职业稳定，教育主管部门公开甄选教师依法依规，很受教师和社会认可。公立高级中等以下学校的教师甄选主要依全台湾统一的教师法及教育人员任用修订条例，由各市县办理或学校自行办理。每年教师缺员增补常引得数倍持有教师资格证的候选人竞聘。第三，相关部门投入教育的资金一般占相关部门财政预算35%以上，奖励机制激励专业精神，提高服务热情。

另外，教师的薪资结构是根据教师学历而变的，在中小学里没有教师职称制度，小学除体育、音乐、艺术、计算机有专任教师外，其他不分学科，由包班教师（class teacher）负责，中学起分学科。大学里才有讲师、副教授、教授的职称评定制度。中小学

教师加薪的途径——学习。一是继续攻读硕士或博士；二是增加自己进修和培训学分。这一激励机制鼓励教师自主进修，自我提升，与时俱进地参与到教师职业生涯的提升整体规划中，从而引领了崇尚读书的良好社会风气。这从接待我们研习团的昌志武博士讲述他夫人进修的事也可见一斑。昌夫人原是一名幼儿园园长，硕士学位，离退休只有6年，为了竞聘（即参与县级甄选）另一个职位——中学的校长助理（台湾中小学都只设有一名校长——不用任课，职能主要是规划学校发展，服务师生发展，没有副校长；有的设有一名校长助理——要任课，协助校长处理一些日常事务），她利用周五（请假）、周六和周日三天的时间到屏东大学深造，获得了教育管理学博士学位，最后竞聘成功。正如昌博士所说：在台湾当教师薪水高、社会保障好、陪伴家人时间自由（教师在职培训时间和地点都是自主选择，每学年开学初就制定提交了全年的培训计划并按计划实施），以及一个令人愉悦的校园环境，这自然能吸引和留住人才。

四、评鉴制度：让学校管理实现教学自治

教师是教育改革的实践者，是教育发展的关键，师资队伍建设是一项大工程，其中的一环——教师评鉴制度值得我们借鉴和深思。

首先，台湾中小学教师的评鉴包括绩效责任与专业发展两部分。绩效责任是总结性的定性评鉴，主要用来作为聘用、续聘、提薪、评优、处置教师的依据；专业发展是形成性的评鉴，是以过程的评鉴协助教师了解自身教学的优缺点、改进教学、提升品质。前者容易操作、后者难以跟踪。教师专业发展是近年来的热点话题，是运用系统多维度的评价方式，汇集教师各种表现，通过诊断与辅导，提供教师自我反省的机会，协助教师专业成长，进而推进教学品质提升，也是力图改变中小学教师职业倦怠、突破教师发展瓶颈的有益探索。

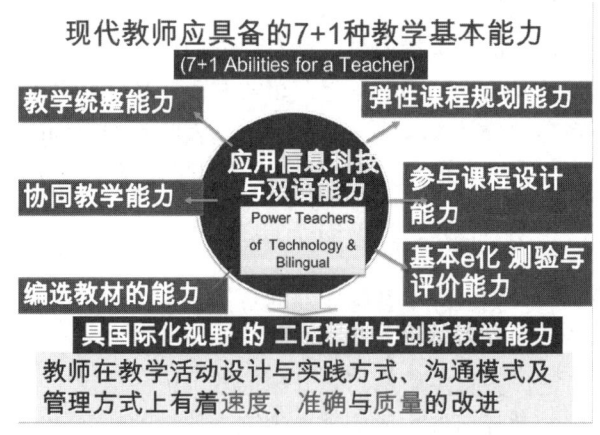

图27　现代教师专业发展应具备的能力

其次，从2006年台湾"教育部门"实行教师专业发展评鉴制度以来，上级部门只制定实施计划，并没有具体的制度也没有强制推行。因为这个评鉴涉及教师个体发展，教师有较大的自主选择空间。再加上学校所在区域、教育资源、学生来源不同，很难用同一标准方案量化评定教师教学的优劣，所以这两项评鉴制度具体都是由学校各自设置的教师评

审委员讨论审议通过后提交校务会决定，再操作实施，体现出了学校管理中教学自治的一面，也受到一线教师的认同。

除了评鉴自治，教学自治更重要的是在课程设计、实施及评价上，教师有很大的自治权。台湾教师不仅可以自由地决定教学方式、学生评价方式，还是课程的主要开发者。如我们访问的高雄光荣小学，李哲明校长向我们详细介绍了学校的两个特色课程：一是跳鼓阵，二是海洋教育。令我感受最深的是海洋教育，学校善于利用周围环境，借临近爱河之便，光荣小学成立了全台湾唯一的帆船体育班，积极开展海洋教育，这套让学生们知海、亲海、爱海的特殊课程曾获得台湾地区教育最高主管部门颁发的教学卓越银奖。通过该课程学习，学生除了掌握驾驶帆船的技巧，还锻炼出面对困难能勇往直前的胆识和毅力。李校长还给我们阐述了海洋课程的设置（见图28）、教育目标、实施方案（见图28）等，每一个细节都想得很周全。通过课程的开展实施，使学生知海、爱海、亲海、用海，在学好本领的同时还懂得保护环境；在传承传统文化的同时还注重推动学校的国际化。听完李校长的介绍，大家都很佩服校长的勇气和魄力，也更好地理解特色课程落实不只是表面办一些活动，而是通过课程去实现育人目标，培养具有国际视野的未来成熟人才，跨文化的交流和了解才能使学校特色教育走得更好更长远，这样的特色学校才更有内涵。

光荣小学在有限的公有部门教育资源下，重整区域学校（光荣小学、忠孝小学、盐埕小学），进行资源共享，开拓海洋教学全校课程，既发展自己的优势，又互补各自的短

融入全校領域課程：

周次	日期	一年級生活
18	6/6~6/12	六、奇妙的水 1.水的遊戲
19	6/13~6/19	六、奇妙的水 2.水的秘密
20	6/20~6/26	六、奇妙的水 3.愛惜水資源
21	6/27~6/30	六、奇妙的水 3.愛惜水資源

周次	日期	二年級綜合活動
17	1/4~1/10	六、我們生活的地方 1.愛護生活的地方
18	1/11~1/17	六、我們生活的地方 1.愛護生活的地方
19	6/6~6/12	第四單元環保小尖兵 活動一環境探索
20	6/13~6/19	第四單元環保小尖兵 活動二從我做起

周次	日期	五年級自然與生活科技
11	4/18~4/24	三、水溶液的性質 活動1、各種水溶液
12	4/25~5/1	三、水溶液的性質 活動2、水溶液的酸鹼性
13	5/2~5/8	三、水溶液的性質 活動2、水溶液的酸鹼性
14	5/9~5/15	三、水溶液的性質 活動3、水溶液的導電性

周次	日期	五年級社會
19	6/13~6/19	第六單元 生活大不同
20	6/20~6/26	第六單元 生活大不同

周次	日期	五年級綜合
15	5/16~5/22	四、你我好關係 1.關係的修復
16	5/23~5/29	五、生活管理師 1.時間規劃的重要
17	5/30~6/5	五、生活管理師 2.做一個時間達人
18	6/6~6/12	五、生活管理師 2.做一個時間達人

周次	日期	六年級社會	六年級自然與生活科技
2	2/15~2/21	一、永續地球村 第1課、地球的生態環境問題	
3	2/22~2/28	一、永續地球村 第2課、攜手愛地球	
4	2/29~3/6	一、永續地球村 社會放大鏡、臺灣的鯨豚保育行動	
5	3/7~3/13	二、全球經濟議題 第1課、國際貿易與經濟議題	
6	3/14~3/20	二、全球經濟議題 第2課、面對經貿的挑戰	
17	5/30~6/5	五、臺灣向前行 第2課、邁向世界公民之島	三、生物、環境與自然資源 3.人類活動對生態的影響
18	6/6~6/12		三、生物、環境與自然資源 3.人類活動對生態的影響
19	6/13~6/19		三、生物、環境與自然資源 4.資源開發與永續經營

以一、二年級，
五、六年級為例。

图28 海洋课程全校课程表

板，通过属地企业合作，延伸学术单位研究，提供共享、创新、多元学术资源，共同为社区发展、地方经济开创价值，提升教育翻转创新，成效显著，这使得光荣小学获得了英国授予支持开展 ISA 课程学校的资格（每年获得英国专项资金支持 10 万英镑），其成功的教育模式成为在台湾"少子化"（低出生率）背景下教育资源整合新典范，同时在国际交流中开拓了教师视野，整体提升学校教师专业素养。

概而言之，台湾的师资培育及管理在精神和物质两方面都积极做出了探索并积累了宝贵的经验。选拔有坚定信念、正确教育观的人担任教师；多渠道培育终身爱学习、有专业自觉的教师；提高待遇和社会地位，吸引优秀人才入职教师队伍；制度评鉴，让学校管理实现教学自治，让教师不仅是传道、授业、解惑者，而且是具有学术水平、专业素养、批判精神、社会责任和参与公共事务权利的专业人士，更是成为被尊敬的独立公共知识分子。这一美誉也促成教师职业在台湾的崇高地位，教师自己感知到的职业神圣感和使命感最终能聚成强烈的职业认同，而这归根到底都是源于社会对教师这一专业群体的尊重与信任，尊重与信任正是台湾的教育雄踞全球教育前茅的根基。

对台湾学校校园文化建设的"角色"观察、剖析与认识
——台湾学习、培训考察心得

■ 佛山市禅城区教育局教研室　赖李真

一、台湾学校校园文化建设"儿童本位角色"剖析

在学习培训中，我特别关注了台湾学校校园文化建设，发现台湾学校校园文化建设，能够突显学生的儿童本位。为我们呵护学生的童心、培养大陆学生创造力和现代人才意识都提供了有用的启示。

首先是台湾学校的选址，我们参观的学校中，有好多学校都选在环境优美、幽静的公园里、山间，而且建筑非常美，一进去就是让人想读书的地方，比如，我们最后来到的一所小学校园，蓝白色相衬，地中海式建设，非常让小学生喜爱。

其次是台湾学校校园文化建设，清晰地体现出学校为儿童健康成长提供的安全保障及对儿童的关爱及细心指引。在每间台湾学校的墙壁上，总能看到"小心台阶""小心地滑"的温馨提示，在洗手池、洗手间总张贴着"正确洗手方法6步骤"等图文并茂的宣传画，图书馆若不开放，则清晰地张贴出"图书馆暂停开放"告示，在教室、礼堂等各公共场所，可看到"音量指标五级（包括只有自己听到、邻座听到、小组讨论声音、集体汇报时间声音、个人汇报时间声音）""用后记得冲水""防火门应常关""用后请放回原处""将废物丢入垃圾桶""请将抹手纸扔入垃圾桶内""请往图书馆的同学注意：……"等。在好几所学校，游乐场都很细致地贴上盲文，为小盲童进行贴心指引。这些指引，特别是对学生礼仪培养的具体指导，营造出了更有利于学生成长为有现代人才素养的良好氛围。

再次，台湾校园文化建设让我们感受到更"亲近儿童心灵，呵护童心"。在学校或班级展示栏内，画面设计充满童真，文字是直抒内心真实感受，显得很稚嫩，比如我在其中一间学校看到每个班设计的班徽，还比如有一所学校的每间教室呈五角形，因为靠前门的地方有一角拐进去，这样加宽走廊的空间，也避免了冬天风形成对流狂吹玻璃窗。学校也能给予学生极大的自由和空间，充分发挥想象和创造力，让学生在学校更享有心理上的自由和更充分的安全感。这正是创造性人才的突出心理特征。

最后，台湾校园文化与社会文化基本做到无缝"对接"，学校直接从相关部门图书馆或其他相关职能部门拿到"儿童及青少年阅读计划""新阅会""珍惜资源"环保海报等各类海报张贴在校内，把"生活"与"社会"整合成校园文化建设的资源，彰显着教育即生活的理念，有利于学生综合素养培养。

二、台湾学校校园文化建设"教师主力角色"剖析

在台湾学校校园文化建设中，学校能把校园文化建设活动与教师的各项教育教学常规工作紧密结合，既使学校校园文化建设有了重要的载体，又在学校校园文化建设中提升了

教师专业素养，增强了教师对学校的向心力及凝聚力。

第一，把学校校园文化建设与课程建设紧密结合。台湾学校在课程建设有较大的自主性。学校领导也能充分利用校本建设的自主性，比如有的小学推行"艺术教育"这一核心文化理念，学校则在课程构架中设置了相应的排球课（每周三节）、种植课等；这样就使学校校园文化建设有丰厚的载体。

第二，把学校校园文化建设与学生系列活动紧密结合，策划自己学校特色文化的校园文化活动。如有的学校结合阅读节，结合学生假期旅游，进行墙报比赛等。有的学校将校园中学生爱去的地方拍成照片，放在图书馆的电脑，学生随时可以手触电脑屏观看经典美景。这种具有历史传承和积淀的活动特别能形成一种文化感染力，培养师生对学校文化的认同感。

美国前国防部长、哈佛大学教授瑟夫奈提出文化软实力的概念。他这样解释文化："谦卑的强权，通过吸引别人而不是强求别人想要达到的目的，这就是文化。"最好的吸引就是把校园文化建设结合到每天的教育教学活动中，让平凡的常规工作因为有了文化的引领更具魅力。教师每天做的就是学校校园文化建设的一部分，也符合文化建设需要长期浸染、长期积淀的特点，教师逐步成为学校校园文化建设的主力军。

三、台湾学校校园文化建设"校长统领角色"剖析

提供优质教育以吸引家长，是学校的生命线，所以台湾生活节奏很快、资源紧缺，形成了台湾人民善于整合资源、为我所用的特点。对待校园文化建设上，台湾校长也是一样。他们不会把校园文化建设单独列为一个项目来做，而是巧妙地把学校校园文化建设当成学校发展的方向标，以方向标来形成教师团队建设的凝聚力，为着共同的追求和目标，一起做好学校的各项工作，更好地统整好学校的各项工作，使各项工作目标更明确，形成教育合力，效果更明显。

在每一所学校的校长介绍学校时，都十分清晰地听到校长首先介绍学校所追求的核心价值，即："教育使命"，然后再介绍在核心价值统领下的"组织架构和管理"及"学与教"等。因而，在台湾学校校园文化建设中，其一是校长能以校园文化建设为抓手，整体推进学校在走向优质、品牌学校的道路中步子迈得更大更扎实，鲜明地表现出在校园文化建设中校长的统领力。其二是，校长在策划好校园文化顶层设计后，以文化软实力影响教师，更好地凝聚好教师团队，也更好地在团结教师一起工作的过程中提升教师专业素养，这集中体现出校长对文化建设的引领力。

台湾全人教育理念下的融合教育

■ 佛山市禅城区启智学校　马善波

2016年12月17日—31日，我们广东省"百千万人才培养工程"第二批小学名师培养对象一行20人，在张燕教授及导师陈子杏教授的带领下集中赴台湾研修，从台北到台中，从台中到嘉义，再到高雄，访大学、看中学；到小学、幼儿园，进社区。通过专题讲座、专题研讨、小学标杆参访等多种形式，全方位、多角度了解台湾地区的"全人教育策略及实施"，感受台湾地区先进的教育思想、理念和方法，开拓了现代教育视野、进一步完善自己的专业知识结构、全面提升自己的专业素质与综合素养，在参观访问每所普通学校时，我特别关注了特教班、资源班，直观了解台湾的融合教育。

2013年中央电视台"看见"栏目播出的"温柔的坚持"，介绍了一个智障儿童到台湾学习后产生的巨大变化。主持人柴静说："我们可以看到，用暴力和冷漠去惩罚一个人，会得到什么样的结果。我们也可以看到将一个人视为绝对弱者，对他刻意纵容一味忍耐，是什么结果。但我们也可以看到，即使一个人被视为不可救药令人绝望，在他能够被温柔对待的时候，他的心灵会发生怎样的变化。"

智障儿童成成（化名），在上学期间遭遇到同学和家长的排斥与不满，同学们把他当作空气一样忽略他的存在，歧视、疏远和躲避他，有时还会拳脚相加，家长们经常向成成的父母抱怨、告状，致使成成上学天天带着双节棍，书包里备着枪（玩具枪），以此来免于受到侵害。其父母也无颜面对同班同学的家长，不敢接送孩子上学。在走投无路之下，一个偶然的机会听说台湾的融合教育很好，于是，决定带孩子赴台湾求学。成成来到台湾的融合学校后，发生了翻天覆地的变化。原来那个无时无刻不在准备反击的成成，变成了阳光、自信、积极乐观的孩子，在大陆时成成说自己过去经常扮演的是最有钱、最霸道的坏蛋，而到了台湾他很愿意扮演一个尊重女生、有修养、有风度的男孩。

大家都在探讨，是什么样的教育，竟然能让一个特殊儿童前后有如此巨大的反差？

台湾之行，让我对台湾的特殊教育，特别是融合教育有了进一步的认识，从社会和谐、相关部门立法、学校接纳、教师专业、家长坚持等方面都给我们一些启发。

一、文明和谐的社会环境，是台湾实施融合教育的前提

台湾人文关怀多。每个人都很有礼貌，处处彬彬有礼。在公共场合，"您好！""欢迎光临！""慢走！""谢谢！""小心哟！"……总是不绝于耳。每到一个学校，我们都受到热情的接待，周到的安排。当我们离开参访的学校或旅店时，接待的校长老师和旅店的服务生总是列队挥手说再见。

台湾文明意识高。在台湾城市里，甚至是小镇，很难见到杂乱和无序。在台湾15天里看到的车流人群，却听不到喇叭声，也看不到有车辆和行人闯红灯的现象，无论是商场购物、乘坐公交，还是在人潮涌动的夜市，人们总是自觉排队，耐心等候，就连交谈也是轻声细语。

台湾环保意识极强。一到台湾，导游阿昌便告诉我们：以后10多天里，车上备足矿泉水，旅店也有矿泉水，可以随意取用，但要喝完一瓶再开另一瓶。喝完水后的瓶子要压扁放到车上的垃圾箱里，20个这样的矿泉水瓶回收后可以再做成一件小背心。垃圾分类处理已成为台湾社会的普遍环保行为。除了在学校、候车（机）厅、餐旅店、景区外，很难看到垃圾桶，但所有的城市乡村路面都干干净净。

正在有这样的人文环境作为基础，台湾的特殊人群得到包容与接纳，不仅体现在学龄阶段，而且在他们从学校毕业后，大多能庇护性就业和支持性就业。地方通过开办烘焙房、超市、咖啡屋、馒头店等来开展庇护性就业工作，通过培训洗车工、超市理货员等来实现支持性就业，让特殊儿童毕业后有事可做，减少问题行为，还有一定的收入，减轻家庭压力和社会负担。台湾的有关就业理念，就业方式、方法等多方面都值得我们学习。近几年，大陆的特殊教育中的职业教育发展迅速，很多毕业生去公司保洁、在各种快餐店上班，真正让特殊人群回归主流，融入社会生活。

二、健全完善的法律法规，是台湾实施融合教育的基础

台湾地区的融合教育之所以能够实现高度融合，归功于先进的理念、特殊教育支持体系以及相关部门的促成，其中又以相关部门力量的影响最具有关联性，制订有关法规是相关部门力量的主要体现。

为了确实推进融合教育的发展，台湾以《特殊教育法》为融合教育的母法，在此法的指示和要求下分别从特殊儿童的安置、课程与教学的调整、师资的规范与培养等方面制定融合教育的子法。2013年1月23日修正公布的台湾地区《特殊教育法》第18条明确规定，"特殊教育与相关服务措施之提供及设施之设置，应符合适性化、个别化、小区化、无障碍及融合之精神"，从法律层面再次确定了特殊教育应符合"融合之精神"。至今，台湾地区已建立起以《教育基本法》《身心障碍者权益保障法》为基础，以《特殊教育法》为母法与核心，以《特殊教育法施行细则》《特殊教育课程教材教法实施办法》《特殊教育设施及人员设置标准》《身心障碍及资赋优异学生鉴定标准》等为主要子法的特殊教育法律体系。从而使台湾融合教育推动能够有法可依、依法而行。

根据2015年台湾地区"特殊教育信息通报网"统计，台北市从学前到高中职阶段共有11 201名（占适龄残疾少年总数93%）残疾学生接受各种形态的融合教育，其余861名学生在4所特殊教育学校就读（含"在家教育"学生15名，类似大陆地区的送教上门服务学生），形成了以融合教育为主流、以特校就读（含送教上门）为补充的特殊教育发展形态，并在各教育阶段为特殊学生提供了多样化的教育安置服务。

参观时，我注意到在台湾的公办学校和民办机构都能看到很多残疾程度非常严重的特殊孩子，无论是普校的特教班或资源班，还是特殊教育学校，只要孩子和家长有需求，学校必须零拒绝，真正做到了有法可依，有法必依。《高级中等以下学校身心障碍学生就读普通班减少班级人数或提供人力资源与协助办法》规定："每班至多安置特殊学生三名；每安置身心障碍学生一名，应减少该班学生数一名至三名；其属严重情绪障碍、多重障碍或自闭症学生者，应减少该班学生数三名至五名"。

三、多元化的特色课程，是台湾实施融合教育的保障

学校的生命力在哪里？台湾学校的建设告诉了我们：特色。每所学校都会根据自身师资专长、小区资源、学生条件、办学理念、家长期望、文化传承，并依课程纲要规范，系统地整合发展出对本校学生而言最具价值的特色化课程，设计个性鲜明的学校特色教育，实现了真正意义上的"一校一品"。在课程建设方面，也特别重视民族文化的继承及发扬，对传统的"六艺（礼、乐、射、御、书、数）"课程进行适度开发，许多学校开设了射箭、礼仪、书法等课程。目前，公办初中与小学均有"学校本位课程"，75%的学校有"特色课程"。

如我们参访的台北大安区大安小学，体育特色明显，孩子们表演的轮滑、抖空竹等几乎可以与专业级别媲美；台中西屯区永安小学以书法为特色，实现"百草逢春，书法育人"的特色教育，在台湾地区得到很高的认可。嘉义县竹崎乡竹崎小学让大自然成为学生的课程、课堂，并把学校建成花园，办开放式的花园学校，实现生态式的学校管理。高雄市瑞祥小学推行"蝴蝶生态"校本课程。东海大学附属小学的弹性与多元课程，有传统的课程设置：语文领域（汉语、闽南语、英语）、数学领域（数学）、社会领域、科技与人文（美术、音乐）、健康与体育（体育、健康）、自然与生活科技以及弹性课程。

台湾地区的学校，都十分重视学生的社团活动。所到学校，每校都成立很多社团组织，社团名目繁多，但都普遍注重多元化建设与发展，以开发学生的潜能、培养学生的兴趣专长、适应社会发展、张扬学生的个性为最终目标。学校根据学生的爱好、兴趣和特长，或五人十人一社，或三五十人一团，很像大陆学校的兴趣小组，但他们有固定的组织形式、社团章程、活动目的，各校社团活动开展得有声有色。

台湾地区有关规定："特殊教育之课程、教材、教法及评量方式，应保持弹性，适合特殊教育学生身心特性及需求。"依据台湾地区《特殊教育法》第十九条规定，台湾"教育部门"颁布了《特殊教育课程教材教法及评量方式实施办法》规定："高级中等以下学校实施特殊教育课程，应考量系统性、衔接性与统整性，以团队合作方式设计因应学生个别差异之适性课程，促进不同能力、不同需求学生有效学习；课程之调整，包括学习内容、历程、环境及评量方式。"此外，该办法还对教师的教学调整做了相关要求："运用各种辅助器材、无障碍设施、相关支持服务与环境布置等措施，提供最少限制之学习环境；教学目标明确、活动设计多样，提供学生学习策略与技巧，适时检视教学效能及学习成果；透过各种教学与班级经营策略，提供学生充分参与机会及成功经验；进行跨专业、跨专长、跨领域或科目之协同、合作教学或合作咨询。"

在融合教育实施过程中，学校多元化、生态化的特色课程的设置，让每一位孩子都被"珍视与期许"。充分利用他们的特长，发掘了孩子的潜能，让孩子们有事做，做自己喜欢做的事，带来成就感。

四、敬业的专业团队，是台湾实施融合教育的关键

台湾特殊教育的人力资源是由教师团队、专业团队、行政人员、家长和志工等组成。专业团队的任务是为满足身心障碍学生的课业学习、生活、就业转衔等需求服务，结合卫生医疗、教育、社会福利和就业服务等不同专业人员所组成的工作团队，以提供系统性的

特殊教育及相关服务。专业团队包括特教教师、辅导教师、专科医师、物理治疗师、语言治疗师、听力师、定向行走师、临床心理师、社会工作师和教师助理师等不同专业成员，通常共同先就个案讨论后，再进行个案评估；或者由专业团队成员分别实施个案评估后，再共同进行个案讨论，做成个案评估的结果，根据结果提供服务。《台湾特殊教育教师专业标准》规定了教师具有的能力标准，各个人力相互作用，共同服务有特殊需要人群。

没去台湾前，已经接触过一些专家，对台湾人民的最初印象是不服老、有礼貌、很好学。特别是接触到从事特殊教育的杨宗仁和林宝贵两位教授，70多岁了还频繁来大陆讲学。我对杨宗仁教授的"先做人，再做事、最后做学问"印象深刻。台湾专家态度谦和，学问却做得系统、细致、扎实，非常接地气，解决实际问题。

在台湾参观中，台湾人民的敬业精神让我们佩服，中小学教师每周上课在20节以上，许多教师每天基本上是7：00到校，晚8：00离校。如果是校长，更要提早半小时到学校门口迎接学生、家长，欢迎小朋友上学。从导游、司机到接待我们的人，全都是45岁以上的中流砥柱。导游阿昌48岁，司机58岁，接待我们的昌博士也已经55岁，我们的导游阿昌是一个既热情又敬业的人，每次在车上总是为我们介绍台湾的历史、风土人情、特色美食、甚至天文地理等。每次用餐，最后一个用餐的是阿昌，最早用完餐的也是他，用餐期间还不忘询问饭菜是否合口味。

台湾人之所以如此敬业，不单是珍惜得来不易的工作，更重要的是他们具有良好的责任心、事业感，真真正正沉下心来把教育、把工作当作一项事业来做。

据了解，台湾基本教育阶段师资全面硕士化。例如我们参观的台东丰源小学，学生总数只有96人（含幼儿园25人）。但该校教职员工22人，75%具有硕士学位。硕士化师资的研发能力及接受国际教育趋势信息的能力大为提高，学校有能力自编教材、有能力开发校本课程及特色课程，更有能力针对特殊学生进行个别化教育。

台湾融合教育中，教师们不仅敬业，自身本领过硬，团队合作更强。正如台北市立大学郭家骅教授的讲座"成为进步国家的关键"中所说："成为进步国家的关键是合作，合作就是取长补短的最佳体现。如何更好地合作？把所有影响合作的自由行为排除，把有益合作的行为规范，越小规范效果越好。如果道德规范不了的，就用法制来制约。"

台湾地区主要是通过六项教育支持系统来为身心障碍者提供最有力的保障。一是医教结合为主的专业团队，他们为支持身心障碍者的课程、生活、就业、社区活动等需求服务；其二是培养符合全纳教育的教师；其三是以筛选、鉴定、安置、就学和辅导等为一体的安置办法；其四是关于教育阶段的转衔，从学前到小学，到中学，到高中，再到大学等，以及离校的转衔，包括中途离校、毕业离校，毕业离校要追踪六个月；其五是关于特殊教育通报网资讯系统，通过通报网资料库把鉴定和转衔等联系起来；最后是推动民间参与特殊教育的宣传，通过社会支持来辅助身心障碍者。

五、乐观向上的家长，是台湾实施融合教育的主力

在大陆很多家长还不愿意面对自己孩子是特殊学生时，台湾特殊学生家长早已成立了家长协会，他们经常进行社会倡导。在早期的很多政策不到位、社会关注度不高的情况下，孩子们的权益都是家长们团结一致、奔走呼吁努力争取的。有家长告诉我们："争取孩子们的正当需求、正当权益，有一点我们必做到：先做好自己的事情，然后再换位思

考，站在相关部门和他人的角度去看问题。告诉他们，我们不是来找麻烦的，而是来寻求帮助和互助。比如说融合教育，我们会先把能想到、能做到的事情都想好、做好，让教育局和学校不认为收我们的孩子是个大麻烦，他们可以进行帮助。"这样的沟通和交流就很顺畅。

台湾的特殊学生家长们克服心理压力，会经常带孩子们去参加一些他们可以参加的社会活动，如会带孩子去咖啡屋、听音乐、组织旅游、参加夏令营等各种丰富多样的活动。敢于带出去，走出去面对大众，做到真正融合。

经过50多年的发展，台湾地区的融合教育不仅形成了以融合教育为主流的安置形态，也为各教育阶段特殊学生提供了多样化的教育安置服务。完备的法律体系、有效的特教督导、健全的特教行政支持体系、以学生为中心的校园团队特殊教育服务模式等有效推进了融合教育的发展。智障儿童成成（化名）的转变，正是融合教育显著成效的一个缩影。

台湾之行虽然行色匆匆，但通过这次参访考察活动，我对台湾的教育，特别是融合教育有了进一步的了解，他们的很多做法和经验值得我们借鉴学习。

"全人教育"理念为学生发展插上理想的翅膀
——广东省"百千万人才培养工程"第二批小学名师培养对象赴台湾研习心得

■ 江门市江华小学　谢国刚

2017年12月25日，广东省"百千万人才培养工程"第二批小学名师一行24人，坐上了深圳飞往台北的华航CI521次航班，晚上8点左右，当飞机平稳地降落在台北桃园国际机场时，我们的台湾研学之旅正式拉开了序幕。22位同行和领队老师都神采飞扬，满怀期待。绝大多数同学是第一次来台湾，当踏上隔海相望的这块祖国宝岛热土，大家还是抑制不住自己内心的喜悦。

出发前，我就对本次研修的"全人教育"的理念有了基本了解。台湾地区从20世纪90年代就开始有"全人教育"这个教育理念，并不断深入发展。经过20余年的发展教育，已经比较成熟。

一、以"学科本位"的知识结构转向以"能力本位"为导向

12月26日，我们来到声名远播的台湾四大名校之一的台湾师范大学参观学习。带着一种仰慕和激动的心情，我们走进了这所美丽的校园。我们聆听了戴建耕教授"台湾小学教育管理理念与人文素养"的专题讲座。台湾课程改革坚持"以生活应用能力作为课程、教材、教法与评量的核心理念"，将传统上分而置之的课程统整为七个学习领域，即语文、健康与体育、社会、艺术与人文、数学、自然与科技、综合活动，并要求这七个学习领域合作努力共同达成其教育目标——十大基本能力。着眼于人本情怀，强调学生的主体兴趣与生活经验的重要性，是从传统上以"学科本位"的知识结构转向以"能力本位"为导向的课程设计。重视学生在情感、价值观方面感悟的能力的塑造，注重培育学生生存、生活和发展基本技能的"通识教育"和情商训练。不论在学术性课程、情感性课程还是自我实现课程中，注重对学生的知识、能力、情感、价值培养，通过对学生情感和价值的理解，充分肯定每一个学生的潜力和特长。坚持以能力取代知识，培养学生"带得走的能力，而不是带不动的书包"的课程理念，课程强调的是从"知识的认知"到"能力的获得"的转化。

台湾地区把这种以培养学生能力为课程目标的兼顾知识获得与能力培养的教学称为"创意教学"，强调学生的自主学习，要求学生以处理问题、解决问题的态度从事学习活动。依据此采取的多元评价是值得加以借鉴与学习的，这既是多元文化背景下培养、发展学生各种能力与创新意识的需要，又是全面推进素质教育的保障。

二、传承中华传统文化，注重学生忠孝礼贤的教育

台湾与大陆同宗同源，有相同的文化血脉。相比而言，台湾传统文化教育的持久性、全面性、系统性、精深性，都值得我们学习和思考。传统文化对台湾地区的政治、宗教、

艺术、民众心理、信仰、风俗习惯乃至价值观和道德观都产生了深厚影响，其中对基础教育的渗透和作用最为直接。

台湾已经做到传统文化教育全覆盖，幼儿园、小学、中学、大学，均将传统文化价值取向作为教育的核心价值。幼儿园阶段以接触古诗为主，熟悉经典是主要目的，从小培养孩子对经典的温情和敬意。小学教育目标是让每一个儿童成长为最好的自己，并在与他人、自然和谐相处中，发展成为完整而有智慧的人。大学阶段以通识教育为德育载体，主推人文通识，阐释荀子、老子、周易、人间佛教等。尊重学生日益觉醒的主体意识，让学生知其然更知其所以然，将传统文化内化为学生的价值观和行为准则。

12月27日早上，我们很早就出发前往在台湾享有盛誉的华梵大学。单从这个"华梵"二字，就可以感受到其别样的韵味，意在彰显五千年中华文化及两千年中国佛教思想。出了繁华的台北闹市区，汽车一路蜿蜒于山间公路，一路上绿树成荫。校区风景优美，真不愧有"森林大学"的美誉。校内普遍为相思林，另外在三友路沿线种植梅花、竹子、松树。该校的学习环境是我们所见过的大学中最有特色的。

华梵大学吕健吉教授为我们做了"中华文化与儒学融入现代教学的课程改革与创新"的专题讲座。吕教授从释晓云法师提倡"觉之教育"，并以"人文与科技融汇，慈悲与智慧相生"为创校宗旨，"德智能仁"为校训。"觉"是重视自我反省、开拓心灵智慧的人本教育。学习归来，同学们都在赞叹宝岛台湾在中华传统文化传承方面所做的贡献，心灵得到洗礼。

三、感受差异化教学的重要性，关注每一位学生的发展

本次台湾研学，我们分别去了台中大安小学、东海大学附设小学等近十所学校参访，这些台湾地区基础教育的标杆学校让我们眼前一亮。所见所闻带给我视觉冲击和思维碰撞，让我近距离地接触台湾先进的教育理念，真切地触摸到台湾品牌特色小学跳动的脉搏，领悟到台湾名校管理文化之精髓。

给我留下了特别深刻印象的是所有学校都非常注重"差异化教学"。俗话说，"一粒沙子，一个世界；一朵野花，一个天堂。"孩子年龄虽小，其内心世界却是丰富多彩的，尊重孩子们既是一切教育前提条件，也是教育的基本方法和途径，更是教师打开学生心扉的第一把"金钥匙"。差异化教学其实就是我们常说的"因材施教"，它不是一套方法，而是一种观念。但是差异化教学不是一个人的事，理应是一所学校抑或一个幼儿园的老师共同去经营。评量不是要考倒学生，而是在评量的过程中帮助学生体验成功；对于不同的学生，会有不同的需求，就会有不同的目标……因此，在日常教学中，需要我们教师拥有一双明亮的眼睛，做一位勤于细观、目光敏锐的观察家，及时地去捕捉学生思维的火花，适当调整对"学困生"们的要求。多给他们一些机会，多鼓励他们不断努力，他们的思维也会走向成熟。是呀，每个学生都是一幅生动的画卷，他们或许是芬芳的鲜花，或许是婀娜的小草，但愿每位教师能走进学生美丽的心灵世界，让他们的生命因为有了我们而更加绚丽多彩。

四、用细节润物无声，用环境熏陶学生

台湾的学校校园文化建设到处充满了人文关怀。校长们都显得富有内涵和儒雅。学校

将自然、数学、科学、乡土学习等内容布置在校园每一处角落,让我们领悟到"处处是教材"的理念;"数学探究教室",提供探索、学习的丰富课程内容;"语教班"提供非华语地区学生转衔中文学习服务;推广"艺术季"系列活动,涵养音乐美术人文素养;"多元文化馆"的设置,融合多元文化学习内涵;社区及家长"志工团"资源,共同打造良好学习环境。构思之巧妙,内涵之深刻,总有一种看不够、悟不够、赏不够的感觉。从这些很小的细节,体现了校长的办学智慧,也让校园中的一切都成为教育学生、培养学生的工具。

五、多元化社团促学生综合素养全面发展

回首15天来台湾研学参访的这么多间小学,他们都有一个共同的办学理念,就是多元化的社团活动开展。他们通过丰富多彩的艺术活动对学生的创造力、直觉能力、适应能力都具有普遍的促进。在多间学校为我们展示的多元化社团展示,让我们享受到这不一般的文化大餐,为孩子们精湛的表演热烈地鼓掌。舞台上孩子们落落大方,上档次、够品位的表演,让我们不得不惊叹孩子们的艺术素养。

舞台上,乐队齐奏,曲调婉转动听,台下的我们享受的是中华民族传统艺术的熏陶。在物质文明飞速发展的今天,台湾教育非常注重中华传统灿烂文化的传承,学校结合重大节日,每年举办有特色、有主题的文化艺术活动和艺术节,"校园艺术节"为学生搭设了一个能够尽情表演的舞台,创设一个让他们自由施展艺术才华的环境。学生跃跃欲试,大显身手。活动全过程是学生自主参与的艺术实践活动,创、编、排、演、主持都以学生为主,教师仅仅只是他们的"艺友"和"帮忙者"。学生在艺术节里,载歌载舞尽情欢唱,情绪高涨,天性自然流露,个性充分张扬,他们会因表演精彩而高声欢呼掌声如潮,会开心得笑逐颜开,激动得手舞足蹈。我们看到的是一个个活泼的天使。艺术表演增强了学生主体意识,寓教于艺,施展才能,陶冶情操,促进儿童身心发展,深受学生欢迎。正如台北市私立静心小学简校长所言:"拓展学习场域,丰富学习的深度与广度。让学生过有品位、有竞争力的生活。一人一技艺,一生一专长,培养孩子的兴趣和专长,让学生成为真正有风格、有才干的人。"

遇到同道,总是件让人兴奋的事情。一海之隔的两岸同胞,怀着同样的教育愿景,研究着相似的课程,发现了相通的问题,做着共同的努力。在台湾的学习时间虽然短促,但十分充实而有意义。不仅拓宽了我的教育视野,更在很多方面都给了我极大的启发,必将启迪我在今后的工作中生成新的教育智慧。作为名师的培养对象,我们承载着助推我国教育健康发展的光荣使命,面对前所未有的机遇和挑战,我们理应深感肩上的责任重大。让我们携手并肩,共同推动小学教育向更高水平发展。

难忘的台湾教育考察之旅

■ 江门市蓬江区丰泰小学　梁婉清

有幸能在2016年底参加省"百千万人才培养工程"小学名师培养对象赴台湾考察学习，我感到十分激动。此行教育考察团共20人，在张燕团长、陈子杏副团长、昌博士的带领下，我们由广州机场乘坐飞机飞往台湾桃园机场，一下飞机，我带着兴奋、激动的心情踏上这片土地，见到繁体字的招牌、听到温柔的闽南话，热情的吕导游在机场迎接我们，周到细心地为我们安排，一切美好从这里开始！

我们进行了为期15天的实地考察学习。这是一次教育文化的交流，是一次知性与感性的心灵盛宴，我们先后参观了台北大学、台北市立大学、佛光大学、华梵大学、东海附属中学、附属小学、附属幼儿园、台中市大安区永安小学、高雄市前镇区瑞祥小学、台东县丰源小学、高雄市前镇区瑞祥小学等。通过实地参观、听取专题介绍、座谈、听课观摩、观看学生表演、个别交流等途径，拓展了我们的教育视野，让我们对台湾的教育有了全新的认识和思考，这次考察将给我们的教育教学注入许多源头活水，这15天的所见、所闻、所思、所感是值得我们书写的幸福与最美的典藏。

一、收获篇

台湾的基础教育与大陆相比，由于历史的、传统的、民族的原因，有许多共性的内容，但也由于政治、经济、社会、地区的不同，各方面均有一定的差异。感受最深的是台湾的基础教育更加注重弘扬中华传统，强化行为熏陶，在理念上更注重古今中外结合，兼容东西方文明，人才整体素质高。

（一）感受台湾民众的友好热情

台湾人民是热情好客的，在短短的15天台湾之行中，我处处感受到了浓浓的亲情、乡情、友情。海峡两岸是一家，海峡隔不断两岸同胞血浓于水的殷殷情怀。陪同的导游和司机热情主动，引导细致，说话温文尔雅；每个宾馆、饭店、商店的服务员甚至路上的行人，都彬彬有礼，给人友善的感觉；"谢谢"是他们常挂在嘴边的话语，甚至他帮完你的忙了却还要说"谢谢"。"予人玫瑰，手有余香"，台湾同胞时刻以感恩之心待人。毫不夸张地说，大到百货公司，小到夜市的小摊小贩，井然的秩序，自觉的排队意识，谦恭的用语，亲切温婉的语气语调，这份体面的热情与客气，给人一种身在异乡却不是客的亲切感和归属感，没有丝毫的矫揉造作，只是让有缘相遇的人儿的心间满溢更多美好的情愫。每到一所学校，校长都带领中层干部和部分教师代表到校门口欢迎，视我们如贵宾。每所学校都举行了简短而隆重的欢迎仪式，校长和家委会的会长都要致欢迎辞。在台北市大安区大安小学还组织了精彩的学生舞蹈和器乐表演，以表达对远道而来的我们的热忱欢迎和真诚祝福。

（二）感受弘扬传统文化的无穷魅力

整个台湾营造了"传承文明，凸现人文"良好的社会氛围，可以说民族文化的弘扬渗透于台湾社会的每个细胞中。"至诚""至真""至善"等大街小巷路名的诉说,万世师表"孔子"塑像在许多学校和寺庙的静静伫立,《论语》在博物馆等地的启迪无不彰显着中华传统文化的渗透;那大街小巷的洁净清新,无不流淌着人文的血液。

校园硬件设施处处体现了人文性与教育功能,校园设计与布局,独具匠心,体现了一种理念,一种文化意识。如台湾佛光大学,学校宁静而雅致,错落有致,分布清晰,是一所山林美校。学校位于宜兰县礁溪乡林美村山上,海拔约430米。校园的山川灵气,古朴的教室设备,为学生营造最佳的求学环境。台东县丰源小学的建造为地中海风格,纯净的蓝,清新的白,实在是太美了。整个教学楼是一座蓝白相间的建筑,上方还有海浪般的曲线,圆拱形的窗户搭配蓝色弧形的栏杆。大堂的玻璃好似哥特式教堂风格的彩绘玻璃,就连学校外面的围墙也是海浪般的曲线。从外观上看,一点都不像是一所小学。

(三)感受"全人教育"的人本理念

台湾基础教育的方针是德、智、体、美、群均衡发展,群是指人际关系、群体关系、公共关系;是个人、他人、集体的统一;是开展竞争、相互帮助的统一,体现了"以人为本"的全人教育理念,彰显出了教育本质。全人教育的思想在西方可以追溯到古希腊时期,柏拉图的"和谐就是善",裴斯塔洛齐的"和谐发展教育"思想以及亚里士多德的"自由教育论",在本质上都体现了全人教育的理想。全人教育是当代教育的大趋势,它既是一种教育哲学,涉及教育的目的和价值问题,同时又是一种教育实践,涉及课程设置、教育内容、教育方法以及教材和相关读物编写等具体问题。

台湾地区在学校教育教学中非常重视古诗、成语、白话文的教学,重视礼义廉耻和诚信的教育。各校开展"存好心,说好话;行好事,做好人""行善要诚,处事要正;做人有信,待人要实"的教育。在社团活动中经常开展吟诗、作画、书法、作文、韵律操的竞技活动,"感恩惜福、快乐学习、多元发展、健康成长"可以说是每所学校的心愿。浸润在这种凸现人文情怀传统文化中的台湾基础教育,自然处处都展现着"以人为本,弘扬传统"的印记。

(四)感受台湾教师的勤业敬业

台湾基础教育阶段的学校虽然规模小,但管理机构精简,管理人员精干,教师工作高效。教师们承担着教育管理、教材研发、课堂教学和培训等任务。任课教师每周22～24节课,教师利用中午休息时间,与学生交流、沟通,辅优补差,开展各种兴趣小组活动。台湾中小学教师工作很辛苦,实行全天坐班制,每个教师都忙忙碌碌,但都必须从中找到自己的位置。台湾中小学教师没有职称,工资根据工龄的长短和学历的高低,采取年薪制。表现好、有成绩,还可以享受奖励。相关部门、社会采取多种形式对学校、校长、教师、职工进行表彰和奖励。

在台湾参访学校期间,深感环境育人,涵养育人,规范育人。我们没有看到学生任何的追逐、打闹、谩骂或大呼小叫之态,在公众场合大家都自觉保持安静,就连课堂回答问题的声音都很低。他们待人接物非常注重礼仪、风度、文明,真正呈君子淑女之相,学生的养成教育深入人心,每节课一下课,孩子们都自觉去整理课桌凳、用拖把去拖地,使教室始终保持如家的干净和温馨。各项行为习惯养成在细节规范中,悄悄开启了时空的大门,为孩子的健康成长、走向成才奠定了基础。

（五）感受家长深度参与学校管理

近年来，家长参与教育已成为当今世界各国教育发展的重要潮流。家长参与学校重大活动、关心资助学校发展，是台湾教育的一大特色。我们所到学校中有校长和家委会会长共同参与接待的。进入台中市大安区永安小学，这所学校蕴含浓浓的书香味，令人顿时感到清新怡人。陈校长、家委会会长及学校领导团队热情友好，带领我们参观校园，介绍学校的历史。可见家委会会长在学校教育的重要位置。台湾地区大力倡导学生家长参与学校各项活动，关心资助学校发展。所有学校都成立有家委会，家委会会长由家委会推荐产生，一般由当地有一定社会影响的人士担任，学校的重要活动会长必须参加。家委会委员可以随时参加学校行政会，提出意见和建议，可以代表学校对外联系。许多家长经常在休息时间到学校做志工，并捐款捐物。

（六）感受品禅修身的宗教文化

宗教文化是台湾文化中的重要元素，其中佛教、道教的信众最多，约占台湾地区人口的1/3。台湾华梵大学是一个人杰地灵的地方。一走进其间，我们立刻被这所幽静舒服的森林大学所吸引住了。学校在1990年由佛教界人士释晓云法师所创办。

宗旨为"觉之教育"，期能以佛教慈悲精神与智慧思想培养品学兼优青年，利益造福人群社会。晓云法师以其特具之文学造诣，勤于著书立说，尤以佛学禅行著作，皆为亲身历验之写证，出版书籍超过80余本，内容包括般若禅、中印艺术、佛教艺术、佛教教育、文艺、参方笔记等。

交流过后，我们来到文物馆参观。文物馆里珍藏着多幅晓云法师的书画作品，其绘画重意境，气象开阔，泠然独往，充满了禅者的超越和诗人的情韵，再配上富有奇趣的画中题词，令人观之不觉离尘脱俗，回味无穷。走出文物馆，我们游览了校园风光，学校建筑融汇中外建筑之形式，既有中国传统风格的法华塔，又有号称华梵精神标志的阿育王柱，有亭台楼阁，也有拱顶白墙类似教堂的楼群。晓云法师曾说："教育工作与我的生命是一体的，它将陪伴我到生命最后一天"。

二、思考篇

（一）如何将传统文化、地方文化和现代文明有机结合

台湾学校既有浓厚的中华民族文化传统教育，又有西方先进的办学理念。学校文化建设需要自觉，需要责任，需要信念，需要敬仰。世界上没有完全相同的两片树叶，学校有着独特性才有生命力。我们既要弘扬传统的文化，又要借鉴西方先进的教育理念，追寻最适合的中西合璧的教育。在学校文化建设中，我们要借鉴台湾教育，让文化像水、阳光、空气一般融入孩子的心中并散发出芬芳的气质与芳香，让孩子真正提升艺术的、人文的、科学的素质，注入爱家、爱土、爱自然的情怀，自然流露与感动，这才是文化的生根，生命才会有薪火相传的历史意义。

（二）学校办学如何争取社会和家长的支持力

台湾社会教育的对象是全民的、内容是生活的、场所是广阔的、方式是多元的、活动是多样的、参与是免费的、服务是志愿的。我们可以借鉴台湾家委会的一些经验与做法，成立志工队，补充学校人员的不足，充分发挥家委会的作用，让家长更多地参与学校管理和决策上来，使老师、学生、家长形成良性互动。加强学校和家长及社会的联系，营造全

社会关心学校、关心教师、关爱学生的良好氛围,这既需要学校领导的足够重视和有效引导,还需教育主管部门的远见卓识。

(三)如何以国际化视野谋求学校发展

台湾教育有许多值得我们学习与借鉴的地方。台湾学校的课堂如同西方,学生有问题可以大胆问老师,也直接发表意见(也有举手回答,但学生可以坐着答题)。学生的座位也形式多样,非常自由。这种平等、和谐、互动的教学情景,有利于学生创新思维、动手能力的培养。

(四)如何体现"全人教育"

爱因斯坦说,所谓教育就是忘却了在学校学得的全部内容之后留下的东西,这就是良好的习惯。叶圣陶先生也说:"教育是什么?往简单方面说,就是培养习惯。"台湾教育所实施的"三个一"即"一校一特色、一生一专长、一个都不能少"明确具体,具有可操作性。"德、智、体、群、美"五育兼顾的全人教育观在每个学校都有具体体现。"全人教育"理念特别强调学生的礼仪、起居、孝敬、善友乐群、待人接物、修己立身、互助合作、健全品格等塑造,强调做人在先的观点值得我们借鉴。

本次学习考察的时间行程仅半个月,所见所闻,所思所得,感触良多,收获颇丰,让我们品尝了一次丰盛的精神大餐。

利用资源，创办特色
——广东省新一批"百千人才培养工程"小学名师培养对象赴台湾研修总结

■ 鹤山市沙坪街道第一小学 冯婉霞

2017年12月25日至2018年1月8日，广东省中小学新一轮"百千万人才培养工程"第二批小学名师赴台湾参加"全人教育策略及实施"的研修。15天的研修，我们参访了台北、台中、高雄、宜兰等市的学校，包括大学、小学，比较深入地了解了台湾的教育现状，收获良多。

一、大学——就是让人静心学习的地方

参观台湾的几所大学，大多是建在比较偏远的地方。就是这些远离繁华的地方，更适合学生在那里研修。

绕着山路差不多半个小时才来到一所偏僻的大学——华梵大学。一路走来，心里纳闷，也有同伴议论：这样的一所大学，谁读啊？为什么把大学建在这么偏远的地方呢？听了副校长的介绍，参观了校史室后，我终于明白了，一种敬意油然而生。

华梵大学简史：1990年为华梵工学院，1993年为华梵人文科技学院；1997年更名华梵大学。台湾的大学大多数是宗教办的。华梵大学是佛教办的第一所大学，重在修身，开始是希望办工科的大学。创办人晓云法师早年从事文学美术研究，有岭南女画杰之雅誉。她79岁高龄创办华梵大学，终身不建寺庙，不任主持，矢志做教育界的一头耕牛，直到生命的最后一天。她精研"觉之教育"，思想融合中国儒佛文化之内涵，著作等身，是一位教育家、艺术家、哲学家，亦为驰名中外之般若禅行者。所谓的"觉之教育"即如何辅导青年对心念的觉照、对环境的选择，培养定慧功夫，观察正确，时时正念思维，破除身心懈怠，产生智力善短与悲心济众的情怀。"觉之教育"的宗旨，在于善道人心，开拓慧命，自觉觉他，最终臻至"觉行圆满"之境界。

虽然我对佛教没研究，但我从这位79岁高龄创办大学的晓云法师身上感受到这位伟大的女性对教育的情怀，而且佩服她那种前瞻性。她的思想、小学的理念还是走在世界前列的。把这所大学建在山上，确实有利于对学生的修身教育，这里确实是一处读书的好地方。从她的办学理念还有学校的一些资料看，这所学校同时也有着国际视野。晓云法师的这句话"教育工作与我的生命是一体的，它将陪伴我到生命的最后一天……"更是令人佩服。

清华大学原校长梅贻琦说过"所谓大学者，非谓有大楼之谓也，有大师之谓也"。是的，在华梵大学，我们没有看到所谓的很多的大楼，但是有晓云法师这样大师在，足以称之为名大学了。

佛光大学，是一所同样隐藏在山林中的学校，也同样是具有国际视野的一所名校。2018年1月3日上午，我们来到屏东大学特殊教育系，屏东大学教育行政研究所张庆

勋院长热情迎接了我们。随后，在特教系主任黄教授的带领下，我们参观了特殊教育中心，了解到辅导特殊孩子的功能室。让大家最为感兴趣的是这里的台湾地区首座"学习辅助犬训练教室"。他们的理念是"用生命影响生命"，通过辅助犬协助特殊需求的学生有自信、有动机地学习。训练一些狗狗听孩子朗读，陪伴孩子阅读。在教师办公室，我们还见到了一只正在训练的学习犬Tida，学员们跟这只可爱的学习犬逗弄起来；在沟通训练室，老师和学生对特殊孩子进行语言能力和沟通能力训练；部分社区的孩子如果排不到医生，可以到这里接受辅助治疗。教师办公室的设计和学习需要紧密结合，还安排有讨论区、沟通区、训练区、信箱区……参观结束后，张庆勋教授对我们开展了"中小学师资培养"讲座活动，让我们更深入地了解了屏东大学，学员们收获良多。

二、小学——利用资源，创办特色

在台湾参观几所学校后，让我感受最深的是以下几所。

2017年12月28日，到台湾研修的第三天，我们来到台北市大安小学。

大安小学创办于1929年，校园面积很大，而且学校善于利用社区资源（运动中心、和创工坊）和社区自然资源（福州山），大大增加了教育资源。学校创办理念是推动一个愿景（创造一所快乐多元、有热情思考学园）；三大核心价值（健康快乐、多元发展、独立思考）；四大目标（提供多元团队、生态智慧校园、强化国际能力、培养语文素养）。生活教育在大安以三大核心为主轴：爱整洁、有礼貌、守秩序，养成有气质的孩子。大安小学12大特色：①生态校园；②多元校园；③国际校园；④智慧校园；⑤文艺校园；⑥美学校园；⑦活力校园；⑧安全校园；⑨书香校园；⑩健康校园；⑪爱心校园；⑫环保校园。

我们参观了校园，观看了学校轮滑小组的表演。在参观过程中，我深刻地体会到学校的核心治学理念：有教无类、因材施教、多元适性发展。学校在二年级升三年级的时候就进行测评，能力强的学生会进入资优班、潜能班进行加强训练，有些特殊的孩子会进入希望班，这些孩子主要进行与人交往的培训，达到正常人能力时会回到正常班学习。在运动器材的设计上也充分考虑照顾到所有人，比如有视力障碍的可以通过触摸进行活动，坐轮椅的也可以有足够的空间让他们进去活动，荡秋千的椅子也考虑到安全问题等。从这些地方我们感受到学校的有教无类以及因材施教。教育不是把每个人教得一模一样，而是要顺应孩子的本性，激发孩子的潜能，以创造孩子最大的价值。所以，"把每个孩子都带上来"是大安小学关注的焦点，"顺性扬才、发展潜能"是他们坚定不移的信念。

在书香校园建设方面，让我感受深刻的是他们的图书馆周。学校邀请了家长志工来帮忙，老师围绕一些书出一些问题，学生利用课余时间阅读从而找出答案，志工妈妈帮忙对答案，如果答对三个问题就可以换取礼物。通过这样的方法激发孩子的阅读兴趣，而且很好地利用了图书馆的资源。

2017年12月29日，这天是星期五，我们来到台中北区太平小学参观学习，这是一次特别的参访。特别之处有三：一是第一次看到泰鼓表演迎接来访者；二是重点参观了学校的厕所；三是听了一节闽南语课。

校长介绍学校的概况后，校长自豪地带我们参观了"五星级"厕所。一所学校的厕所往往反映出学校的很多问题，之前也从来没有试过专门参观厕所的，听完了学校的小小解说员介绍，也亲身感受过，确实值得夸赞。学校厕所整建方案以"同去、童趣"为设计理念，加入阅读、运动、地方特色和国际观的主题，发展当地文化特色，并融入美感教育，展现厕所人文美学，学生喜欢一同去厕所（同去），进入一个富有"童趣"的空间，让厕所不只是解决学生生理功能，更让它提升成为心灵成长天地。该校运用四个亮点达成"同去、童趣"的设计理念。一楼的"本土风"，乃将"双十流域"地图绘制在弧形马赛克墙砖上，让学生了解本地文化，认识台中公园、放送局、柳原教会、孔庙等地。六角形洗手台设计，犹如古代水井造型，让学生了解饮水要思源，配合木质地砖与隔间，创造出古朴视觉效果，像是进入时光隧道，尽享"双十流域"的意境。二楼是走"运动风"，运动能促进新陈代谢，更能强健体魄，蓝色的瓷砖搭配黑色烤漆小人，呈现学校发展的运动社团项目，例如舞蹈、溜冰、篮球、羽球、跳绳等主题，创造出具有运动风的厕所。三楼是以"阅读风"呈现，阅读是学校本位课程，学校藏书最多的图书馆也在三楼，六角形洗手台上方有棵"树木"的意象造型，表现树木吸取洁净的水为养分而枝繁叶茂，天花板绿色造型是树干上的叶子，树荫下的马赛克砖书墙，营造"树屋"的感觉，让学生遨游书香天地。四楼来到了"国际风"，一切从本地出发，迈向国际，放眼世界地球村，弧形墙面设计学生心目中的世界地图，让学生了解世界各地不同的文化，都能以和平、互爱与尊重的胸怀共存、共荣。

学校这种环境育人，文化浸润确实做得很好，这些厕所的清洁都是由学生完成的，在参观的过程中我们还看到好几个学生在拖地，最小的是二年级的学生。大家一起动手，保持校园的清洁。

2018年1月2日，我们来到了高雄光荣小学。高雄光荣小学就在爱河旁边，学校没有围墙，与社区融为一体。走进校门，一群身穿亮丽的传统服饰的学生已经在迎候我们。他们为我们表演了富有特色的跳鼓阵。他们手执画龙绣凤的娘伞，锤击着圆红的大鼓，或跑，或跳，或蹲，劲中有美，美中有韵。

接着在李哲明校长的带领下我们参观了学校。光荣小学新校舍2005年落成，校舍利用旧校留下的铁杉、枕木等素材，融合盐埕区历史人文，以及水岸花香的生态意象，以水、光、绿为建筑特色，打造出美丽的校园。新的教学楼走廊、楼梯的每一面墙或阶梯上都充满文化元素，或是盐埕八景，或是宣传口号等。教学楼走廊有一间课室那么宽，营造宽阔、和谐，开放的环境，学校希望让孩子们在这样的学习环境中变得心胸宽广、变得善良。

随后，李校长为我们介绍了学校的特色。该校有四大特色，一是跳鼓阵；二是海洋教育；三是桥牌艺术；四是国际教育。李校长为我们介绍爱河学园的新愿景：优势互补、资源共享、合作发展。光荣小学与忠孝小学、盐埕小学通过资源共享，各自发展自己的优势进行互补，这点得到大家的认可。令我们感受最深的是光荣小学的海洋教育。利用临近爱河之便，光荣小学成立了全台湾唯一的帆船体育班，积极开展海洋教育，让学生们知海、亲海、爱海。

每一所学校都能充分利用校内外的资源，创办出自己学校的特色。这一点很值得我们学习，如何利用资源，包括校内外的资源，还有如何创出自己的特色，而不是盲目抄袭他人，从这次的台湾研修中，我真是收获良多。

教育发展 止于至善
——广东省小学、幼儿园名师培养对象赴台湾研习心得

赴台湾研习考察报告

■ 湛江市遂溪县遂城第二小学　陈丽丽

本次赴台研习是广东省教育厅组织的，广东省中小学新一轮"百千万人才培养工程"第二批名师培养对象，在广东省外语艺术职业学院梁祖菲院长带领下共24人，赴台湾开展为期15天的以"全人教育理念"为主题的研修活动。通过这次研修活动，我感受到了台湾浓厚的文化氛围。台湾学校的办学特色与理念、课程设置与组织、校园文化建设，让我受益匪浅。此行收获我梳理如下：

一、参访院校基本情况，感受他们各自独特的魅力

（1）台湾新北市石碇区大仑山顶的华梵大学，创办于1990年，创办人晓云法师。晓云法师是集佛学、艺术、文学、教育于一身的般若禅行者。她提倡"觉之教育"，并以"人文与科技融汇，慈悲与智慧相生"为创校宗旨，"德智能仁"为校训。

（2）台湾台北市大安小学，成立于1929年，至今已有88年的历史。校园面积30 390平方米，共有59个班级，学生1 100人。学校的培养目标是让每一个孩子健康快乐、多元发展、独立思考。学校文化有12大特色，即竭力打造生态校园、多元校园、艺文校园、人文校园、美学校园、活力校园、安全校园、书香校园、健康校园、爱心校园、环保校园。在校园一处的游乐场，还有一部分专为特殊儿童设计的游乐设施，专为关注弱势儿童，是为让每一个特殊儿童和普通孩子一样，快乐、健康地成长而设置的。

（3）美丽的东海大学附属小学，成立于1956年，学校从幼儿园、小学、中学到高中有3 000多学生，是一所私立学校。东大附小是以英语为教学特色的学校，该校一是实施小班教学，每班只有15~18人，上课时常采用分组教学。二是英语师资雄厚，全校英语教师有29位，其中外籍教师18位。教师们一天时间都在教室里度过（在教室里办公、上课），实施包班教学，这样更能全方位地关注学生。三是各种特色课程及活动相当丰富，如每天开展英语课间展示活动、每周开展英语表演活动，每学期开展演说周活动、诗歌朗诵、在歌剧院举行歌剧及各种节日音乐会活动、举行各类学生学艺竞赛……异彩纷呈的特色活动培养了学生杰出的英语及艺术技能，他们自信奔放，勇于展示。

（4）台湾台中市北区太平小学。这是一所有着80多年创办历史的小学，学校有400名学生，占地面积25 000平方米。在这里，我们观看了孩子们精彩的泰鼓表演，聆听了于益新校长介绍学校概况、特色课程的讲座活动。听了一节有趣的闽南语课。课堂上，学员们和孩子们一起领略闽南语言的特色，尽管语言不通，但能看出来活泼生动的闽南语课很受孩子们欢迎。通过这节课，大家感受到太平小学对传承传统文化的重视。在参观校园时，学员们被学校的"五星级"厕所牢牢吸引住了，每个年级的厕所不仅美观、洁净，还都精心设计了主题文化，分别有：本土风、阅读风、运动风、国际风等。于校长告诉我们，孩子们喜欢这样时尚、漂亮、特别的厕所，所以每一个孩子都爱上厕所。大家忍不住为太平小学这样富有特色的厕所文化点赞。

（5）台湾高雄市盐埕区光荣小学。该校坐落在爱河旁边，学校没有围墙，与社区融为一体。学校的新校舍 2005 年落成，校舍利用旧校留下的铁杉、枕木等素材，融合盐埕区历史人文，以及水岸花香的生态意象，以水、光、绿为建筑特色，打造出美丽的校园。新的教学楼走廊、楼梯的每一面墙或阶梯上都充满文化元素，或是是盐埕八景，或是宣传口号等。教学楼走廊有一间课室那么宽，营造宽阔、和谐、开放的环境，学校希望让孩子们在这样的学习环境中变得心胸宽广、变得善良。

盐埕区为对应"少子化"的现实，打破学区概念，建立爱河学园，希望利用现有的公立教育资源，重整区域学校，优势互补、资源共享、合作发展。爱河学园由光荣小学、忠孝小学、盐埕小学、盐埕初中组成，各校进行资源共享，同时各自发展自己的优势进行互补。该校有四大特色，一是跳鼓阵；二是国际教育；三是海洋艺术；四是桥牌教育。感受最深的是他们的海洋教育。学校善于利用周围环境，因为临近爱河之便，光荣小学成立了全台湾唯一的帆船体育班，积极开展海洋教育，这套让学生们知海、亲海、爱海的特殊课程更曾获得台湾教学卓越银奖。学生在课程中除了掌握驾驶帆船的技巧，还锻炼出面对困难能勇往直前的勇气。学校海洋课程的设置，课程都设有教育目标、实施方案等，每一个地方都想得很周全。通过课程的落实，使学生知海、爱海、亲海、用海，在学好本领的同时还会懂得保护环境。

（6）台湾屏东大学。学校的特殊教育中心，是辅导特殊孩子的功能室。我最为感兴趣的是这里的台湾地区首座"学习辅助犬训练教室"。他们的理念是"用生命影响生命"，通过辅助犬协助特殊需求的学生有自信、有动机地学习。训练一些狗狗听孩子朗读，陪伴孩子阅读。部分社区的孩子如果安排不到医生，可以到这里接受辅助治疗。我佩服台湾人民的智慧，因为他们很善于利用资源（大自然、动物），创办出学校的特色，这些都是值得我们学习的。

（7）台湾宜兰县礁溪小学，该校有 100 多年历史，目前有学生 664 人，有 28 个普通班，有幼儿班、特教班等 5 个。学校成立了爱心志工团队，包括交通志工、图书志工、健康中心志工、班级志工、故事志工等。学校重视地方文化教育，积极开展多元社团活动。学校突出的特色是排球运动，已坚持开展了 70 多年，学校成立了排球班（相关部门允许每个学校有一到两个特色班），几乎每天不间断地进行排球训练。学校排球队曾取得全台湾冠军的好成绩。特色班选拔学生可进行考试选拔。学校利用当地是温泉乡的资源，以"温泉礁溪情，活力国际观"为主题，实施特色课程，开展了系列教育教学活动，如祖父母节体验活动、语文乐学活动等。

二、台湾教育的先进经验和特色做法，值得借鉴

1. 先进的办学理念引领学校发展

对任何一所学校来说，学校愿景、办学理念的重要性恐怕远远超过师资、生源、组织机构等诸要素。在台湾，我们每到一所学校，校长们都会热情而自信地描述他们学校的发展愿景，几乎每所学校都注重实效的全人教育。所谓"全人教育"，就如同我们大陆学校提倡实施的素质教育。台湾学校的"全人教育"不仅体现在他们的办学理念和教育发展规划上，而且落实在学校每一个年级的教育过程和教学实践中，真正一切以学生为中心。校园建设精致、开放、人性化，提前想到并精致地做好每一个细节，处处为学生着想，处处

体现人文关怀，充分为学生全面发展考虑。

2. 高素质的教师队伍是优质教育的前提

我们参访的几所学校，给我们印象最深的是教师的专业素质非常高，且有很强的职业责任感和幸福感，许多公办中小学的教师中有相当比例的硕士、博士。台湾的教师研习进修培训一般有三种形式：一是学校培训，类似我们的校本培训；二是参加教师研习中心的培训；三是参加网络培训，教师通过网上学习平台参加培训。台湾对教师的继续教育有严格的规定和考核，促使教师积极参加研修，适应新课程改革的要求。

3. 开发多元课程，培养学生服务进取的意识和能力

台湾目前正在践行多元智能理论，各校争相开发多元课程，着力培养学生各方面的能力。台湾的中小学积极推动"独立研究"课程的开设，在各年级各领域中融入多元智慧教与学。台湾地区的学校，都十分重视学生的社团活动，提倡多元课程与丰富多彩的社团活动相结合。

4. 特殊教育进入了主流（普通）中小学

台北市大安小学的"特教资源班"给我们留下很深的印象。他们把几种特殊情况的学生组合在一个小班中进行针对性辅导教育。台湾对特殊教育有较明确的政策及持较积极的态度，鼓励在主流学校开办特教资源班，提供足够的教师资源，并要求主流学校对有学习障碍的学生予以较宽松的入学要求，比普通学生的要求降低25%左右。另外，在校园安装全世界最先进的游乐设施，关注弱势儿童，尽最大努力使每一个特殊儿童和普通孩子一样，快乐、健康地成长。

5. 家校合筑"彩虹桥"

在台湾地区家委会、教师会、校长会形成的三足鼎立的社团对基础教育的发展产生了重要影响。家委会量力为学校排忧解难，如学校办一些兴趣班、社团等所必要的开支，家委会成员都愿意站出来协调解决。家委们承担了很大分量的教育任务，反过来也赋予了很大的权利。如台湾中小学举办大型活动，主席台上如果有三个人，其中一个肯定就是家委会会长，另外两个则是校长和教师会会长。家长、校长、教师三种角色各自行使职责，又互相督促，收到很好的效果。

"全人关怀"在细节中闪光
——赴台湾研修之旅手记

吴川市梅菉中心小学 李上青

一、初见

带着几分激动，几分向往，几分期许；怀着一个教育工作者对台湾教育文化探寻的求学之心；揣着对祖国宝岛同胞的无限友好之意；追随着广东省"百千万人才培养工程"名师出访团的脚步，我开始了此次台湾交流求学之旅……

二、台北，美在转角处

站在台北首都饭店松山馆的阳台上眺望台北日夜景。世界最高的绿色建筑物，世界第五高楼，有着台湾地标之称的台北101大厦像一支节节高的竹子傲然挺立在台北建筑群中央，是那样超凡出众、夺目耀眼。

走在台北街头，最大的感受就是十字路口多，转角多，每条街道并不宽，可每每转过一个十字街头，豁然间又是另一番风景：古典与现代，传统与西洋，总会在转角不远处等着你。

台北，浓缩了中国近现代130多年的历史积淀，而这厚重的文化与历史已深深地刻印在台北的大街小巷，刻印在寻常人家，甚至刻印在每一个台北人的生活中。无论在哪种场合偶遇台北人，他们总是那样谦逊有礼、温文儒雅、轻言细语。若向台北人问路他们会热情周到得让你感动不已。

这是一座有温度的美丽城市，美在生活中，美在拐角处，美在人心中。

三、台北大学，与感动邂逅

再美的花，都不可能因为其美丽而得到光明的特宠。零落成泥是它们千万年来无法逃脱的宿命。同样，再美的学校都不可能因为其美丽的外观而长盛不衰。若要长远发展，更需要骨子里透出的精神内涵。

在昌博士的亲自带领下，我们来到了台北大学。台北大学是台湾法商教育的佼佼者，创校已逾半世纪，新旧传承，源远流长。校门建筑如一只振翅的鸢鸟，即将翱翔天际。60公顷的校园面积让台北大学多了一份磅礴壮阔之美。蓝蓝苍穹、葱葱树林、青青草地，置身其中，一种自然本真的美迎面扑来。

教育研究院、教育人力发展中心主任洪博士专题讲座中的"全人教育"理念带给我许多的冲击。多元关怀，跨界宏观，以赤子之心诠释教育之爱。强调生命价值，定义自己的神圣。慎终如始，不忘初心。走出专业盲点，看清教育真相……洪博士无论是新观点的提出，还是旧观点的新阐述，都给我启迪和感动。

台北大学，与美丽遇见，与感动邂逅。

四、飞跃千山到华梵

汽车在蜿蜒盘旋的山路上千回百转，飞跃千山，我们终于来到了位于台北东南方石碇乡大仑山顶的华梵大学。与其说这是一所大学，不如说这是一片原始森林，一座天然氧吧，一处世外桃源，一个人间仙境……突然发现，脑海中库存的关于美的词汇太少了。

华梵大学海拔500多米，是台湾地理位置最高的高等学府。五明楼、荟萃楼、明镜楼、世学馆、统理馆、民先馆等建筑物错落在崇山峻岭中，掩映在郁郁葱葱间。心镜湖、精进轩、读书亭、玉桂清泉、大学之道、自然教室等境教设施依山而建、浑然天成，给人"天人合一"的无限和谐感。天为锦帐树为屏，学子在此求学何等幸运，何其幸福！参禅悟道必是自然而然了……

华梵大学的简校长热情、友好地接待了我们。在与简校长的交流中，我们了解了华梵大学的建校发展史。"岭南女画杰"释晓云法师在79岁高龄时凭着对教育的执念和热爱创建了华梵大学。晓云法师诗、书、画均享誉国际，是一位教育家、艺术家、哲学家，也是驰名中外的般若禅行者，她的思想融合了中国儒佛文化的内涵。当我把岭南青年画家——我校才子陈兴强老师的书画作品集赠给华梵大学时，简校长无比高兴，我也十分激动。陈兴细老师和晓云法师同为岭南画派，相信画册会在华梵大学传递我们的乡情和友情。

华梵精研"觉之教育"。觉是重视自我反省，开拓心灵教育的人本教育，以实现人文精神与科学技术的整合，综合儒家传统道德及佛教"自觉觉他"的教育。

"觉之教育"给我的启示：教育的真谛也许在一个"静"字。于师而言，静下心来，潜心研探，方能突破固态，开拓创新；于生而言，静下心来读书是种幸福，懂得读书的宁静才有所获。宁静致远，静能生慧，慧能生智，智能生悟。

飞跃千山，不负此行。

五、东大气质

行走在东海大学校园中，我仿佛穿越回到了电视剧中的20世纪80年代，那种梧桐苍叶、脚踏车铃的理想主义的世外桃源。校舍间间，没有熙熙攘攘；庭院深深，没有车马如龙。凤凰木茂盛，夹杂的石阶，绿草茵茵，还有头顶飞翔、鸣叫的不知名的鸟儿……一切无限美好！"青青翠竹，尽是法身；郁郁黄花，无非般若。"当我被东海大学的这种慢条斯理、气定神闲的气质吸引时，恍若间，在那校舍学堂中、曲径通幽处，似乎看到了那种追求真理和学问，不为外物所扰的心"静"境界。

东海大学附设小学同样拥有东大的气质。校园中孩子们天真烂漫、无拘无束，给人一种返璞归真的原生态感……

教育也许就该顺应天性！回归本真！

六、墨香传情

到达台中市西屯区的百年老校——永安小学，永安小学的陈校长和他的行政团队早已在校门列队等待我们，他们热情友好得令人感动！台湾同胞的谦逊有礼真值得我们学习。

在陈校长的引领下，我们参观了校园，每一幢建筑，每一棵老树，都见证了这所名校的历史。

来到墨香馆，浓厚的书香味扑面而来，墨香逼人。宽敞的墨香馆四面墙上均整齐地悬挂着一幅幅或刚劲有力，或行云流水般的书法作品，陈校长告诉我们，这些都是孩子们的作品。真令人惊叹！究竟是怎样的氛围练就了孩子们的功底？带着我们的追问，林主任和我们分享了永安多年来坚持走书法育人特色之路的历程。从源起开始，到师资培训、教材开发，再到书法主题活动的开展，林主任娓娓道来，他们对中华传统文化传承的用心和执着令人钦佩。

永安小学书法首席教师——台湾大书法家林永仁老师为我们现场挥毫，只见大师凝神静气、一气呵成写下了"天道酬勤""厚德载物"。林大师说：书法老师不能有脾气，孩子们只有在没有外力的冲击下练习书法，才能心平气静、怡情养性。

交流结束时，我把岭南青年书画家——我校陈兴强老师的书画集送给永安小学。而永安小学更别出心裁地给参访团的每一个伙伴各赠送一件印有永安小学标志的文化衫，当然，还有林大师的墨宝。

那浓浓的墨香传递着海峡两岸同胞的友情，更传递着台湾同胞对中华传统文化传承的决心……

七、乡土·书香·修养

一路向南，我们从台北到台中，再从台中辗转到嘉义。气温越来越高，完全没有冬天的感觉。

嘉义是台湾西南部的一个市，也是台湾最具乡土气息的市。因有北回归线经过，还有著名的阿里山，所以知名度一点也不亚于台北，只不过公共交通确实逊色不少。

我们拜访了嘉义县竹崎乡竹崎小学。这是一所没有围墙的乡村老校，一所公园式的学校。校园中亭台楼阁、松木参天、柏树茂盛、繁花似锦、百鸟争鸣……乡村学校如此美，资源如此丰富，让人感叹！

儒雅的翁校长向我们介绍了校园文化特色。竹崎小学的品德教育、多样社团及英语村等都极具亮点，而竹崎小学的开放式图书馆及流动式图书角令我眼前一亮。翁校长说，周末，学校的图书馆会面向全体居民群众全方位开放，无须出入证件，自由进校读书。流动式图书角的书籍居民群众可以随意借阅，只要归还便可；即使不归还，若因喜欢拿走也可以。这信任度和包容度，值得我们学习，但信任和包容背后的根源更值得我们深思。

书籍无处不在，读书毫无压力。书香真的会像空气一样弥漫，读书真的会像呼吸一样自然。回想一路遇见的台湾同胞，都是温文儒雅、谦逊有礼，修养已内化在他们的言谈养止中。这难道不与无处不在的书香味有关吗？

八、乡间学园

在高雄两天，我们参访了高雄市瑞祥小学。感受了四季如夏的"港都"的温暖和繁华。巍巍而立的"85大楼"如摩天巨塔；潺潺流淌的爱河清波荡漾；应有尽有的夜市热闹非凡。高雄不愧是宝岛上的第二大城市、世界十大港口之一。

来去匆匆，无暇细细领略，我们又乘车奔向台东。从高雄到台东，没有高速公路。因面向太平洋，背靠阿里山，故道路崎岖，我们历经3小时的路途颠簸，终于来到了以农业著称的台东，来到了有台东最美小学之称的丰源小学。这是一所乡村小学，全校仅有学生

96人，教师22人，但环境资源的丰富令人称羡。

在蓝天白云下、茵茵绿野间，蓝白相间的地中海风格的新校舍无限唯美的存在于天地间，二层的建筑物却装有电梯。我们正惊叹时，校长说："此设计主要是为特殊孩子及孩子的特殊需要考虑的……"细细参观，不难发现："以人为本"的设计理念已融入丰源小学校舍的每一个细节中。宽敞开放的廊道通风透气；拱门和圆柱的搭配柔和优雅；透光的天井让空间无限明亮……如此细致！这般极致！可见设计者的匠心独运。

细节背后体现的是"全人教育"的理念。一切从孩子的需要出发，从每一个孩子的各方面需要出发，96个乡村孩子在如此自然、温馨、和谐的环境下读书、识字、射箭、摔跤……多美好的画面！

"全人教育"，也许就在细节。

九、三生三好，一路平洋

宜兰佛光大学，位于礁溪林美村山上。巍峨矗立着的佛光大学依山傍水，在校园中，整个兰阳平原与孤悬在太平洋的龟山岛尽收眼底。青葱翠绿的校园，与散落在翠绿中的传统书院风格的建筑相互呼应，景色美不胜收。

在两岸事务处张处长的引领下，我们走进了佛光的大礼堂，聆听了刘校长的"佛光大学的教育创新与改革"专题讲座。

佛光大学，一所以佛教精神兴学，而不言佛教的公众大学，由佛光山星云大师创办。重视三生（生命、生活、生涯）教育，提倡三好（说好话、做好事、存好心）运动。佛光校训：义正道慈！

三生三好，一路平洋……

十、再见

历时半个月，绕宝岛一周。足迹到了台北、嘉义、高雄、台东、宜兰等地。参访了台北、华梵、东海、佛光、台北市立六所大学，也访问了大安、永安、瑞祥、竹崎、东海附属等小学……收获了许多的友谊和感动。

感谢可亲可爱可敬的团长——张院长的带领；感谢亲和力十足的陈教授的陪同；感谢团队中每一个亲爱的伙伴的照顾；感谢台湾教育界德高望重的专家、教授、校长、老师们毫无保留的分享；感谢宝岛中遇到的每一个温文儒雅的台湾同胞的热情友好。

带着对宝岛的爱，对家校的想念，对"全人教育"的思索踏上归程……

全人教育：台湾小学教育的别样风景
——台湾研习的回顾与思考

■ 茂名市光华小学　曾德统

2016年12月，我有幸参加由广东省教育厅组织的广东省中小学新一轮"百千万人才培养工程"第二批小学名师培养对象赴台湾"全人教育策略及实施"研修交流。有相关台湾教育的书籍中指出，"全人教育"是一种整合以往"以社会为本"与"以人为本"的两种教育观点，形成既重视社会价值，又重视人的价值的教育新理念。这是一种理想的教育观念，也是中外教育家的一种理想追求。我想这也类似于我们提出的素质教育、核心素养。

全人教育的提出，最先是在日本。日本教育家小原国芳说："全人教育就是完全人格、和谐人格的教育。它的教育内容应该包括人类文化的全部，而缺乏人类文化的教育则是畸形的教育。"他认为，在现实的教育中，那种为入学考试的教育、死记硬背的教育、填鸭注入的教育、考试作弊的教育、预备学校的教育，补习学校的教育等，都是破坏真正人的教育。

一、全人教育：自发、互助、共好

12月19日，带着期待与新奇，我们踏入台湾的高校台北大学。台湾教育研究院教育人力资源发展中心洪启昌教授的关于"教育理念"与"人文素养"的讲座让我们初步了解了台湾全人教育的理念。洪教授许多观点跟大陆现在提倡的核心素养观点十分吻合，却给人一种更深的思考。我摘录了其中经典的话语，作为学习的收获与感悟：

1. 对当下教育现象的反思

在生活中有一种冷，是爸爸妈妈觉得我们冷；在学习上有一种好，是学校觉得这样对我们更好。

教育不是灌输，而是点燃火苗，传承使命及价值。

最有效的教育方法不是告诉答案，而是提问后，让孩子体验寻找答案的过程。

真理和玫瑰周围都有刺。

每个人身上都有太阳，重点是如何让它发光。

人生不是赢在起跑点，而是赢在转折点，有命到终点。

教育允许孩子失败，但要给他另一个机会。

教育的路，没有数学上的直线AB。

概念性的东西一点也不值得学，要学程序性的知识。

有一天我们被习惯习惯了，我们就被习惯绑架了。

教育的两种状态：创新猎人与完成农夫。

教育贵在养趣，让孩子的太阳正在发热，让马感到口渴。

2. 教育上的核心素养——"自发、互动、共好"

①自发——自主行动。包括身心素质与自我精进，系统思考与解决问题，规划执行与

创新应变。想象力统治整个世界。就像圆圈,既是终点,又是起点。教育在训练大脑思考,训练你的心智。

②互好——沟通互动。包括符号应用与沟通表达,科技资讯与媒体素养,艺术涵养与美感素养。童年是用来探索不是用来苦读的,和孩子一起做教室外的学生。不要老想着走在孩子前面,替他担心,怕他受苦。有一种爱,名字就是残忍。

③共好——社会参与。包括道德实践与人才意识,人际关系与国际合作,多元文化与国际理解。

3. 中小学校长应具有的教育理念

一是培养全员化的孩子:以学生为中心,重视品德教育,增进学习兴趣,促进身心发展,强调快乐学习。

二是提升专业化的教师:教师专业形象建立,创意多元教学形态,专业伦理素养建构,专业学习社群发展。

三是塑造支持化的家长:尊重家长意见,导演理性沟通,强化组织功能,促进亲师合作。

四是实现效率化的行政:实现目标管理模式,营造安全学习环境,建立行政支援教学,办理开创性的活动,营建和谐信赖文化。

五是营造自然化的社区,深耕社区文化,社区移动教室,配合社区活动,促进资源共享。

4. 校长应具备的领导特质

①真诚。真挚的心最能打动对方;真诚的语言是最好的语言;

②宁静。情绪容易模糊问题,情绪一来无法讨论事实;

③同理,用对方立场看问题,不同山头看风景意境不同;

④倾听,眼神注视真心关怀,关心与理解打开内心世界;

⑤尊重,避免先入为主框架,尊重他人的想法与建议;

⑥赞美,遇事少批评避免牢骚,问题变得简单容易解决;

⑦幽默,化解僵局的过人智慧,生命管理变得圆融顺畅;

⑧坚毅,坚持不要轻易放弃,就能带来改变后的感动;

⑨价值,寻找生命核心价值,带来积极光明的力量。

二、全人教育:自觉觉他

台北大仑山上有一所佛教里很有名的森林大学——华梵大学。大学坐落在大山深处。这里重峦叠嶂、幽谷静深,校园美妙无比,亭台楼阁,风景自然而优雅,时而钟声飘过,颇有禅意。在华梵大学可看到远方的台北101大楼冲破大山阻隔,在崇山之巅露出高傲的头。

华梵大学的创办者释晓云法师是一位广东籍的才女,能诗会画,一生热衷于教育事业。她是一位行踪万里的画家,也是一位身心两忘的禅者,79岁高龄创办华梵大学。她用年过古稀的双手,带领一群追随者,创造出独具特色的"觉之教育"。它的教育内涵包括:开拓心灵智慧潜能,即"自觉";利益众生,即"觉他";止于至善,即"觉行圆满"。其宗旨在于善导人心、开拓慧命、悲智双运、自觉觉他。这与现行教育提倡的核心素养教育有着异曲同工之妙。《三山行迹》一书记载了她打拼的艰辛与探索。晓云法师的办学事迹深深震撼了我们,我们为她的办学毅力所折服。这就是全人教育的典行践行者。

学校因地制宜,所有景观依自然环境而建,规划出三友路、大学之道、菩提大道、自然教室、阿育王柱、风空剧场、白鸟步道、自然教室、牧牛地等数十处环境教育场所……一切的一切已经默默地告诉我们创建者——晓云大师的用心良苦。这些会说话的佳境,把静思、大智慧引入教育,与"觉之教育"融为一体,与教育的浮躁、功利形成鲜明的对比。

华梵大学,一所精致的佛教大学,"自觉觉他"的教育理念,像一颗明珠,发出清幽而美丽的光芒,感召和引领我对"全人教育"的无限思考。淡泊名利,远离尘嚣,静下心来,教书育人,成就自我。

三、全人教育:让师生都亮起来

在台湾最美的大学——东海大学旁边,我们参观了东海大学附属学校,这是全台湾唯一一所从幼儿园到高中的私立学校。全校有学生约 3 000 人。班额都在 30 人左右。那天迎接我们的校长钟兴能先生是一位退休返聘的老校长,从言行举止看得出,这是一位很有想法,很有耐心和涵养的校长。钟校长带领我们参观了小学部、幼儿园、中学部。学校确实很美,每一个角落都做得很别致。在小学部,他们小社团的活动展示吸引了大家的目光。学生所作的研究报告图文并茂,富有创意。走出课室,所有的花花草草都是他们上课的素材,校园的每个角落都是开放的课堂。在幼儿园,我看到了小朋友种植的各种植物种子、展示的观察日记等,这种人和自然那么贴近的氛围,格外朴素实在。校舍学堂,曲径通幽,让我体验到了那种追求真理和学问,不为外物所扰的专注宁静的境界。校园中孩子们天真烂漫、无拘无束,给人一种亲切自然之感,而高中部的学生则是个个显得阳光自信。一路走来,我不停地思索,这是一种什么样的教育,让学生如此自信和快乐。

校长把我们领进了会议室,只见每个显眼处都写着一些很有启示性的话语:引用名言的力量;运用视觉提示的力量;每堂课都从积极面开始;保护气氛不受有毒言语污染;师生一同欢笑;说和善肯定的话;激励学生定目标;抓住孩子做对事情的时候;帮助学生发现选择的力量;打造开怀的社群。真是句句经典,富有教育的哲理,体现了教者对教育的用心。

校长从办学理念与发展愿景谈起,指出学校一定要有共同的愿景。学校传承了以往的优良做法,提出了"精致、卓越、温馨、创新"的教育愿景。根据学生特质的转变,学习方式的转变,提出十大科技潮流化,引领教育新形态。包括游戏化、翻转学习、远距教学、心智绘图、社群媒体、数位教科书、GOOGLE一下、扩增教学(AR)、大数据等,提出今日教育的改革路径:填鸭式教育—学习共同体—翻转教室—反翻转教室,既合作又竞争,让师生都亮起来。

谈到个人教育理念,钟校长指出:信念比方法重要。改变就能带来改变。他注重教师的专业发展。在引导与督导方面,对学生既要推,更要拉。让学习成为一种习惯,读书成为一种乐趣,倡导以各种不同的经验来思考这个世界的不同,形成充满活力,与众不同的教学环境。

针对全人教育,"共好"的首义不是竞争,而是学习有同伴,会更有效果。钟校长着重介绍学校从"心、技、体"等方面作努力："心"——品格教育。品格为先，全人教育。他指出，要利用好信仰的力量，注重纪律与国际精神的培养。"技"——情艺活动。开设周三的学艺活动，演讲周、科学周、音乐公演等，激发学生潜能。"体"——体能训练。每周五开展运动日，持之以恒，让体能训练常态化，形成习惯，锻造学生良好体格。

这些现场学习，让我深深认识到，有共同美好愿景和正确信念，对学校教育发展是十分重要的。这也印证了前面洪启昌教授提出的"校长要学会讲故事，构建共同的愿景故事，有故事领导力。"

四、全人教育：构建学校教育的共同体

台中大安区永安小学，是一所有百年建校历史的老校。看得出学校的底蕴比较深厚。我们来到学校时，学校领导早就迎在了校门口。同胞一家亲，现在想起都感动。学校蔡主任领着我们往学校里面走。教室里面的师生正在专心致志地上课。走过教学楼，我们穿过了一片绿荫，展现在我们眼前的是一个200米的环跑运动场。蔡主任把我们带进了教室，学生们正在开展书法的社团活动，三五成群，围着桌子，有的在磨墨，有的在搞试验，看见我们走进来都有礼貌地跟我们点头打招呼。墙上挂着的都是学生的书法作品，我们的同伴都情不自禁地说，这是一所书法特色的学校。

教室后面是一间通往地下的楼梯间，我们往地下室走下去，只见楼梯两旁全部悬挂着学生的书法作品。蔡主任说这些书法作品都是学生历年参加比赛的优秀作品。转过一个转角，展现在眼前的是一幅巨型草书书法，苍劲有力。往右边长长的走廊走过去，旁边是一个图书馆，师生正在里面借阅图书，长长的走廊两旁，清一色地悬挂着学生的书法作品，大家不时驻足欣赏。走到尽头，是一个宽敞的书法主题馆。只见四面墙上都是学生老师的书画作品，中间摆设一个小书架，周围是书写书法的数字平板。主题馆东面，大屏幕上正播放着欢迎标语。学校已经早早为我们备好了茶点。校长陈静姿热情地邀我们入座。学校家委会的秘书也参加了会议。两岸代表互赠礼物后，校长给我们介绍"永安墨耘书法"多年坚持的故事，从1989年来，经过五任校长的传承发扬。"观千剑而识器，操千曲而晓声。"永安小学在书法方面，培育了不少人才，取得了非常卓越的成绩。马英九先生也曾为该校的书法题词。

接着学校的书法教师林文仁主任分享他在教书法方面的体会。他特别强调了团队的重要性，包括家长团队和行政团队。开展书法艺术教育，要钱要人要力，还要有一个行政团队的推动带领，离不开家长团队的财力、物力的支持。永安小学多年的传承，离不开每一届校长对团队建设的重视沉淀。林老师从教学时间的保证，教材的编写，组织训练等方面，给我们娓娓道来关于书法教学方面的故事。接着大家各自也分享了对书法教学方面的体会，课程建设实施的过程。林老师还现场挥毫，展示书法"天道酬勤，厚德载物"。结合我所在学校书法教育的情况，我想，虽然我校的书法教育也是取得了比较好的成绩，在当地也有一定的影响力，但对比永安小学分享的经验，除了要有阵地、有教师、有平台、有恒心、有教材外，我觉得还要"有团队"，构建学校教育的共同体，才能让教育走得更远。

五、全人教育：贵在传承创新

嘉义竹崎乡竹崎小学，依山而建，校道两旁古木参天。大家都赞叹生态保护得好。校

长翁俊忠顺手指着校道旁边的一棵大树说，这就是印度的紫檀树，价值300多万元台币。我们都惊叹不已。

走进学校里面，可看得出学校有一段历史了。教学楼门窗都显得比较旧但不破烂，非常整洁有序。主任把我们领进了一个图书阅览室。我们的汇报交流就在阅览室里面的小舞台开展。阅览室的图书很丰富，书香挺浓。原来这是一所农村学校，现有学生526人，教职工70多人。这也是台湾地区乡村学校最大的一所了。由于时代发展，乡村学校的学生人数已大为萎缩，不少学校已经只有几十人。竹崎小学现在办得有声有色。校长带领他的团队，创意规划，推动校务工作，积极开发应用学校内外人力资源，从阅读教学抓起，注重课程的扎实落实，创设了音乐节等很多让学生有机会展示的平台和英语村等学习基地。学校招收志工，配合学校做好学生的教育工作。给我印象最深的有三方面：

一是阅读教学。一间乡村小学的阅读教学开展得如此之好，十分难得。竹崎小学校长带领广大教职工，整合社会资源，通过自筹等方式，每年都投入相当的经费购买图书，更新图书。志工和教师一起，进行图书的管理工作。最令我佩服的是阅览室周六日还向社会开放，并且只有周六日，阅览室才开放冷气。校园里面还有开放的流动书吧，学生可以随时阅读。我们同行也分享了自己关于阅读教学的做法，包括跟书店合作，让图书流动起来，有目的有系列地向各年级推荐一些图书，还通过亲子阅读、读书会家长进课堂等成功的做法，提出了"阅读要像呼吸一样自由"的观点。

二是社团活动。乡村小学的社团活动也可以抓得很好。这里的社团活动分收费和免费两大类。学校根据学生的实际，开设了十多个适合学生的社团，有管乐、田径、舞蹈、音乐等。每年还举行音乐会，让全村的村民参与。由于专业发展的需要，也外聘一些教练。这些都是要进行收费的班，跟大陆差不多。

三是课程教学。校长很注重提供成功的学习经验，建立正确的价值观的教学理念，他提出了"正向思考"和"未来想象"两大块的课程教学理念，注重学生的批判思考力、想象力培养，重视基础以及创造力的培养。我们走进了课室，这里的学制跟大陆一样，但发现这里的学生，课程学习的内容比大陆更全，难度更大。

我思考，这所小学全人教育的践行，归功于作为教育者有自己的想法。在现实社会中，找准角度，整合资源，其实也可办出满意的教育。

六、全人教育感悟：追寻教育归真自然

在屏东向东穿过台湾最南部，再穿过山岭来到了台湾的东边。太平洋边上的海风明显大了许多，海浪翻腾，但气温还合适。沿着海边公路，汽车向北一路驶去。海边的路还在施工当中，工人们把粗大的铸钢桩打下去挡土，再填土。海边放了许多水泥捣制的十字桩，用来挡土和挡海浪，保护路基。人类的智慧是无穷的。工人在峭壁上架起了长龙，修建起现代化的公路。虽有点晕车，但我还是被海边的壮阔美丽和公路的险峻迂回深深吸引，不时也有人拿起相机对着窗外拍摄留念。山路弯弯曲曲，时起时伏，我看到台湾另一番美丽的大自然景观。

我们访问的是台东市丰源小学。学校建于1963年，校园很精巧别致。由于近海，楼房不高，只有两层。校园跟其他学校不大一样，绿绿的草地，楼房是拱门、圆形、尖顶，配上色彩，很有欧式的风格，给人耳目一新的感觉。学校现有教职工22人，学生96人

（含幼儿园），教师的学历都很高，研究生占60%。校长吴秀金女士50岁左右，很平和健谈。她先给我们介绍了丰源小学的概况，然后带领我们去到校园、班级去参观。

学校建筑规划的理念，坚持"以人为主"及"教育永续发展"的原则，让师生生活在美的环境，进而养成美的内涵。学校秉持的经营理念包括：真实地帮助每一位孩子向上提升，老师与孩子一起，今天比昨天更好；以"快乐、学习、感恩"为学校愿景，让学生具备基本的学习能力，成就个人幸福感；让每一个学生都感受到"被珍视与期许"。看得出校长对教育本质的领悟是非常深刻的，她追求教育的归真自然，淡化了教育的功利。

我们轻轻地从每一班走过，老师都在专心地上课。有的在诵读文章，有的唱歌。英语老师正在带领学生表演情景剧。由于小班化，英语老师实行走教，两校共用一位英语老师。周一、周四在一所学校任课，周二、周三在另一所学校任课。学生周一到周五每天上午都安排有课程，每周有三个下午班级的课程表是空着的，让学生自选课程。这些课程大部分是由家长付费请教师的，这也让我对台湾小学的印象渐渐清晰起来：多元的教育，自然的教育，追求归真，除去了浮躁。

这次台湾研修学习的15天，在我的记忆中留下了难以磨灭的烙印。台湾以人为本的全人教育理念彰显出教育本质，在养成学生的行为习惯、道德操守，表现出较好的传统文化积淀与现代人文素养。在台湾参访学校期间，我们没有看到学生任何的追逐、打闹、谩骂或大呼小叫之态，在公众场合大家都自觉保持安静，待人接物非常注重礼仪、风度、文明，真正呈君子淑女之相，学生的养成教育深入人心，成果显著。在这里，我体验到了完全不曾体验过的人生经历；在这里，我接触到了宝岛亲爱的同胞，感受到教师们的兢兢业业；在这里，社团活动是学校的家珍，它开启了学校另一片多彩的天空；在这里，我也感悟到志工家委会对学校教育的全力支持，到处都可以看到他们为学校教育服务的影子。

全人教育，台湾小学教育别样的风景！

赴台湾参访学习心得体会

■ 茂名市祥和中学（小学部） 周彩霞

2017年12月26日至2018年1月8日，广东省新一轮"百千万人才培养工程"第二批小学名师培养对象一行23人远赴台湾进行了为期15天的环岛考察学习。我们先后到达了台北市、台中市、高雄市、台东市、花莲市等地的基础教育学校及高等教育院校，实地深入了解台湾教育理念、教育现状、课程建设，感知台湾风土人情、社会生活等。有幸成为本次活动的成员之一，我感触良多、受益匪浅。

一、以人为本 优质教育

台湾教育以人文本，强调精致教育、优质教育、全人教育。全人教育、生命教育、终生教育构成教育的主轴。以精致教育为核心，潜在课程为半径，画出人性化的教育同心圆，并以优质教育（学生本质）、卓越教育（目标管理）、精致教育（绩效过程）、创新教育（求新、求变、求行）、专业教育（行政与教学）为精致教育政策的发展取向。每个学校都在追求着优质教育，把每一位孩子都带上来，尊重每一位孩子的独特性，相信每位孩子的可塑性，挖掘每位孩子的无限性。教育者处处创造机会给学生。以抓根固本、文化创意、人文关怀、国际视野为四大主轴，培养人才、人格、人文兼具的时代人才，即世界人才。为确保每一名学生能充分得到发展，台湾规定，班额不能大于29人，即使超过1人即30人也要分成两个班，按每班1.7人配备专任教师，行政、教辅、职员等另行配备。教师队伍素质较高。教师群体整体素养较好，学历层次较高，学校团队不断地学习和持续的专业进步。每周有一天下午停课培训，每周有一次学科教学研讨活动，教师每年必须参加70学时的培训，而教育主管部门规定的每个教师最低进修时数为18小时。许多教师利用休息时间参加各类大学的培训和进修活动，低学历的教师读硕士、博士成为风气。

二、多元办学 各具特色

台湾有公立学校，也有私立学校，还有佛教办学等。各个学校都努力创建自己的特色。如高雄市光荣小学，"以帆船为约，走特色之路"已成为学校倾心打造的学校特色品牌文化，并日益成为学校持续发展的内驱力。学校善于利用周围环境，因为临近爱河之便，光荣小学成立了全台湾唯一的帆船体育班，积极开展海洋教育，这套让学生们知海、亲海、爱海的特殊课程更曾获得台湾地区教育主管部门教学卓越银奖。学生在课程中除了掌握驾驶帆船的技巧，还锻炼出面对困难能勇往直前的勇气。该校李校长还给我们阐述了海洋课程的设置，课程都设有教育目标、实施方案等，每一个地方都想得很周全。通过课程的落实，使学生知海、爱海、亲海、用海，在学好本领的同时还会懂得保护环境。再如，台湾南部屏东大学以特教师资培养为本，教师学术专长多元、专业创新与拓展，积蓄国际移动能量、丰富的课外活动是屏东大学特教系所的特色。最让我们印象深刻的是屏东大学特殊教育系所设的"学习辅助犬"专业训练教室，由特教系学生成为领犬员，专对小狗狗进行训练。接受过训练的狗狗懂英文和中文双语指令，乖乖地趴在毯子上，静静地分享小朋友的阅读，阅读完毕小朋友可以喂狗狗吃零食、拥抱、拍抚或玩游戏等。特教系还有专门教室，免费为附近社区有困难的孩子服务，真是超有爱。

三、文化熏陶　环境育人

台湾社会比较注重弘扬中华传统文化，教育领域更为突出。从学校环境文化的建设可以领略到：学校大门口就挂着"礼义廉耻""至诚为善"等宣传画匾，许多学校还建有"文学步道"，镌刻着古代诗词和师生的创作，各校诗词吟唱的风气兴盛。各个学校还打造各式国学情境教室，如文史馆、翰苑、阑亭雅集、国学讲坛……学生们常常到那儿学习中文，学习传统文化，接受传统文化的熏陶。此外，环境育人在台湾基础教育至高等教育整个教育体系里都表现得淋漓尽致。如华梵大学，每一处建筑、景致的布局设计，晓云大师都别具匠心。五明楼、荟萃楼、明镜楼、世学馆、统理馆、民先馆等建筑物错落在崇山峻岭中，掩映在郁郁葱葱间；心镜湖、精进轩、读书亭、三友路、梅园、竹林、松岗等境教设施依山而建。天为锦帐树为屏，学子在此求学幸甚至哉！

四、家校合一　共同教育

家长参与学校重大活动、关心资助学校发展。所有学校都成立家委会，有的甚至常驻学校内的办公室、活动室。其历任会长写入学校史册，家委会还协助校务推展、公益团体认养（资助贫困学生）与资助办学，是一种亲师合作。如：家长对学校有什么意见，找家委会；学生社团要资金，找家委会。家委会参与学校这么多事务，却是分文不取，完全是为学生服务，为学校服务。因为他们明白：一切为了孩子。家委会的成员共同参与制定家委会章程、家委会体系表、家委会基金表、家委会会务法令规定、组织职责、工作小组与任务、学校事务的原则等，在教育问题的探讨上，家委会成员表现了非常高的素质。

台湾之行，通过两岸的教育参访交流，大家深切感受到海峡两岸同根、同源、同文化，两岸教育在很多方面具有共性，而台湾教育发展的眼光、国际的视野更是值得我们借鉴与学习。多少感慨，多少期待，台湾与大陆本是同根同宗，希望早日实现统一，希望我们中华民族的教育事业不断跨上新台阶。

彰显办学特色　传承中华文化
——赴台湾研修学习总结

■ 茂名市愉园小学　李思娜

台湾是我国美丽的宝岛，2017年12月25日—2018年1月8日期间，我有幸参加广东省"百千万人才培养工程"小学名师培养对象赴台湾的研修学习。此次赴台湾学习机会难得，我心潮澎湃，那喜悦无以掩盖。我十分珍惜此次交流的机遇，致力不断提高自身的科研能力。考察期间，我们聆听了当地专家、教授具有前沿教育理念的学术报告，参访了台北市标杆学校，并到小学进行全天的跟岗学习。15天的学习，让我亲身感受了台湾的先进教育，开拓了教育视野，感触很深，收获颇多，汇报如下：

一、彰显学校办学特色，践行多元智能理论

本次考察，我们参访了3所台北市的标杆学校，参访的标杆学校都秉承"一校一特色，一生一特长"的办学理念，践行多元智能理论，开发多元课程，在各年级各领域中融入多元智慧教与学，着力培养学生各方面的能力。我们每到一所学校，校长们都会热情而自信地描述他们学校的发展愿景。

（一）"一生一特长"，处处见文化

我印象尤其深刻的是台中市北区太平小学，这是一所有着80多年创办历史的小学，学校有400名学生，占地面积25 000平方米。我们来到学校门口就看见早在等候迎接我们的学校领导和老师。我们两岸同仁握手问好后，走进学校教学楼一楼中厅，学校泰鼓舞队的学生列队表演泰鼓舞欢迎我们，使我们这些本来就是同根同源的到访者马上感到如家的温暖。

在校长和领导的带领下，我们来到会议厅，校长为我们作特色课程的讲座和学校介绍。台中市北区太平小学以学生学习为中心，坚持"一生一特长"的办学理念，从小培养学生专长和生活技能。例如，评价学生读书的阅读，评价学生活动的实践积累方面。阅读方面，传统性的规划是从1～6年级打造精致阅读，出发点是让学生学阅读、爱阅读、用阅读。学校将全人教育的多元课程扎根学生语文实力，重视推理思维的数理学习，系统架构英语听说读写能力，发展本校国际教育课程，针对每位学生的特质，让每一个孩子都能找到自己成长的平台。

"处处见文化"是台中市北区太平小学又一特色。学校打造的"五星级"文化厕所吸引了我们。在学校的形象代表学生的带领下，我们参观了厕所。在厕所前的墙壁上有宣传栏，写着"爱上厕所"。每个年级的厕所不仅美观、洁净，还都精心设计了主题文化，分别有：本土风、阅读风、运动风、国际风等。于校长告诉我们，孩子们喜欢这样时尚、漂亮、特别的厕所，所以每一个孩子都爱上厕所。大家忍不住为太平小学这样富有特色的厕所文化点赞。更为学校注重环境育人的做法赞叹。学校真正一切以学生为中心，校园建设精致、开放、人性化，提前想到并精致地做好每一个细节，处处为学生着想，处处体现人

文关怀，充分为学生全面发展考虑，整个校园营造的是"处处都是学习的空间，时时都是学习的时间"的氛围。

（二）闽南语进课堂，传承中华文化

参观完校园，我们走进课堂，听了一节有趣的闽南语课。课堂上，我们领略了闽南语言的特色，尽管语言不通，但能看出来活泼生动的闽南语课很受孩子们欢迎。通过这节课，大家感受到太平小学注重陶冶学生爱国、爱乡、爱家的情操和对传承传统文化的重视。

（三）课程落实教育，学校彰显内涵

2018年1月2日，我们来到了高雄市盐埕区光荣小学。学校没有围墙，与社区融为一体，令人感到非常和谐。我们一走进校门，一群身穿靓丽的传统服饰的学生已经在迎候大家。他们为我们表演了富有特色的跳鼓阵，手执画龙绣凤的娘伞，锤击着圆红的大鼓，或跑，或跳，或蹲，劲中有美，美中有韵。

学校教学楼走廊、楼梯的每一面墙或阶梯上都充满文化元素，或是盐埕八景，或是宣传口号等。教学楼走廊有一间课室那么宽，营造宽阔、和谐、开放的环境，学校希望让孩子们在这样的学习环境中变得心胸宽广、变得善良。

高雄市盐埕区光荣小学有四大特色，一是跳鼓阵；二是国际教育；三是海洋艺术；四是桥牌教育。令学员感受最深的是光荣小学的海洋教育。学校利用临近爱河之便，成立了全台湾唯一的帆船体育班，积极开展海洋教育，这套让学生们知海、亲海、爱海的特殊课程更曾获得台湾地区教学卓越银奖。学生在课程中除了掌握驾驶帆船的技巧，还锻炼出面对困难能勇往直前的勇气。

特色不是办活动，而是通过课程去落实教育，这样学校才有内涵。

二、传承文明，凸现人文

台湾教育非常注重传统文化的传承，教师都有良好的人文修养，课程中传统文化的成分较大，每个中华民族的传统节日学校都要举行盛大的庆祝活动，据说有的高中至今还举行仿古成年礼，受礼的学生代表穿着古装，仪典庄严隆重。台湾的基础教育注重弘扬中华传统，强化行为熏陶，在理念上更注重古今中外结合，兼容东西方文明。"传承文明，凸现人文"，民族文化的弘扬渗透于台湾社会的每个细胞中。"至诚""至真""至善"等大街小巷路名的诉说，万世师表"孔子"塑像在许多学校和寺庙的静静伫立，《论语》在博物馆、文化馆等地的启迪无不彰显着中华优质传统文化的渗透，陪同的学校领导、师生彬彬有礼，校园各角落洁净清新，无不流淌着人文的血液。而走访的几所学校中，传统文化积淀和现代人文素养的彰显比比皆是。浸润在这种凸现人文情怀传统文化中的台湾教育，自然处处都展现着"以人为本，弘扬传统"的印痕。

台湾的基础教育，一直遵循"有教无类"的古训，普及率相当高。学校以培养"德、智、体、群、美"均衡发展之健全民众为宗旨。6～12岁为基本教育（六年小学），免费入学，贫苦百姓子女由相关部门供给书籍。13～15岁为三年初中教育，重点培养儿童身心、传播伦理道德及进行生活教育，以造就人格健全之民众为目标。在弘扬传统的同时，学校也很注重吸收和渗透现代教育元素，力求把学生培养成主导信息社会的高素质现代化综合人才。近年来，台湾基础教育为适应新世纪的挑战，围绕如何提升教育品质，落实开放教育的观念，通过更新课程，统整五育均衡，构建和创设了全人发展与终生学习等目标。"教育松绑""开放教育""人本教育""儿童中心""家长参与""乡土教材"等议题深受学校重视，反映出较好的传统文化积淀和现代人文素养。

三、培养良好德行，弘扬中华礼仪

台湾学校非常重视学生德行教育，并把德行考核成绩作为学生毕业的主要依据，如其《学生成绩考核办法》就从学生文化成绩和德行表现两个方面进行量化评价。不仅如此，还要求把德行教育的时间前移，认为小学教育不只是启蒙教育时期，更是一个人的思想品德和行为习惯养成的关键时期，因此学校非常重视小学生的德行教育，以如何"做人"为起点，围绕礼义、廉耻、诚信等方面进行教辅培养。学校普遍认为：学生的德行优劣不是通过考试成绩来确定的，而是通过养成教育来培养的，是通过学生的言行举止来实现的。因此，学校非常重视学生参加各种社团活动，通过实践来培养学生为人处事的能力、文明诚信的理念、热爱集体、甘于奉献的精神等。同时，把学生参加社团活动的次数、时间、表现作为德行评价的主要依据，而且明确规定德行考核不合格不予毕业。为加强对学生的德行教育，台湾提出了一个共同校训，即"礼、义、廉、耻"。

随着两岸之间越来越多的交流，我衷心期盼中华民族紧密团结，教育事业繁荣发展。

不忘初心砥砺前行
——赴台湾交流研修学习总结

■ 肇庆市第十五小学 陆梅红

2017年12月至2018年1月期间，我参加了由广东省教育厅组织的2017年广东省第二批小学名师培养对象赴台湾交流研修培训班的学习活动。在短短的15天里，我们参访学习了台湾师范大学、华梵大学、大安小学、东海大学附设小学、台中太平小学、高雄光荣小学、屏东大学、台东丰源小学、佛光大学、台北市立大学等10所学校。培训的课程重点围绕教育管理理念、人文素养、阅读教育、校本课程、特色课程、教师发展等方面进行。

研修学习时间虽然短暂，但几所学校校长的教育智慧、师生的礼仪学养、温馨的校园环境、浓郁的文化氛围、先进的教学设备，乐于奉献的志工团以及处处充溢着的中华民族文化传统，令我们欣喜和感动。我深刻感受到台湾教育的独特性和多元性，切实感悟了台湾国学教育的特色，我们该如何结合实际，学习台湾教育的优点，又该如何坚持我们的传统优势，值得思考。我主要从以下几个方面汇报个人的感受。

一、风光与人文风情

台湾的自然景观虽说没有大陆的壮观、震撼人心，但不同的地方、不同的景色有不同的感触，抱着欣赏的态度去感受大自然的美丽，一样会心生触动。而且台湾对自然景观的保护做得不错，环保意识也很强，无论是市区还是风景区，地面都很干净。

1. 环保意识强

台湾地区的学生环保意识较强，校园卫生干净整洁。由于大部分台湾技职院校都实行劳作教育，加上学生环保意识强，所以，校园时常保持一个干净整洁的环境。

2. 社会秩序良好

不管是教学楼的电梯旁，或是公交车的站台边，看到的不是拥塞，而是一种自觉排队的社会秩序。

3. 言行文明有礼

学生待人很热情、有礼貌、讲秩序，在学校里，无论是吃饭还是购物，学生堆里、老师圈里，耳边随处都能传来几声"谢谢"。身临其境，很容易就被他们的"谢谢"所感染。这不仅是出于一种礼貌，也是一种素质的体现。

4. 服务业做得好

在我所到的地方，不论是餐饮、服装，还是其他服务行业的店里，让人感受到的是对顾客的尊重和各种人性化的服务。特别是服务生的态度真的让人很开心地消费。在很多细节方面的设置，也体现出了高服务品质与水准。

二、拓宽视野，开阔眼界

（一）"诚、正、勤、朴"良好学风——台湾师范大学

2017年12月26日，我们走进本次赴台培训的第一间学校——台湾师范大学。戴建耘教授为我们作了题为"台湾地区小学教育管理理念与人文及语文素养"的讲座。他首先跟我们分享了爱因斯坦的名言——每个人都是天才。但如果你用爬树能力来断定一条鱼有多少才干，它一生都会相信自己愚蠢不堪。是的，作为老师的我们，必须区别对待每一位孩子，因材施教，才不会让孩子因被贴错标签而过上痛苦不堪的生活。他还提到良师兴邦，主要是建立教师的双核心专业能力——广博的专业能力与国际竞争基础能力。台湾的教育大环境包括以下几点：①权力下放，各地自治教师。②由下而上自主改变教育实验。③体现多元选择，偏乡弱势翻转。戴教授提到，培育未来成熟人才的教育应做到：①有意愿，有动力。重视学生的主体性，使学生能适性发展，悦纳自己，自主学习并发展自信。②有知识，有方法。使学生学习如何与他人、环境、文化产生更多互动，并在生活中实践。③有善念，能活用。促进社会活动的主动参与，实现自然生态的永续发展及彼此更好的共同生活。把这些理念实施到我们的课堂，那孩子们是幸福的。接着我们参观了校史馆，了解到台湾师范大学经历了草创、茁壮、成熟、突破四个阶段。现在学校的校训由第三任校长刘真所订，刘校长希望同学们从内心的修养到生活的实践，都能切切实实做到四个字，以树立良好的学风，进一步达到改造社会的目的。这四个字分别是诚（不虚伪、不欺妄。凡事能做到始终如一，择善固执）、正（不偏私、不枉曲。凡事能做到光明正大，贞固刚毅）、勤（不息惰、不因循。凡事能做到自强不息，锲而不舍）、朴（不奢靡、不浮华。凡事能做到质朴无华）。这是非常实在的校训。

（二）重视德育的觉性教育——华梵大学

华梵大学创办于1990年（华梵工学院），1933年更名华梵人文科技学院，1997年改制为华梵大学，是一所位于台湾新北市石碇区的综合大学，台湾第一所佛教大学。创办人晓云法师早年从事文学美术研究，有岭南女画杰之雅誉。她以79岁的高龄创办华梵大学，终身不建寺庙，不任住持，做教育界的一头耕牛，一直到生命的最后一天。她提倡觉之教育，并以"人文与科技融汇，慈悲与智慧相生"为创校宗旨，"德智能仁"为校训。"觉"是重视自我反省、开拓心灵智慧的人本教育，目的是实现人文精神与科学技术的整合，结合儒家忠恕传统道德及佛家"自觉觉他"的菩萨精神，培养德学相彰，能为时代中流砥柱的栋梁人才的目标。她说：要记得为自己的心灯加油。自己发光，也要叫他人发光。强调环境教育，即"境教"。校园所有的画都是她亲手画的，然后再由工匠画到墙上。宿舍让学生有家的感觉。该校有12个本科专业，硕士点12个，博士点2个。我特别敬佩晓云法师在79岁高龄的时候还如此有魄力去筹建一所大学，她对教育的热爱让我感动。她的办学理念是如此先进，早在30年多前已经提出人文与科技融汇，慈悲与智慧相生。我也希望自己在79岁的时候还能为社会出点力，做点贡献。

（三）创造多元空间——台北市大安小学

台北市大安小学校长黄志成擅长研究建筑空间美学。他认为校园建筑的生命，存在于建筑与人的深层互动。学生创意与空间美学的能力，都不只在课上可以学习，我们创造多元的空间，提供足够的资源，学生自然就会成长。他把空间、美学和教育融为一体。空

间,因美学而创造教育能量;空间,因美学而建筑良善沟通;空间,因美学而激发创意潜能;空间,因美学而活化大脑机能;空间,因美学而刺激对话互动;空间,因美学而产生想象能量;空间,因美学而创造学习力量;空间,因美学而强化生活习惯;空间,因美学而精进情感交流。黄校长把动态的校园环境做到了极致。在参观校园的时候,一进到校门,就看到挑高而宽敞的廊道。沿着廊道走向教学区,左侧青龙般绿意操场,右侧有着原木建筑的贴身护虎,这样的气势,让任何进入校园的每位学生、家长及老师都可感受到这建筑设计傲人、傲气。走进教学廊道,看见教学体验区,再进入书香环绕的中庭,另一端向上阶梯和向下阶梯都是学生体育馆和情景游泳池的通道,让人深深感受到身临校园之中的美妙;另一通道就是学生教学活动场所,是学生的重要学习区。在如此别具一格的学校里学习,学生的综合能力都得到很好的发展。

(四)笃信、求真、力行——信、望、爱——东大附小

东海大学附小主要围绕SMART5个方面进行特色教学。S表示小班教学;M表示多元活动;A表示生活化教材;R表示优质团队;T表示多媒体运用。在多元活动中,教师团队设计多元、多样、生动活泼的教学活动,举办相关英语展演活动,提升学生学习兴趣,达到寓教于乐的目标。他们采用美国教材,提供线上阅读自学功能,由外师编写的教材让课程更加完整。教材内容涵盖当代故事且符合真实生活情景。达成美国小学四年级英语能力指标。通过多媒体辅助教学,可激励学习动机和提升教学品质。

(五)营造一个知性与感性的和谐天地——台中太平小学

台中太平小学让人留下深刻记忆的是厕所文化。四层楼的厕所,以童趣为设计理念,加入阅读、运动、地方特色和国际观的主题,发展当地文化特色,并融入美感教育。学生喜欢一同去上厕所,进入一个富有童趣的空间,让厕所不只是解决学生生理需求,更能让它提升为心灵成长天地。该校运用四个亮点达成同去"童趣"的设计理念。一楼的本土风,将双十流域地图绘制在弧形马赛克砖墙面,让学生了解地方特色文化。二楼是走运动风,蓝色的瓷砖搭配黑色小人,创造出具有运动风的厕所。三楼以阅读风呈现,阅读是学校本位课程,学校的图书馆也在三楼。整层设计营造树屋的感觉,让学生邀游书香天地。四楼是国际风,让学生了解世界各地不同的文化,都能以和平、互爱与尊重的胸怀共存、共荣。下课的时候,还能看到低年级的孩子们拿着扫把扫地、拿着拖把拖地。从小爱劳动的习惯就是这样养成的。反观我们现在的学校,很多劳动是清洁阿姨做的。这样的教育,怎么能培养孩子的良好品质呢?

(六)优势互补、资源共享、合作发展——高雄光荣小学

光荣小学李哲明校长分别给我们讲了两个主题:"游学爱河创梦起航"和"海洋心世界情"。"游学爱河创梦起航"分五个方面来阐述:①爱河学园的故事。爱河学园的新愿景是优势互补,资源共享和合作发展。②转型策略。光荣小学选择帆船作为学校的特色课程。③探究式学习环境规划:运用爱河水域,以独木舟、OP级及激光级帆船,设计运动游憩教育探究式学习课程,探索操帆控舵的技巧,以及独立解决问题的能力。④探究式学习课程规划:自我挑战——独木舟及立式划桨系列课程;帆船教育——水上体育风帆课程;生态实察——环境教育系列课程。⑤知海爱海亲海:由帆船体验鼓励学生探究学习,从孩子的生活出发,走出户外探究海洋生态与环境,提升学生的学习动机与自信,共同点燃学习热情。李校长是一个有理想、有魄力、有毅力的校长。他通过不断沟通,实实在在干事，冲破重重困难，把学校的帆船特色课程成功推动至今。由不被人理解、不接受，到现在的默认与肯定，这中间有道不尽的心酸。但他没有轻言放弃，他是我学习的榜样。

（七）崇尚学术自由，注重人文关怀，丰富艺术涵养，融入科学知能——屏东大学

走进屏东大学，在特殊教育系的走廊上看到了这样一句话：教育不是把桶装满，而是把火点燃。还有一句：尊重差异，尽展潜能。现在越来越多特殊儿童进入正常的教室跟普通孩子一起学习，作为老师，就要有榜样，教会孩子们如何共融。特殊教育系的特色是辅助犬训练课程。设计理念是特教中心协助辅导区内各级学校推展特殊教育，帮助实现教育机会均等。学习辅助犬计划旨在结合学校特殊教育学系和特殊教育中心已有的特殊儿童沟通训练志工服务机制，进一步强化师生具备独立执行、运用学习辅助犬融入沟通训练之专业知能。值得一提的是他们举办的"听你念书的狗狗"活动，在训练有素的学习辅助犬陪伴下，不仅让孩子在没有压力的情况下专心朗读，亦能在实际互动中体会生命教育的意义。特殊儿童有小狗作为朋友，还能陪伴他们阅读，是多么快乐的一件事。这是一个伟大的实践。很多特殊儿童在医院那边排期太久，就转介到这里参加辅助训练，取得很好的效果。特殊儿童很需要我们的关注。希望有更多的系统课程能提供给普通老师，指导老师们正确引导特殊儿童。

（八）全台最美的地中海小学——丰源小学

走进丰源小学校园，犹如置身地中海。该校坐落在台东，是全台湾最美的地中海风小学。校园设计体现蓝与白的浪漫世界。该校校长说当初设计的时候，没说不可以设计成什么样，于是就有了这样的设计。设计理念是以人为主，教育永续发展。全校共有学生102人，教职员工22人，幼儿园为混龄班。学校以乐器为特色，每个孩子至少会一种乐器。低年级学生有三个下午是不用上学的，高年级有一个下午不用上学。孩子们会参加社区的一些课程，或才艺班或补救课程。教育部门的科技化评量数据会单独反馈给学校，看有多少学生达不到平均线，学校会酌情开补救课程。下课的时候，孩子们有的在跳绳，有的在打篮球，有的在快乐地奔跑，也是一道靓丽的风景线。学校的校园设计很重要，会让孩子爱上学，爱学习。

（九）"义、正、道、慈"，以人文社会科学为教育核心——佛光大学

什么是大学？大学所学或许未必务实，但却是理解世界的第一扇门，让人可以站在前人的肩膀上，稳健地迈向下一阶段的人生。梁馆长解答三生教育概念：生命、生活、生涯，期盼打造全人教育、温馨校园、终身学习的典范大学。这使我联想到自己的教学理念。我要给学生树立终身学习的典范，也要通过我的课堂让孩子们珍惜生命，热爱生活，过好每一天。

三、提高认识，完善自身

通过十几天的学习考察，我领略了台湾多所学校的文化底蕴，感受到了名师的智慧和风采。各位校长、老师学贯中西、博古通今、知识渊博、理念精深，在各自的研究领域都有独到的分析和精辟的见解，他们精彩的哲理性讲解不时闪烁出智慧的火花，使我的思维理念不断地受到新的冲击，从而净化了我的心灵，拓宽了我的视野，开阔了我的眼界。正所谓：聆听的是智者的声音，感悟的是知识的力量，学到的是管理的精华。学与用的结合，今天的教育和未来发展的结合，在台湾教育界达成共识。学校的生命力在哪里？台湾学校的建设告诉了我们：多元化、特色。唯有多元化的学校，才能造就多元化的学生。台湾的每一所学校都有自己鲜明的办学特色，给我们留下深刻的印象。显然，我们学校的基础教育缺的正是特色。

"岁月长，衣裳薄。"岁月悠悠，我们也许会被时间的利刃消磨得失去锋芒，有些迷失有些慌张，缺乏可以慰藉、温暖自己的东西。这时突然忆起年少时的那条绿茵路，伴着阳光与鸟鸣，开启了一天的学习时光。说到这段时光，我们的前半生的1/4，都交给了学校，交给了老师，老师的一言一行，会潜移默化地影响我们的行为举止，老师的一字一句，不仅仅是教授了我们课木上的知识，也会影响我们的学习情绪。看似平常简单的小细节，都将影响一个学生对学习的态度。所以身为一名教师，应该"学为人师，行为世范"，用"四有"精神作为标杆，不忘初心，努力争做有理想信念，有道德情操，有扎实学识，有仁爱之心的好老师。让学生因师生情的温暖感到幸福，做因付出收获回报而感到幸福的老师。初心是一把尺子，能辨别真伪，能衡量是非。当教师的初心，是教书育人的初心。

在学习中提高，在实践中成长，这是我本次学习考察的重要感悟之一。通过学习，不仅能逐步地提高和完善自己，而且还能促进反思。通过这次学习，我深刻地感觉到陶行知先生"捧着一颗心来，不带半根草去"的真谛。一是要进一步提高理论修养，做一个思想者。二是要进一步加强调研，做一个实践者。

以生为本，促进学生多元成长

——赴台湾学习考察报告

■ 博罗县教育局中小学教育教学研究室　邹小婷

2016年12月17日—31日，应东莞台商子弟学校财团法人东莞台商育苗教育基金会的邀请，我们广东省中小学新一轮"百千万人才培养工程"第二批小学名师培养对象一行20人在广东省外语艺术职业学院张燕教授、陈子杏教授的带领下，踏上了宝岛台湾教育研习之路。此行受到了东莞台商育苗教育基金会的热烈欢迎，彰显了两岸人民友好交往的深情厚谊。我们先后参观了台北市立学校、华梵大学、佛光大学、台北大学，参访了台北大安小学、东海大学附属小学、台中永安小学、嘉义嘉北小学、高雄立瑞祥小学、台东县丰源小学等。所到之处受到的热情款待，让我们深切感受到台湾人民的友善、真诚、淳朴、谦逊、精致与儒雅，让人有宾至如归之感。

为期两周的学习考察活动包括：听取学校介绍、参观校园校貌、学术交流、听课等。学校的文化风景、校长的教育智慧、师生的礼仪学养、学校充溢着的中华民族文化传统和对大陆教育同仁的真诚友情，都令我们生出一份欣喜和感动。现总结报告如下：

一、台湾风土人情

1. 现代文明处处彰显

这次赴台湾之行，所到之处，不管是街道还是公园、学校，都干干净净，没有堆放的垃圾，没有违规驾驶的车辆，同时也很少见到交警、城管、保洁员。台湾也有驾驶摩托车的行人，但全部都带着头盔。无论多么热闹的地方也无人大声喧哗，都是轻声细语，彬彬有礼。记得入住的台北饭店处，临街是一些商铺。一次，我们几人买了食物回来在楼下吃，吃完要扔垃圾时才发现附近竟然都没有垃圾桶，但周围都是干干净净的。这时，我们才想起陪同的台商吕博士跟我们讲过，在台湾的街上很少看得到垃圾桶，如果在附近找不到垃圾桶，台湾人都会很自觉地把垃圾带回家。台湾服务业态度极好，讲话不仅普通话标准，而且时时处处使用文明用语。例如：我们所坐的大巴停车后，司机都会第一个下车，并站在车门处，用手挡住后视镜，并说："小心走"，以防我们下车时不小心碰伤。当我们购物付款时，收银员找零钱时一定会双手递上并轻声说"谢谢你了"！一切都让人感到现代文明无处不在。

2. 中华传统文化在台湾枝繁叶茂

在台湾，所接触之人，人人都能流畅地讲普通话，而且温文尔雅，友好、热情，待人接物注重礼仪、风度、文明。我们所到之处，台湾同仁们的接待让我们感到非常亲切和感动。学校的校门口都有醒目的欢迎标语，校园随处可见的楹联、标牌、告示、解说用语，处处都显露出着中华民族传统文化的儒雅之气。很多学校还很贴心地为我们准备了茶点、小吃，招待我们这些远道而来的客人。台中市西屯区永安小学的"墨耘书法主题馆"，传承书法艺术，将中华民族的文化瑰宝——书法，融入学校教育中。总之，台湾给我们最深的感受，不是台湾风景如何迷人，不是台湾城市如何繁华昌盛，不是台湾小吃如何诱人，而是台湾对中华文化传承的重视。

3. 两岸人民血脉相连

台湾自古是祖国不可分割的一部分，两岸人民血脉相同、骨肉相连，文化同源、传统一致。考察期间，我们深切地感受到，两岸合作交流、和平发展是两岸人民的共同期盼。踏上台湾土地，给我们的第一感受是如履故土，毫无陌生感和不安全感。每天晚上我们自行结伴外出，导游告诉我们只要带好酒店名片就好。乘坐的士时，司机一听说我们是祖国大陆来的，都很热情地向我们介绍当地的风土人情，特色小吃，并流露出对祖国大陆的无限向往。

二、台湾教育

1. 普及义务教育

台湾义务教育分小学和中学两个阶段，其中小学是6年，初中3年，构成9年义务教育。台湾的小学和初中读公办学校的实行免费；就读私立学校的学生需交纳学费等。

2. 重视学生品德培养

台湾学校非常重视学生德行教育，并把德行考核成绩作为学生毕业的主要依据。忠孝廉耻是台湾的育人口号，台湾人民讲究礼仪、尊老爱幼、尊师重教，这些都是台湾教育所做的贡献。

3. 推崇"全人教育"

所谓"全人教育"即健全的教育、完整的教育，也就是德智体美群各方面统筹兼顾、均衡发展的教育。台湾学校课程的开设很好地体现了"以学生为中心"的全人教育理念。"一切都是为树人而活动，五育以此作为施教中心。"每间学校都可以自主地选择教材，而学校又将教材选择权下放到年级教师，年级教师集体商定后选定教材的版本。所参访的每一间学校课程开设都很有特色。除开设了有汉语、数学、英语、音乐、美术、体育等与大陆相同的基本课程以外，校本课程可以说是多姿多彩的，他们早上一般是基本课程，大多数的学校周一到周五的下午都不上课，而是组织社团活动。学生根据个人爱好，特长进行选修，学校指派老师进行集体或者个别辅导，使每个学生的特长充分得到培养，同时为这些学生提供展示自己个性和特长的机会。比如我们参访的台东丰源小学，让学生学习射箭、做棉花糖、练习书法……通过校本课程的开设，促进学生多元发展。

4. 重视环境育人

校园设施，以人为本，实现环境育人。比如台东丰源小学地中海风格的教学楼，除了美观，最让人折服的是最大限度地站在"使用者"的观点考虑。担心孩子跑跑跳跳磕碰着，墙边做成圆滑的；只有两层的教学楼却安装了电梯，只是为了腿脚不便的学生上下楼方便。以人为本的教育，还反映在学校对环境保护教育的渗透。"成功的教育应该展现在行动上、落实在行动中"。参观的小学中，有多间学校不时可以见到一些在山上才可以看到的小动物，如松鼠、猴子等，"环境做好了，动物自然就会回来"。台湾的学校很好地诠释了"环境就是课程，让课程建立观念及改变生活习惯，进而让人与环境永续共存"。

5. 重视家长参与学校管理

台湾民众对教育的重视度超乎我们的想象，家委会和志工参与学校的管理和运用。台湾的学校是没有围墙的，学校的运动设施也对周边社区开放。每间学校都成立有家委会，家委会的作用是监督学校、监督老师，协助学校做好学校管理工作。台湾的学校班额都不大，大多数学校的学生总人数都在1 000人以下，而教师每周任课课时都在20节左右，工作任务都比较重。尽管如此，很多学校还是缺少专业老师，学校有些课程还是没法安排。这时，家委会就会请一些家长或是志工去代课。学校里所有的大型活动，都有志工或是家长参与筹划、组织，真正地体现了民众共同办教育。

三、反思与借鉴

台湾和大陆本是同根同源，在教育方面也是大同小异。时代的变迁，使得两岸的教育各自带有了一些地方色彩。台湾教育有许多地方值得我们学习与借鉴。正所谓，经验不可以复制，但可以移植。学习和借鉴需要考虑地域和学校情况，我们虽然不能全盘照搬台湾的教育经验，但我们可以探索适合大陆的教学理念，让我们的孩子也在小学基础教育阶段养成各种良好习惯，学会基本技能，学会生活。

1. 开设地方课程，实现全人教育

在课程设置方面，我们可以学习借鉴台湾特色课程，促进学生全面发展。我国现阶段所实施的新一轮课程改革，就是在借鉴了欧美、澳大利亚以及包括台湾地区在内的亚洲教育发达地区的课程实施的基础上进行的。在台湾，相关部门所主导的核心课程、基于学生兴趣需求和学校教育资源所开发的校本课程和社会实践与综合探究类的活动课程等，构成了学校比较完善的课程体系。

2. 重视德育教育，培养健康人格

在德育教育方面，我们也要和台湾一样，多让青少年学生了解、学习一点人文、传统和儒家学说等，特别要重视"慈父孝子"方面的家庭教育，只有构建了"和谐家庭""和谐校园"才能走向和谐社会，这是历史的必然。

3. 加强家庭、社会、学校三结合

虽说这一提法已多年，但是大陆在这一方面还放得不够开，没有真正发挥好学校以外的教育团体的作用。我们要借鉴台湾的做法，充分借助社区委员会、家委会、校友会的力量，发挥他们的作用，让社会积极参与、配合学校的各项活动，来帮助、支持学校的筹资和发展。文化、体育等部门也可借鉴台湾的做法，所有的公园、博物馆、图书馆、体育馆等场馆全方位向学生免费开放，并为学生的社会实践活动创造各种有利条件。同时，要加强教师队伍的建设，特别是建立规范的教师教育和终身学习体系，完善教师进修的管理网络和激励机制，以适应教育变革和形势发展的需要。

历时两周的参观学习行程安排满满，我也收获满满，这是一场精神上的盛宴，既开阔了视野，又愉悦了心情。"教育是可以经营的，只要找到有价值的教育趋势，找到值得参照交流学习的作为，它就是亮点。而中国的天空本就布满了教育的亮点，已然在海峡两岸交互辉映。"台湾大陆同根同宗，愿海峡两岸人民同发展，共进步。

美美宝岛行 纯纯教育梦
——赴台湾研修报告

■ 梅州市蕉岭县新铺镇中心小学 林淑媛

怀着对祖国宝岛台湾的向往，2017年12月25日至2018年1月8日，本人作为广东省中小学新一轮"百千万人才培养工程"第二批小学名师培养对象有幸赴台湾参加"全人教育策略及实施"的培训。为期15天的考察学习期间，没有应接不暇的各种仪式，没有五光十色的各色演出，只有淡淡的、如玫瑰花儿般的馨香萦绕心头……

一、纯笃的台湾同胞

记得入住的其中一个酒店，每当早上我们出发去学校，总会发现门口有个穿着整齐的"绅士"，他会面对所有离去的车子深鞠一躬，然后再面带微笑地朝车子挥手。在我们入住那几天，他天天如此。这是一个尽心尽责的大堂经理。

每天负责接送我们的大巴司机是一位头发花白、穿着简朴的瘦瘦的大叔。乍一见面，我们还有些担忧：这把年纪来给我们服务，我们要参观的学校多、地域广、时间长，他的身体吃得消不？精力承受得住否？基于此不知服务态度又会如何？可事实证明，他完全胜任，驾车不急不躁、平稳舒适。更让我们感动的是每次换酒店时，都是他钻入车内行李柜将大家的旅行箱一一叠放整齐，到了目的地又将它们一一提出。我们争着帮忙，他也总是拒绝，说："没事儿，我可以的，这是我的工作职责。"没有一丝不快没有一字抱怨。这是多竭诚服务的司机。

我们就餐的酒店或饭店的餐厅，所见的几乎都是五六十岁的阿姨级别的服务员，着装干净，擦着淡淡的口红，热情周到，不卑不亢。最让我们觉着舒服的是他们脸上始终洋溢着的自然而亲切的笑容，还有每上一道菜时耳边总会响起特有的温柔"台湾腔"："不好意思，上菜咯！"

摆放得一丝不苟的生活用品，清洁得一尘不染的地板、桌面，平整得好像被熨过的床单、被子，床头柜上还附有一张有着素雅图案的小卡片，上面写着：很高兴为您服务。右下角是客房服务人员的亲笔签名。这是我们每天学习结束回到住处看到的最美的画面。

责任其实出自人的良知，它体现在日常的点点滴滴。就像上班面对客户微笑，出行不随地丢垃圾，执法能依照心中的公平正义……这些行为看似普通，却都印着"责任"两个大字。责任心从根本上是面向自己的。假如一个人对自己都不负责，怎么可能对别人负责？自我担当是对其他人担当的前提，也是对社会担当的基石。一切的负责，首先源于对自己的人格、尊严和行为负责。

唤醒孩子们对自我的责任意识，从而感知自己存在的重要性，随之激活孩子们对社会的责任心；极大地发掘孩子体内潜能，帮助他们努力实现自身价值与社会价值的统一，充分实现生命的价值，我想这应当成为作为孩子们成长路上的导师的我们的要务。

二、纯雅的台湾风貌

学习之余去周遭走走看看，我发觉不论是大马路上，还是僻静小巷内，一辆又一辆的摩托车、自行车摆放得非常整齐，一律的头朝外（里）尾朝里（外），就连车辆的间距都是相等的，俨然正在接受阅兵。马路上男男女女的摩托车手们，一律佩戴头盔，行驶在自己的车道上。地铁站的升降梯上，人们自觉地靠电梯的右边排列站立，左边的通道都留了出来。偶尔左通道上会有三步并作两步行色匆匆的人经过。原来，大家自觉地将左边留作了应急通道。

"如果说101大楼是台北的地理标志，那其对面的诚品书店则是台北的文化标志。"我们发现，它跟我们印象中的传统书店大相径庭，店内有书香、咖啡香，还有浓浓的生活气息。除了售书，书店里还出售生活精品、食品、时装，并设有主题餐厅、展演厅等。听说诚品书店遍布台湾各主要县市。书，是精神的食粮，心灵的皈依，在这点上足以看出台湾是非常注重精神追求的地方。

为了一尝美食，我们也曾结伴来到台湾的夜市。坦白说，当初我们是犹豫过的：夜市——摩肩接踵的人群沸反盈天，满地吃剩的食物残渣、果皮纸屑，还有一阵又一阵难闻的垃圾恶臭……哪里还有心情享受美食？可事实却大大出乎我们的意料，台湾夜市人头攒动，热闹却不嘈杂。各式小摊数不胜数，但却摆放有序，而且每处摊位前的人们都自觉地排队静候。更让我们惊叹的是在这人潮涌动、前不见头后不见尾的长街的地板上，没有一张纸屑一只纸袋！整条街道干净得仿佛刚清扫过。

让我们倍感温暖的还有当地的无障碍设施、便民举措。街道上随处可见无障碍的专门通道、停放点；商场、超市、学校等地均有无障碍设备。譬如学校，就算只有两个楼层，但是一定根据校园面积、学生情况建有一部或多部电梯，原来，这是专为有需要帮助的学生（人士）准备的，而所有电梯内也一定多出一个适合这些人士高度的无障碍按钮。台湾地区在对特殊儿童进行教育安置时，基本依照就近入学、最少受环境限制、根据需求弹性安置等原则，很多学校都专门设有特殊班级并配备专职教师。这不仅体现了台湾的人文关怀，更体现了台湾在教育方面的公平性和适宜性。

有干爽的梳妆台，台上摆放着插花，梳妆镜擦得锃亮锃亮；地板也是那么干爽、洁净；有些墙上还挂有风格各异的画。间内也是整洁如新，没有一点水渍、没有一张纸屑、没有一丝异味。你猜这是哪儿？卫生间。对，这不是你的错觉，这就是台湾的卫生间，他们俗称"化妆间"，一个名副其实的化妆间。

古语有云：泰山不拒细壤，故能成其高；江河不拒细流，故能成其深。细节是建成雄伟大厦的那一块块砖一片片瓦，细节是汇成汪洋大海的一滴又一滴的小水珠。我们不缺精明能干的管理者，却缺精益求精的执行者；我们不缺各式各类的规章制度，却缺不折不扣的执行力。细节不仅决定成败，细节更彰显品质。如何学会"在细节之处传达生活之美"，这个课题还需要我们一起来努力。

三、纯朴的台湾教育

（一）质朴校园文化

我们所到的大学、小学，校舍都不属于光鲜亮丽气势雄伟的，也没有因为有人参观而四处充斥着琳琅满目的装饰、展板等。好多校舍都因为年代久远略感老旧，但整个校园绝对是安静祥和、一尘不染，置身其中让人觉得特别踏实、安宁。而校园里的人们，不论是职员还是院长、校长，总眼角带笑声音轻柔地述说分享学校愿景；遇到提问时，他们会边侧耳聆听边用心思索，多儒雅谦逊的师者！他们就像冬日里的那抹暖阳，让温暖直达心底。不高高在上，不盛气凌人，不指手画脚，不颐指气使。

孩子们呢？请看：

镜头一：6位小女生身穿样式不一但颜色相同的白条纹上衣、黑短裙，脚踏各式运动鞋，随着动感的歌曲舞动青春的身姿。这，是我们去宜兰县礁溪小学参观时，在校门口迎接我们的舞蹈社团的孩子们。

镜头二：还没进入校门，"咚咚咚，巴拉巴拉，咚……"一阵铿锵有力，让人精神抖擞的鼓声传过来。这是我们参访的台中市北区太平小学的泰鼓队员在迎接我们。孩子们穿着夏季的校服，没有化妆也没有其他漂亮的装饰，有的是认真打鼓的劲儿！

镜头三：我们的车刚到台北市大安区大安小学，一阵悠扬的小（大）提琴旋律飘进耳内。疾走几步，校门口又有几个身穿校服的男孩女孩映入眼帘，他们或坐或站，正全情投入地演绎。

通过几个镜头，可以发现：这些参与表演的孩子们，没有特意化妆，没有艳丽的演出服装，没有缤纷的各种装饰，只有一张张红扑扑的小脸，一个个真诚的眼神。据校长们介绍，这些节目是孩子们听说有宾客来参观，主动请求表演并自发训练的。譬如泰鼓表演的孩子们中，有两三个成员是新加入队伍的，听说要为宾客表演，他们有些退缩，可老师却鼓励他们说"全力以赴，敢于挑战敢于展现自己更重要"。又如跳舞的6个女孩，她们也是主动申请迎宾表演并且自己排练的。孩子们的表演虽然略为青涩，但一举一动都是那么努力那么认真地传达。虽然动作不是特别到位，鼓点不是特别整齐，可他们的用心、真诚，依然让我们感动，更让我们震动的是老师、学校的这种"包容"、这种"胸襟"。

想想现在，不知什么时候起，有两个词也悄悄进入了教育领域："包装"和"炒作"。每当需要"展示教育成就"的时候，比如大型迎检或有重要领导来视察等，有的学校总会提前一两个月或更早做准备：先声夺人的展板，眼花缭乱的橱窗，操场千人的吟诵，流光溢彩的演出……当然，还有被精心"提炼"出来的一套一套的"理念"，这些理念又总是通过整齐而富有修辞美感的语句表达出来。然而，每一拨参观队伍离开后，校园回归往昔，老师、学生平时还是和所有学校一样：上课、备课、作业、考试……毫无"欣赏价值"可言。我们是否要思考那个朴素而深刻的问题：学校的一切是为谁而存在的？

记得李镇西老师曾在他博客上谈到过，2008年秋天他们去参观帕夫雷什中学。按今天的眼光看，苏霍姆林斯基当年在德育、智育、体育、美育、劳动技术教育以及学生个性发展、教师专业成长等方面的探索实践，是多么"极富创意"，又是多么"前卫"。但帕夫雷什中学一直没有络绎不绝的参观者，因为苏霍姆林斯基不但谢绝"宣传"，而且他刻意让学校保持一种世外桃源一般的宁静。在他看来，学校的一切都是为了孩子，而不是别人。

是的，教育不是对"外"的，而是对"内"的——只要教师幸福并且成功教学，只要孩子快乐成长，就足够了。

（二）开展特色课程

学校教育所教的应该是以知识为基础的能力和素养。台湾教育以"全人教育"为目标，各级教育均重视及发展多元智慧与潜能，尊重个别差异，帮助学生了解、发展独特智慧，并能灵活运用其智慧，多元适性发展。着力开展社团活动是他们的主要途径，学校以特色课程和社团为载体，发展学生组织与协调的能力，培养自爱与自信的人才。如高雄市盐埕区光荣小学，一所只有270多个学生的小学校，一所走廊和教室一样宽的学校。校本特色课程有如下几个：一是结合盐埕区地景文化、爱河流域人文历史，踏查访问的"乡土教育"。二是以现有都市森林校园，延伸爱河与中都湿地，探索实察的"生态教育"。三是海洋教育。运用爱河水域，以独木舟、OP级及激光级帆船，设计运动游憩教育探究式学习课程，探索操帆控舵的技巧，以及独立解决问题的能力。由帆船体验鼓励学生探究学习，从孩子的生活出发，走出户外探索海洋生态与环境，提升学生的学习动机与自信，共同点燃学习热情，让学生知海、爱海、亲海。还有宜兰县礁溪小学，重视地方文化教育，并积极融入社区，以"温泉礁溪情，活力国际观"为学校愿景，提倡多元社团活动，激发孩子各种潜能，设有体育社团、国乐团、儿童戏团等。

（三）全民关注、参与教育

让我们感动的还有台湾上下一心关注、参与教育的举措。譬如宜兰县礁溪小学，家长志工热心参与学校校务的人数竟超过90人，这些志工分工细致，有专门在上下学或大型活动时维护交通的志工，有协助学校图书室进行管理的志工，有深入班级帮助特殊学生的健康中心志工，还有很多协助老师进行班级事务、活动开展的班级志工等。这些志工支援校务发展，协助校内外活动已经成为日常。

再如台北市大安区大安小学。我们参观那天，刚好是学校的图书馆周。只见图书馆前的教室里，几个老师正忙前忙后准备给高年级的同学读故事；图书馆后的右侧，一大群家长志工正在分年级给孩子们准备平日里开展读书活动用的阅读答题卡。有的家长正在用心地抄写题目，有的家长正在细心将题卡剪下，有的家长正在把题卡分类叠放。他们既分工又合作，有条不紊信手拈来。再看看图书馆内的书籍种类繁多，除了都会给学生配备的书籍外，学校还把《商业周刊》以及其他的月刊、季刊都摆放在书架。校长说，这些都离不开家委会的鼎力支持。

"众人拾柴火焰高"，台湾把社会、学校、家庭"三位一体"的力量和优势最大化。反观我们的教育现状，家长几乎将所有教育任务都推向学校，社会又没有担负起它应尽的教育责任，两者的教育缺失导致学校的压力越来越大越来越重。如何让教育成为"人民的教育"，我们的路还很长。

四、结语

爱因斯坦曾说"每个人都是天才，但如果你用爬树能力断定一条鱼有多少才干，它一生都会相信自己愚蠢不堪。"丰子恺老先生也曾用漫画《剪冬青》表达过相同的理念。作为一名小学教师，我们该怎么做？首先，知识的学习并不是小学教育唯一的目的，更重要的是培养孩子们的良好学习习惯、自理习惯、思考习惯及创新意识。基于此，我们还要警惕：不要在引导学生进入成人社会的过程中，轻率地批判他们成规之外的创意；不要草率地判定学生的愚智、优劣。孩子是未经社会制约的有机生命，他们用我们无法彻底了解的方式在感受这个世界，用他们自己摸索出来的方式在接受外界的刺激和回应外界。孩子有自己因人而异的成长节奏和次序，绝对不是我们可以准确预期和严格地加以规范的。面对孩子，我们只能不怀主观地提供所有可能的教育机会，而不要去判定谁有希望或谁没希望。

　　成功的教育就是能让学生喜欢，并能让学生适应未来，且能用所学的知识和思想应对未来的需要。

全人教育 立足未来
——赴台湾教育考察报告

■ 梅州市梅县区扶外小学 李 浩

2016年12月,我有幸参加了由广东省教育厅组团的广东省中小学新一轮"百千万人才培养工程"小学名师赴台湾考察学习。这次的教育考察,使我对台湾"全人教育"有了进一步的认识,开阔了视野,增长了见识,丰富了自己的教育教学理念。

一、台北印象——热情、文明、礼让

台湾与大陆,一衣带水,骨肉相连。刚下飞机,台商育苗基金会的接待人员已在机场大厅等候,一声声"欢迎你们""你们辛苦了"使我们深深感受到了台湾同胞的彬彬有礼和骨肉之情。

坐上豪华大巴,向着台北市区出发。一路上,导游小吕贴心地介绍台湾的天气情况和沿途的风景。进入台北市区,发现台北的街道并不宽敞,但干净舒适,风驰电掣般的机车浩浩荡荡地和小车争相竞跑,但秩序井然,竟然没有听见一声刺耳的喇叭声,我们不禁为台湾人民的文明礼让点赞。

我们到了下榻的饭店。一下车,就看到司机大叔一手捂着后视镜的边框,一边用纯正的台湾话提醒我们:"你们小心哦!你们辛苦了!"这种细微、贴心的服务深深地感动了我。领到房卡,看见主办方早已为我们精心准备好了夜宵,一股暖流涌进心里,真的有种到"家"的感觉。

虽然还没有正式参访,但我已被台湾最真实的"文化"所包围。是什么样的教育成就了台湾的文明与发展?我期待半个月的参访学习能找到真实的答案。

二、学习中感悟——朴实、传承、发展

学习台湾的"全人教育策略及实施",感受台湾地区先进的教育理念,开拓现代教育视野,完善自身的专业知识结构,提升专业素质与综合素养是我们此行的目的。

(一)"全人教育"之专题讲座篇

1."形而上"的教育理念

12月19日,我们在台北大学进行了简朴的开班仪式,随后由台湾教育院人力发展中心主任洪启昌博士作了题为"中小学校长教育理念与人文素养"的讲座。

令我印象最深刻的是洪博士用哲学的观点分析当前教育的前沿思想——"形而上"的教育理念。他层层剖析,结合实例论证了未来教育的理想与价值,富有卓越的前瞻性和指引性。"什么是教育?教育不是灌输,是点燃,是传承使命与价值。""教育背后的价值——人的发展才是教育的真谛!""最有效的教育方法,不是告诉答案,而是提问后,让孩子体验寻找答案的过程。"……这些基于儿童发展的教育观,不但让我们进一步认识了教育的本源所在,还为我们开启了未来教育的导航灯。

反思当前大陆的教育，特别是山区的教育，教师们的教育理念还比较滞后，好多还停留在教会学生"应试"技能这一块的层面。课堂上，老师怕孩子们掌握不好，讲得精而细，常常是以"教"替代学生的"思考、探究、质疑……"因为老师、家长过分地关注、关爱孩子们的学习结果，反而忽略了孩子们的学习过程，忽略了孩子们的学习天性，致使他们渐渐成了学习的"复印机"。我们培养的孩子是世界的未来，是未来世界的主宰者！我们必须用发展的眼光来看待教育、设计教育、做好教育。人才的培养，学校教育任重而道远。

2. 成为进步国家的关键——"合作能力"

12月31日，我们在台北市立大学聆听了郭家骅研发长"成为进步国家的关键"的专题讲座。

郭家骅教授从中美两国国民智商及人均收入对比、日本本田汽车的合作生产商家数量娓娓道来，向我们阐述了人类存活的关键是"具备大规模合作组织能力"，成为进步社会的关键是"合作"。他认为，合作就是取长补短的最佳体现。如何引导学生更好地合作？他谈到要把个人自由行为中所有影响合作的行为排除，把有益合作的行为规范，越小规范效果越好。所以幼儿园和小学低年段，对小孩行为习惯和意志品质的教育尤为重要，教会学生学会生活、学会学习、学会合作是未来教育发展的方向。

正如雅斯贝尔斯在《什么是教育》中所说："教育的过程首先是一个精神成长的过程，然后才成为科学获知的一部分。"学校教育如果远离了对孩子们的意志品质、交往、合作能力的培养，远离了批判性思维的启迪与开发，最终失去的，是我们自身的智力，是我们在这个社会上的生存能力。

（二）"全人教育"之教育理念篇

从台北到台中、嘉义、高雄、台东、宜兰，我们访大学、到小学、进社区，行走在全人教育的天地中，体验它的教育真谛，感悟它的教育思想，引发对全人教育的无限思考……

什么是"全人教育"呢？就其理念而言，它整合了以往"以社会为本"与"以人为本"两种教育观点。就其教育目的而言，它是在健全人格的基础上，促进学生的全面发展，让个体生命的潜能得到自由、充分、全面、和谐、持续发展。简言之，全人教育的目的就是培养学生成为有道德、有知识、有能力、和谐发展的"全人"。

这次的参访学习，虽然只是"管中窥豹"，但台湾学校营造的轻松、活泼、和谐的"生活化课堂"给我留下了深深的印象。教育源于生活、服务生活的宗旨引领着台湾教师的教学和学生的学习行为，其教学内容涵盖各个领域，向社会各方面拓展，实现教育与社会的无缝接轨。在轻松、活泼、原生态的课堂氛围中，学习不再成为孩子们的压力，也不是一种抽象乏味的事情，而是一种生活与课本紧密结合的实践活动，是一种美好人生的幸福体验。与大陆相比，台湾小学的课堂生活化、社会化的教育理念更加凸显。

（三）"全人教育"之课程设置篇

按照台湾公办中小学课程设置，台湾"教育部门"规定课程为领域学习课程，包括：语文（国语文、本土语文、新住民语文）、数学、社会、自然科学、艺术、综合活动、科技、健康与体育八个领域。校本课程为弹性课程，包括统整性主题/专题/议题探究性课程、社团活动与技艺课程、特殊需求领域课程、其他类课程。每间学校除了开足开齐教育部门规定的课程外，还可以设置不同的具有校本特色的课程。

1. 多元的课程

东海大学附属小学，注重课程的设置，课程创意多元，体现"弹性与多元课程"相结合的原则。在弹性课程的设置中，他们根据不同年级需要设置不同的课程，实现在传承的过程中又有突破。如语文领域，除了在教学中落实深耕外，还积极开展阅读列车活动，同时注重引导学生对唐诗、成语的理解与朗诵。该校结合实际，还专门开设了闽南语课程，对地方文化的传承和发展起到了很大的作用。在体育与健康课程中，学校根据学段的不同，制定不同的目标，把户外越野、跑步运动、体育游戏列为每周五上午的全校性运动课程。

2. 传统的课程

我国拥有五千多年的悠久历史，孕育了无数的优秀传统文化。作为学校教育，其本身就肩负着对传统文化延续的责任，学生则是这种文化延续的学习者和发展者，台湾教育在传承和发扬我国传统文化中起到很好的示范作用。如台北大安小学把扯铃（抖空竹）、轮滑花样表演作为学校的体育特色教育；台东丰源小学把射箭教学融合于体育课中；台中永安小学则通过开设书法课程和建立社团实现了"百草逢春，书法育人"的特色教育，享誉台湾书法界。参访该校时，我们刚巧路过一楼大厅，还发现有一个班级正在上擂茶课，看到这样的课程，我们心服口服。

3. 生态的课程

在风光旖旎，景色秀丽的宝岛，如何利用自然环境开发课程已渐渐地走进了教育行家们的视野。在高雄市瑞祥小学，我们参观了该小学的"生态教材园"，园内植被茂盛，种类繁多，这是学生们认识植物、观察植物生长的"活教材"。该校重视自然生态课程的开发，还推行了"蝴蝶生态"校本课程。

4. 补救课程

补救课程是台湾针对公办中小学教育阶段，学生于汉语（文）、数学及英语科等基础学科，没有掌握应具备的基础知识概念或达到应有的学力，教师依据学生学力发展现况，对应基本学习内容，规划进行补救教学的课程。补救的对象必须先要经过教育主管部门的测试，进行严格的筛选。补救课程的开展和实施，真正体现了全人教育中"有教无类、因材施教"的教育理念。

（四）"全人教育"之校园文化篇

我们所到的台湾小学校园普遍设计"小而精"，而且城乡之间的校园环境几乎没有差异。如台东县丰源小学，虽然是一间乡村小学，但它却是享誉台湾的最美小学。由此可以看出，台湾非常重视城乡一体化、城乡教育的均衡发展。

我们参访的几间学校都营造了相当浓郁的校园文化。校园文化建设方面都注重体现尊重自我、尊重他人、尊重生命、人与自然的情感价值。

首先，让阅读成为一种习惯已经成为台湾小学的一种共识。像嘉义县竹崎乡竹崎小学，虽然是一所农村小学，但在推动学生阅读方面，不比城里的学校差。学校鼓励学生多读书、多看书，除了开放图书馆外，在教学楼设立有专门的图书角，供孩子们随时进行阅读。最值得一赞的是学校每周六都免费开放学校图书馆，用老师的话来说是："平时课堂上都舍不得开空调，但如果是周六开放图书室，一定把空调开得凉凉的，为的是给孩子们提供一个良好的阅读环境。"

其次，在学校的走廊、班级里面，挂满了励志名言，天文科技图片、学生作品……像台中永安小学以书法教学见长，所以校园文化很多是学生的书法作品，获奖等级比较高的还专门立碑刻墙。

第三，很多学校运用校园自然环境，打造宜教宜学的校园文化。如在学校建立植物园，在莲池里饲养金鱼，观察金鱼的生活习性；观察小蝌蚪变成小青蛙的过程；在树上建个鸟巢，观察小鸟的繁衍；在窗台上种植小植物，观察种子的发芽，等等。

第四，丰富多彩的社团活动是校园文化的又一大特色。台湾小学的课外社团相当丰富，一个学校的社团多达几十个。学生社团组织活动具有很强的自主性和自觉性，不仅锻炼了参与者的各种能力，还使校园文化与课堂教学得以相互补充和促进。

三、反思中前行——反思、摸索、前行

时间飞逝，在台湾的15天，短暂而精彩。一路走来，我们用眼睛去看，用心去感受台湾的教育，收获了台湾教育的"真、善、美"。虽然台湾与大陆在教育体制上有很大的差别，但台湾教育"有教无类，本立道生，止于至善"的全人教育思想确实值得我们借鉴。

在教学中，如何落实和发展学生的核心素养，如何让它根植于我们的课堂教学中，将是我们最新的课题。正如洪启昌博士说的："教育不是灌输，是点燃，是传承使命与价值。"每个孩子都是世界的未来，只要我们遵循因材施教原则，顺应教育规律，相信人人都能在自己的领域里展翅飞翔。

台湾随访录
——赴台湾培训研修报告

■ 汕尾市教育局教育教学研究室　林焕好

2017年12月25日，作为广东省新一轮"百千万人才培养工程"第二批小学名师培养对象，我们赴台湾研修交流的22名学员，开始了为期15天的考察培训学习之旅。

一、明确目的，运筹全程

12月25日上午的行前培训会上，团长梁祖菲院长对全体学员在本次赴台湾培训的各项工作作了清楚明了的说明和安排，对此次赴台湾的目的、意义以及作用作了详细的分析，同时要求学员在台湾期间服从安排，遵守两岸的法律法规，尊重台湾地区的民俗民情，做到安全出行，积极培训，按时完成培训作业，希望每个学员都得到最大化的提升，完成本次赴台湾培训研修的任务。会上还请来了广东省对台办的工作人员，就台湾地区在经济、文化、人文风情以及大陆人员赴台湾学习必须遵守的各项事项进行了讲解。

昌志鹉博士是这次赴台研修活动邀请方财团法人东莞台商育苗基金会的工作人员，会上，昌博士为我们详细介绍了财团法人东莞台商育苗基金会的宗旨与目的。基金会成立于2000年5月，是由东莞台商叶宏灯先生等共同捐资成立的，是一个公益性的财团法人组织。昌博士为全体学员分享了宝岛台湾的文化特色及风俗民情，并且将在为期15天的研修学习中，为大家联系、组织整个学习的各项事宜，为学员提供学习、生活上的各项咨询和帮助。在大家的共同努力下，我们的这次宝岛之行收获满满。

二、诚正勤朴，教育真谛

台湾师范大学，简称师大、台师大或台湾师大，是一所位于台北市的师范大学，前身为"台湾总督府高等学校"，后原地创立台湾省立师范学院，时为台湾四大学府之一。台师大的校训是"诚正勤朴"，是由台师大的第三任校长刘真所订，于1952年2月20日行政会议通过。刘校长希望台师大的同学从内心的修养到生活的实践，都能切切实实地做到"诚正勤朴"这四个字，以树立良好的学风，进一步达到改造社会的目的。

现在的台师大校本部校园中，尚存有4栋老建筑：行政大楼、普字大楼、礼堂和文荟厅。这4栋老建筑中，礼堂和文荟厅的位置，正好符合中国传统建筑风水中的"左青龙、右白虎"，依其地位给予一前一后的尊卑排序，伴随着周围的老树群，形塑校园人文与自然并重的脉络空间，无处不彰显着中国传统文化的烙印。

简单而热烈的开班仪式后，台湾师范大学戴建耘教授为我们全体研修学员做了"台湾小学教育管理理念与人文及语文素养"的专题讲座。

"每个人都是天才，但如果你用爬树能力断定一条鱼有多少才干，它一生都会相信自己愚蠢不堪。"这是戴教授在讲座伊始就呈现给我们的爱因斯坦的一句话。是的，我们作为孩子人生的启蒙教育的教师，如何保护学生幼小心灵中那一片童真纯洁的处女地，让学生能自由地发展，而不是因为我们无谓的干扰扼杀了学生的天真与真诚，我相信这是每一个真正有教育情怀的教育者永远思考的问题。

小孩，总是用自己天真纯洁的目光真实地表达自己眼里的世界，没有粉饰，没有人为的色调，他用我们无法了解的方式在感受这个世界，用自己摸索出来的方式在接受外界的刺激和回应外界。不同个体的孩子，都有自己的成长节奏和次序，我们无法准确预期和严格地加以规范，更无法为孩子规划笔直的成长之路。面对孩子，我们只能尽可能地给他们提供学习教育的机会，而不要去判定谁有希望或谁没希望。传授知识并不是小学教育唯一的目的，更重要的是培养他们的良好学习习惯、自理习惯、思考习惯及创新意识，还有培养他们的责任感。基于此，我们是否应该反思：在引导学生进入成人社会的过程中，不轻率地批判他们成规之外的创意；不粗率地判定学生的愚智、优劣，而是给孩子们方法上的引导、思想上的疏导，少一些故步自封的"教导"。

三、德学相彰、觉之教育

坐落在山顶云层中的华梵大学，远离喧嚣，环境幽静，进入此境，心无杂念，那份久违的平静，自发而来，让人感受着心灵的洗礼，感受着这独一无二的清和静。12月27日，我们来到了海拔550米、苍林翠林中的"森林大学"——华梵大学。

据学校副校长介绍，华梵大学是由佛教界人士晓云大师于1990年创办的一所具有人文性、宗教性、艺术性及科技整合的高等学府，原名华梵工学院。1993年更名为华梵人文科技学院。1997年复改名为华梵大学。以"华梵"为校名，意在彰显五千年中华文化及两千年中国佛教思想，将"生命自觉""宗教人文精神"与"公益大学理想"灌注于教育历程之中，并以"生命力带动生命力"之精神，促进师生成长与蜕变，全面提升学生品格、视野与专业能力，为社会培育良好人才及可造之才，用专业技术服务人群，以高尚品德导正社会。

"觉之教育"是华梵的创办理念。觉之教育乃儒佛共同之教育理想，肯定人类本具仁心与觉性，故而教育之目的即在引发人性固有之良知本心，进而充分实现善良本性，成就美好世间。佛家所言，觉者，自觉、觉他；儒家所言，仁者，忠以对己恕以待人。自觉者，真诚面对自己。即能深自省察迁善改过，力求精进。学他者名吾同胞，物吾于也，即能关怀社会，护念众生，保育天地。此等理念儒佛共通，亦教育之本质所在。

"人文与科技融汇，慈悲与智慧相生"是华梵的办学宗旨。

学校以"德智能仁"为校训，即有德还要有智，有能还要有仁。良好品德与专业知能兼备，方足淑世益人。

"培育具有淑世利他之品格与专业济世能力之人才"是华梵的教育目标。慈悲利他之胸怀，智慧实践之能力，无畏精进之自信，庄严人性之正念，清凉自在之性情。

华梵大学，其办学理念如一缕清风，足以吹散阴霾，看到曙光；又如一泓清泉，足以荡涤心灵，坚定理想！世间一切的意义与满足，固然不能脱离自我之成就，但终必以成就他人为真正的幸福与圆满。佛家恒言利益众生，儒家必言兼善天下，不论哪家哪派，作为一名奠基孩子人生的小学教师，我们永志不忘的是"培养德学相彰，能为时代中流砥柱的栋梁人才"！这应该就是教育者追求的最高境界和理想目标！

四、游学爱河，创梦起航

光荣小学是一所建于 1950 年的老牌学校，坐落在高雄市的盐埕区，现有学生 300 多人，教师 30 人。听李哲明校长介绍，学校是一所有自己特色、小而精的公办学校，曾因为种种原因，面临着被合并关门的命运。而现在，学校以"游学爱河，创梦起航"的教学理念，以开放竞争、和谐理性、大学区、质量特色求生存的管理理念，形成了"跳舞队、海洋教育、棋牌运动、陶版手工"四大特色，把一个从濒临撤并的学校，打造成了有自己特色，开放创新小而精的品牌学校，彰显了学校领导过人的胆识和高超的管理水平和艺术。

光荣小学是一个没有围墙的学校，持着"开放"的管理理念接受着四方宾客。学校的绿色草坪和操场，与本地区社区的居民共同享用；学校的学生，可以自由地选择学校入学，可以不用转学，可以不用持有本社区的户口，如果因为学校的教学质量不能得到学生的认可，学生可以选择离开学校；学校的一切室内的场馆和体育设施，社区的居民可以无条件地使用，学校与社区形成了互相支持共利双赢的管理形式，学校用开放的管理理念，拥抱社会对学校的理解和包容，达到了社会、家庭、学校三位一体共同管理模式。光荣小学的这种开放的管理理念，是现代社会的一种趋势，不管是一个家庭，一个单位，一个地区，社会是一个大家庭，家中的每一个成员，用一种包容、开放的心态，海纳百川，互相包容，求同存异，这样大家才能和平共处，太平和谐。就像现在的大陆和台湾地区，大家都是中国人，本是一家，只要大家互相包容，相信祖国的统一大业指日可待。

光荣小学是一所与社区关系融洽、没有围墙的社区生态学校。学校走廊和教室一样大，学生的活动空间相当大，在这样的学习和活动环境中，学生和善、欢乐，心情开阔。

参观完校园后，该校李校长给我们做了两场报告，分别为"爱河学园光荣小学——游学爱河，创梦起航"和"海洋心·世界情——高雄市光荣小学 2015 学年度国际学校奖认证计划与课程分享报告"。在报告中，李校长关于学校的"海洋教育"这一特色创办历程所倡导的先"翻船"再帆船的教育理念引起了我深深的思考。

李校长是个有胆识、有魄力、有作为的校长。光荣小学全校不到 300 个学生，20 多个老师，却做出了让人折服的国际化课程，其中的"海洋教育"这个坚持了三任校长的特色项目，培养学生的海洋情怀，特别是培养学生"因为需求所以学习"的生存教育更是折射出了他的育人方略。

学校的主要做法是：每个参加学校帆船项目的学生，在开始学习帆船项目之前，把学生带到训练基地，先把帆船"翻"在训练基地的水中，让学生用自己的方法把帆船"救"起来，在这个过程中训练学生的自救能力。帆船是一个海上的水上运动，危险性高，教会学生自救的方法和激起学生自救的本能是保障学生进行帆船运动的前提和根本，同时更是学生学习的需求和前提。通过帆船运动中"翻船救船训练"，激发学生的求知欲望，以需求驱动学生的学习动力，从而让学生能自觉进行学习，形成积极的动力驱动，这不就是我们每一个教育人所要追求的效果吗？

五、关注特殊群体，成就人间大爱

参访屏东大学特殊教育系，屏东教育学院张庆勋院长和特殊教育系黄玉枝主任早早地在校门口迎接我们，让我们倍感温馨和感动。同时，湛江岭南师院的客座教授、台湾特教前辈吴武典教授也来参加了我们的座谈，同时得知：岭南师院特殊教育学系的39名交换学子正在我们隔壁课室上课，吴教授正在给他们上课，岭南师院前书记、华南师范大学闻戈教授也来过该校交流。可见，屏东大学特殊教育的影响力非同一般。

张院长为我们做了"中小学师资培养——优质、专业与素养导向"的专题讲座，介绍了屏东教育行政学院特殊教育系的培养目标是培养理论与实务兼备、专业技能与人文素养并重的学前及公办小学特教班师资为主，其次为培养特殊教育和社会福利机构培养人员。展示了把特教的社会特殊性、教育影响力由关怀少数到普及、多元等一系列成就，尤其让大家感兴趣的是特教系的"学习辅助犬教室"的教学实践。

屏东大学特殊教育系训练"学习辅助犬"陪伴小朋友阅读，学校设有"学习辅助犬"专业训练教室，由特教系部分学生成为领犬员，由小朋友念书给狗狗听，接受过训练的狗狗懂英文和中文双语指令，安静地趴在毯子上休息，静静地聆听小朋友阅读，一旁有领犬员照顾犬只，若是小朋友阅读完毕可以喂狗狗吃零食、拥抱、拍抚或玩食物抛接等，让小朋友觉得阅读更有乐趣，促进小朋友乐于阅读。他们同时给该县的特殊学校和社区学校提供各种教学资源的共享和帮助，希望通过"学习辅助犬"与孩子的互动协助身心障碍的小朋友阅读，为附近社区有困难的孩子和家长提供更多的帮助。对身心障碍学生学习辅助模式，彰显了用生命与生命的交流给特殊学生启迪的力量。

六、开放的校园，国际的视野

这一次的赴台湾研修之旅，感触最深的是在参访的中小学中，有绝大部分的学校是没有围墙的，学校以开放的管理让学生与社会形成更加和谐的关系。宜兰礁溪小学，就是其中的一所。

宜兰礁溪小学，创立于1913年，现有小学生614人和幼儿园学生100多人。进入校园，六年级的同学们为我们表演了他们自己编排的舞蹈，孩子们天真活泼，阳光向上，这就是学校特色主题"温泉礁溪情、活力国际观"的成果。学校林校长介绍，礁溪小学有七大特色：

一是学校校舍完善，教学大楼、行政大楼、体育馆、幼儿园等区分明确，用心规划学生学习情境，且因所在地势较高，从校门前方望去，倍感宏伟壮观。

二是家长热心参与，学校更务实家委会组织之经营，曾荣获优良家委会、最优家委会。学校孕育无数优秀校友，各界杰出人才，校园内有其反馈母校所捐赠之周年留念，如钟楼、大石等，亦有仁爱基金、奖学金等捐献。学校爱心志工超过90人，协助学校推动各项校务，照顾学童。

三是学校重视在地文化教育，并积极融入社区，以"温泉礁溪情、活力国际观"为学校愿景，希望学生认识自我与环境，身心均衡发展并开阔视野，接轨国际。

四是学校落实教学正常化并提倡多元社团活动，以启迪与激发孩子之学习潜能，校内各项社团蓬勃发展，如跆拳道、直排轮滑、泰鼓、剪纸、扯铃、乌克丽丽、机器人、舞蹈等社团超过20个。

五是体育团队永续经营专项体育排球20多年，获得超过80个台湾地区冠军的优秀成绩，1998年核定成立"体育班"。

六是礁溪小学国乐团自成立至今，多次获得县、市、地区音乐比赛优等之佳绩，多年来更致力于传统乐曲的演练，积极发展"戏曲音乐"之练习，学校退休教师张月娥老师，长期投入传统国乐、乡土歌仔乐曲并献身音乐教育，将具有当地特色的戏曲文化（宜兰歌仔戏）透过国乐团演奏，让礁溪小学国乐团有着另一种特色。

七是学校1995年成立"礁溪小学儿童戏团"，起初由黄大鱼儿童剧团协助导，其后结合地方特色，开始自行编导、演出，2013年创作"关帝情·学子爱——庙不可言"，叙说礁溪小学和协天庙百年的历史故事，2014年为"戏说二龙"，表演两百多年历史的二龙竞渡文化，2015年演出"汤围的异想世界"，刻画童趣的温泉沟故事，营造"礁溪童年三部曲"。2015学年度"新噶玛兰公主"，荣获宜兰县创意戏剧比赛优等。2016学年度"孙悟空大战白骨精"，荣获宜兰县创意戏剧比赛优等。2017学年度"千年等一回"，荣获宜兰县创意戏剧比赛优等。

学校于2012—2014学年度配合推动台湾地区新住民火炬计划，主题"心注新住共创幸福"，希望透过计划的推动，将台湾人民的热情与新住民结合在一起，培养学生、家长对国际多元文化之了解、尊重与国际文教交流之互动，让校内亲、师、生都能实际感受未来台湾社会即将面临的多元文化融合之趋势，并与全球国际接轨发展。

学校于2013学年度荣获新住民火炬计划推动绩优学校。成绩包括：①开设越南语、泰国语及印尼语等生活母语课程。②开展家庭关怀访视工作，了解新住民家庭。③设立生活体验营，营造亲、师、生更多交流机会。④结合学校庆祝活动，介绍越南、印尼等东南亚文化。

2015学年度学校接续申请教育部门新住民母语乐学计划，推动新住民母语教学，并办理宜兰县新住民说故事比赛，深耕新住民子女二代培养工作。

礁溪小学从学校的实际出发，大胆创新，坚持发展自己的特色管理理念，坚持"校园，是孩子筑梦的基地；教师，是孩子学习的伙伴；父母，是孩子最初的老师；家庭，是孩子永远的教室。"秉承世界眼光，为学生创造更加宽广的世界舞台。

七、在随行中反思

15天的台湾考察学习，短暂而精彩。一路走来，我们收获了友谊，收获了快乐，收获了知识；它促使我们更新观念，提高认识。我们要将所学到的先进教育理念、教科研经验积极内化，主动运用到自己的教育教学中去。在学习和研究中拓展思路，在质疑和反思中完善自我。

（一）树立终身学习的思想，不断提高自身修养

面对科技日新月异、信息瞬息万变的发展形势，终身学习已成为人们获取知识、获取信息的主要方式。学习可以让人俯仰天地，洞晓人生，提升思想境界；可以让人察时知变，奋发进取，提升精神境界；可以让人见贤思齐，加强修养，提升道德境界。学校里，每个孩子心中都有着强烈的好奇心和求知欲，他们心中有着无数个"为什么"，他们在众多的信息来源中得到精彩纷呈的知识，需要教师的引导。在这个信息化时代，教师只有加强学习，终身学习，才能不断充实自我，更好的应对"本领恐慌"，才能成为适应新时代要求的好老师。

（二）树立全人教育的思想，为孩子营造快乐幸福的童年

"教育即生成，教育就是人的灵魂的教育，其目标就是培养全人。""全人"，顾名思义，就是完整的人、全面发展的人。教育要面向全体学生，促进学生全面发展，培养学生个性特长，为学生终身幸福奠基。每个孩子都是独特的个体，都有着与众不同的天赋，这就决定了我们必须采取"全面+特长"的人才培养模式。由于激烈的升学竞争和各种复杂的原因，学校在追逐高分的过程中，往往忽略了学生健全人格和身心的培养。一些学生缺乏对崇高理想和信念的追求，缺乏社会责任感，缺乏积极主动的学习态度和学习兴趣，缺乏人生规划的能力和与人合作的能力等。我们要树立"教学生一年，为学生幸福一辈子"打基础的育人理念，关注每一个学生在今天所奠定的素质基础及所激发的发展潜能，为学生终身的可持续发展做好实质和充分的准备，努力培养学生的健全人格，让学生拥有开放的胸怀、高雅的情趣、高尚的情操、高贵的精神。

（三）树立科研促教的思想，做一位专业型教师

在现代学校发展中，教科研的重要性越来越受到关注。教科研是提高教育教学质量的手段与途径，其目的是进一步提升教师的专业素养和促进学校的可持续发展。科研是载体，它联结起理论和实践，在新课程实施过程中，教科研是帮助教师转变教育观念为教育实践的桥梁。在科研工作中，我将坚持以教研组为主阵地，把教研与科研紧密结合，以常规教研为载体，把教育科研课题的研究融入教师的日常教学工作中。通过日常教学、教研和一系列有目的的活动推进科研的深入开展，发挥科研成果对教学指导的有效作用，引导教师从"教书匠型"向"研究型"转变。作为名师培养对象，不仅要学习先进的教育教学理念，还要积极投身于教育教学改革实践。我将采用"请进来，走出去，强化校本培训"的办法，不断提高自身的教科研能力。用"结、帮、带"的方式带动学校老师开展教科研活动，形成优势互补、共同提高的优秀科研团队，同伴之间一起学习、一起研究、一起分享。

"路漫漫其修远兮，吾将上下而求索。"寻梦，撑一支长篙，向教育智慧深处漫溯；满载一船星辉，在星辉斑斓里放歌。

实施全人教育，引领多元发展
——台湾考察学习体会

■ 河源市源城区雅居乐小学 余美珍

为了学习先进的教育理念、打造一批具有国际化视野和改革精神的小学名师，2017年12月25日至2018年1月8日，广东省教育厅委托广东省外语艺术职业学院组织了广东省新一轮"百千万人才培养工程"小学名师培养对象24人，赴台湾进行考察与学习，我有幸在列。在15天的考察中，我们先后对台湾的11所学校进行了实地考察。通过参观校园、聆听讲座、深入课堂等形式，我深深体会到了台湾地区的教育理念及办学特色。

一、精心创设校园文化，凸显文化特色

特色是每一所学校展示办学理念的名片，统揽在台湾参访的所有学校，我发现，管理者对学校特色的打造是相当重视的，尽管每一所学校历史背景不同、学校资源不同，但校长大都能结合实际情况，最大限度地利用学校、社区等各种资源，打造亮丽的学校特色。

在台中市北区太平小学，我们发现，学校非常重视打造环境文化，最让我们惊讶的是——学校的厕所也有文化！参观厕所时，学员们被学校的"五星级"厕所牢牢吸引住了，每个年级的厕所不仅美观、洁净，还都精心设计了主题文化，分别有：本土风、阅读风、运动风、国际风等。运动风的厕所的主色调是蓝色，代表着蔚蓝的晴空下开展积极锻炼，在蓝色的主墙上，几只生动的蚂蚁卡通造型或在奔跑，或在滑冰，它们在"告诉"上厕所的孩子们运动的快乐……太平小学的于校长告诉我们，孩子们喜欢这样时尚、漂亮、特别的厕所，所以学校里的每一个孩子都爱上厕所。大家忍不住为太平小学这样富有特色的厕所文化点赞。

在高雄市盐埕区爱河学园光荣小学，李哲民校长告诉我们，学校原本是准备撤销与同一社区的其他两所学校合并的，但李校长接手后，大力发展学校特色，扭转了僵局（原来家长不认可学校），获得了家长们的高度认可，成为高雄市一所极具特色的小学。李校长说，学校要以发展特色为主，才会有前景。目前光荣小学有四大鲜明特色，分别是帆船运动、国际教育、桥牌艺术、跳鼓阵。让我印象最深的是帆船运动特色。学校设立了台湾地区唯一的帆船体育班，是帆船运动大本营，学校充分利用外部资源（动员社区、家长捐资），共购有81艘船开展帆船运动。高年级每周都设置有海洋教育课程，让孩子们充分参与海洋探究活动。学校围绕五大主题实施开展海洋教育探究式学习课程，即海洋休闲、海洋社会、海洋文化、海洋科学、海洋资源，通过参与课程及帆船运动，使孩子们知海、爱海、亲海。李校长请我们观看了光荣小学爱河体验活动短片，在海上进行的帆船班训练课程让大家叹为观止，我们发现，参与这项运动的不仅有学生，还有专业教练、部分家长、志工，他们齐心协力协助学校开展海上帆船实践，和学生们一起迎接挑战；孩子们在课程和实践中学会了自己面对困难、解决困难，在帆船运动中，他们无数次遇到"状况"：船翻倒了自己爬起来，掉进水里自己游过来……锻炼了勇气与毅力。学校开展了帆

船运动问卷调查，发现学生们都很喜欢参与这项运动，认为参加运动的收获很大。我想：开展帆船运动固然是好，但孩子们在海上演练不可避免存在一定的安全隐患，万一学生受伤了，家长能理解吗？学校又怎么处理呢？要知道在大陆是没有学校有勇气开展这样有一定风险的运动的。我忍不住问了李校长这个问题，李校长思考了一会说："开展这样的活动，学校的确压力很大，但每次我们都尽最大努力保证学生的安全，所以不仅有专业教练、护士随时待命，还动员家长、志工一起来维护安全，不过说实话，有时候的确有小意外发生，家长也会生气……但我认为开展这项运动是好的、是对的，所以我不会放弃，会一直坚持。"保持微笑的李校长看上去有些无奈，但语气是坚定的！最后，李校长总结这几年开展特色教育的感受是：花开蝶自来。是的，从学校将要撤并到勇于改革、开展特色课程，从家长质疑到家长认可、社区大力支持、学生越来越多，正是因为选择了利用现有资源、大力发展特色的正确道路，所以光荣小学的特色教育之花才会灿然绽放。

在美丽的丰源小学，我发现校园虽然不大，却处处是风景，小巧精致的洗手台，转角处的阅读角，门边摆满了绿苗的花架，圆拱门、圆窗颇具异域风情，走廊特别宽阔，蔚蓝色和纯白色相间的教学楼，极其洁净、散发着香味的卫生间，走廊边红艳艳的杜鹃花，绿茵茵的草坪，波浪形的围墙环绕着整座校园……一切搭配得如此悦目又浑然天成，无不彰显着设计者、管理者的智慧和用心，孩子们的笑声时时从宽阔的草坪上、操场上、走廊里传来……这真是一所让人赏心悦目的校园，学校靓丽的环境文化也孕育了孩子和老师们快乐的心情。

在宜兰县礁溪乡小学，学校突出的特色是排球运动，排球运动在该校已坚持开展了70多年，学校成立了排球班（相关部门允许每个学校有一到两个特色班），排球班的学生几乎每天不间断地进行排球训练。学校排球队曾取得台湾地区冠军的好成绩。而在东海大学附属小学，各种特色课程及活动相当丰富，如每周坚持开展英语表演活动，每天坚持英语课间展示，开展英语广播活动，开展演说周活动、诗歌朗诵观摩、科学周特色活动，每年在歌剧院举行歌剧及各种节日音乐会活动。开展各类学生学艺竞赛，如音乐比赛、相声比赛、学习习惯评比、健康操比赛……

各所学校异彩纷呈的特色活动培养了学生杰出的技能，他们自信奔放，勇于展示。

二、用心组织家长志工，体现家校融合

在参观的多所学校，家长志工积极参与了学校管理工作，家校联系紧密、沟通融洽，家长及社区对学校办学给予了大力支持。在台中市北区太平小学，于益新校长重点给我们解答了关于家长志工工作是如何开展的。学校首先成立了家长会和家委会，由家委会的委员牵头组织家长志工工作，安排好家长志工轮值及工作分工，按学校工作需要把志工进行分组，如有课业志工、图书志工、重大活动服务志工（如新生入学、健康检查、校庆），学校不仅动员家长参加志工组织，还动员退休教师也参加志工。学校重视教师与家长之间的联系，会在家长平台直播学校活动，让学校家长了解并参与学校活动。于校长的话让我想起之前在大安小学，我们也看到了在图书室忙碌的家长，他们在为学校圣诞节图书盛宴活动做准备，有的家长在设计孩子阅读后要回答的问题，有的家长在准备礼物（答对问题有奖），大家都非常认真地为学校和孩子们服务，图书室时时传来志工们快乐的笑声……在校园里能常常看到志工忙碌而愉悦的身影，这难道不是最美丽、最温暖的身影？

三、爱心关注弱势儿童，传达公平与尊重

在台湾多所学校，我们都发现学校设立了一种特殊的班级——特教班（有的学校命为"潜力班"）。在台北市大安小学，刘主任带领我们参观校园，在校园游乐场，刘主任停了下来，他跟我们介绍了几处造型奇特的游乐设施，他说这是专为学校特教班孩子设立的，这些游乐设施有的为失明儿童设计、有的为自闭儿童特制……总之，要使每一个特殊儿童感受到和普通孩子一样的快乐；学校安排了五六个老师专门负责特教班学生的教育教学，设立特教教育的最终目的不是孤立他们，而是为提升特殊孩子的能力提供更好的教育服务、个别辅导，一旦孩子有较大的进步就会安排他们回到普通班学习，融入正常学习群体。在台湾屏东大学，特殊教育学系的王主任带领大家参观了特殊教育中心。王主任向我们介绍了该中心开展训练学习辅助犬的活动，我们在大陆可没有听过"学习辅助犬"这个称呼。我好奇地问王主任："学习犬怎样帮助孩子们呢？"王主任说："孩子们都很喜欢小动物，他们会因为有学习犬的陪伴，更加认真地阅读、更加有耐心地学习。"在教师办公室，我们还见到了一只正在训练的学习犬 Tida，学员们跟这只可爱的学习犬逗弄起来……在沟通训练室，王主任告诉我们，平时老师就在这里训练特殊孩子语言能力和沟通能力，部分社区的特殊孩子如果预约不到医生帮助治疗，可以到这里接受辅助治疗。我们发现，教师办公室的设计和学习活动紧密结合，不仅有办公区、休闲区，还安排有讨论区、沟通区、训练区、信箱区……既科学又温馨。在讨论区，我们还看到了特殊教育学系的大学生们为特殊孩子制作的教具斑点狗，斑点狗的颜色、形态不一，却都栩栩如生，彰显着制作者的良苦用心……王主任还告诉我们，特殊教育中心共有300多名大学生及硕士生，教育中心的宗旨是尊重差异，尽展潜能。跟大陆不一样的是，所有来这里进行辅导的特殊孩子最终将回到普通学校的普通班学习（大陆为特殊孩子专门设立特殊教育学校），因为他们享有跟正常孩子享受一样教育的权利。

考察学习期间，各校开展特殊教育的情况给我留下了深刻印象，从学校的设施设备到开展的许多教育活动，每一处细节体现了学校领导和教师对特殊教育事业的重视及用心。在屏东大学教育中心的展板上我看到了一句话：教育不是把桶装满，而是把火点燃。是的，师者的激情才能点燃孩子的热情，鼓励每一个特殊孩子，给孩子展示的舞台，教育的天空会更美……

四、潜心呵护传统文化，进行传承与发扬

台湾各学校均重视对学生进行传统文化熏陶，创设平台，让孩子们继承和发扬中华传统文化精髓。

在台中市北区太平小学，大家走进课堂，听了一节"接地气"的闽南语课。课堂上，学员们和孩子们一起领略闽南语语言的特色，尽管语言不通，但能看出来活泼有趣的闽南语课很受孩子们欢迎，边听课，我们也忍不住边悄悄地学说着几句常用的闽南语词汇，课堂上充满着欢声笑语。闽南语是台湾少数民族的传统语言，通过这节课，大家感受到太平小学对传承传统文化的重视。

在高雄市盐埕区爱河学园光荣小学，欣赏了孩子们一段精彩的跳鼓阵表演之后，李哲明校长告诉我们，跳鼓阵舞蹈是当地的传统艺术项目，学校开展跳鼓阵表演活动已有

20多年历史，多年间，学校换了好几任校长，但这个传统艺术活动一直被承袭下来。现在的跳鼓阵舞由教务处陈主任亲自排练、指导，陈主任说，在跳鼓阵里，每一个孩子都是主角，通过这样的活动让孩子们充分体会传统艺术的美，现在学校的跳鼓阵表演已走出台湾，每年都要代表台湾去国外访问。

在佛光大学图书馆，这里丰富的藏书及保存良好的古书籍让大家赞叹不已，从民国期间的杂志到宋朝、明朝、清朝的各类大小不一的古书籍，尽管书籍纸张已经发黄、发黑，但字体清晰，内容完整，数量达几万册，实在让人惊叹。我想，正是因为台湾民众对祖国传统文化高度的保护意识，才能有这样规模的古书籍收藏量。

五、结语

考察学习时间不长，却带给我深深的思考。台湾各学校的教育思想、办校理念有一个共同之处，即重视开展全人教育、勇于打造学校特色，从而引领每一位学生多元发展，并使之健康、快乐，勇于追求梦想。这样的教育，真的很美！

他山之石可以攻玉
——台湾教育考察报告

■ 清远市清城区凤鸣小学　林　琛

2017年12月25日至2018年1月8日，由广东省新一轮"百千万人才培养工程"名师培养对象22名学员组成的教育考察团赴台湾进行为期15天的教育访问、考察交流。我们所参访交流的学校既有小学，又有公办、私立大学，有助于我们多角度了解台湾教育全貌。

一、基本情况

（一）多元化办学

台湾把德、智、体、群、美均衡发展作为育人宗旨，重点培养儿童身心，实行伦理教育及生活教育，以造就人格健全之民众。台湾基础教育基本上分为公办、私立、佛教与教会办学。相对私立学校来讲，从小学到大学，公办学校校园面积大、设备设施先进、师资水平高且收费较低，其中义务教育阶段就读公办学校全免费。各级学校的学生以考上公办学校为荣，特别是考上公办高中和大学比较难，私立学校及教会办的学校各有特色。各类学校为学生提供了更多的个性化选择。

（二）校长、教师学历层次较高

一般来说，小学教师的99%都是本科以上学历，其中研究生的教师占1/4左右。在高级中学里，研究生学历的教师多达60%左右，还有相当数量的博士研究生教师，甚至还有为数不少的海外留学生加盟教师队伍。学校校长的学历层次更高，我们访问的台东县丰源小学硕士学历的教师达到84%。

台湾地区的大学教师有职称，中小学教师则没有职称，中小学教师的薪水不是根据职称来确定的，而是根据学历及工龄共同决定的。中小学教师的薪水由本俸和学术研究费两部分组成，本俸分为25级，中小学教师只要考绩不为丙等，都可以每年正常升一级，也即中小学教师连续工作25年以后，无论还在职，还是退休，他的薪水将不再增加。学术研究费分为3级。本科、硕士研究生、博士研究生的本俸起点是不同的。由于薪水和学历挂钩，所以促进台湾年轻教师甚至包括中年的在职人员都积极参加学历进修，从而促进整个教师整体学历层次的提升。

（三）教师岗位管理机制灵活

台湾的中小学教师每年核编一次，有关人事部门根据学校的学生人数核定班级，确定导师人数和教师人数。多余的教师要解聘，教师不足要甄选。教师的岗位管理主要是一年一次的评鉴，根据评鉴结果不同，校长可以解聘、停聘、复聘和不续聘教师。评鉴不合格或犯错，校长可以解聘教师。灵活的岗位聘用机制，促进了教师的流动性以及教师积极进修、不断提升自我的主动性。

二、育人特色

台湾教育传统与现代交织，科学与人文兼容，家、校、社会三者协力形成系统，使得三位教育一体化，齐头并进，共同促进台湾教育的发展。

（一）学校与社区关系密切

台湾重视社区教育功能的发挥，台湾乡镇都设有青少年活动中心，且活动设施齐备，如游泳池、健身馆、图书馆等，便于学生课外学习、娱乐。城市建有博物馆，一般都将本地的发展变化过程通过图文、影像或其他高科技手段表现出来，用以教育、启迪青年人。此外，台湾的各种文化场馆也在假期主办多种少年儿童喜闻乐见的活动。社会对教育的重视和支持使学校教育得到延伸，极大提升了学校教育的成效。

（二）家长充分参与学校管理

台湾高度重视家委会的建设，台湾家长参与学校工作的程度高，在学校教育中发挥着非常重要的作用，台湾的中小学都设有家委会，其内设机构比较齐全，有活动组、公关组、服务组、财务组、夜辅组、文书组、爱心义务组等。这些小组在家委会会长的领导下，参与学校的各项管理活动。如校长的遴选、学校的决策、日常的管理、学校建设的捐助、亲子活动的组织、课程设置、教材选用、评教活动、学生申诉与奖惩等。家委会参加学校的校务会议，参与学校重大的教学决策，并主动协助学校开展各种教育活动，且在经费上给予支持。

会长由家委会成员推荐产生，一般由当地有一定社会影响的人士担任，学校的重要活动，会长必须参加。家委会委员随时可以参加学校的行政会议，提出意见建议。家长的参与使学校得到了更多的教育资源，同时也倒逼学校不断完善管理的水平与教育的质量。

（三）重视环境育人

台湾学校环境优美，建筑各有特色，努力实现环境育人。学校十分重视环境育人工作，除了校园合理布局，做好绿化美化工作之外，还独具匠心地利用每栋楼的楼梯两旁的墙壁和校园内大的墙面增添有益的教育内容。值得称道的是，这些教育内容十分全面，而且构思新颖，既有小学各学科知识的补充与延伸，又有涉及天文地理、动植物世界等方面的知识介绍，而不仅仅是单一的名人名句条幅或一些讲文明礼貌的标语口号。他们的墙面教学资源内容有：社区地图、海洋世界、恐龙世界、动物世界、森林之旅、交通博物馆、昆虫、鸟类、基因与生命工程等。可以说，小学生了解、熟记这些内容，便大大地丰富了知识面。除了内容全面，让人耳目一新之外，表现这些内容的形式也极生动活泼。不管是学习阶梯还是墙面教学资源，所有内容都是图文并茂、色彩鲜艳、引人注目。同时，语言生动活泼，浅显易懂，适合小学生理解、记忆，是小学生喜闻乐见的东西。台湾中小学校很善于利用自己的优势，设置课堂教学之外的教育环境，以扩大学生的知识面，激发学生的求知欲，发展学生的个性。

（四）强调在地文化教育

每个学校特色鲜明，一校一特色，一生一特长，特色课程既是学校立校的标志，又是学校发展的方向。学校根据自己的办学理念和文化积淀，每所学校都有具有本校特色的校本课程，值得我们学习和借鉴。

从台湾的课程设置和开设情况，我们也能看到台湾的教育能够充分考虑学生的全面发展。校本教育落到实处，每间学校各有特色：排球特色、帆船特色、民族乐器特色等，通过选修课教育，张扬学生个性，促进学生的个性发展。在设置必修课程的基础上，各个学校都根据实际情况和学生特点，开设了许多选修课，如表演艺术、健康教育、综合家政、社会服务等，要求学生根据个人爱好、特长进行选修，学校指派老师进行集体或者个别辅导，使每个学生的特长充分得到培养，同时为这些学生提供展示自己个性和特长的机会，如经常组织学生参加各种社团活动，使学生不断积累实践经验。同时，学校还把学生特长作为推荐升学的重要依据。

台湾地区的学校，无论是初高中，还是大学，不管是大都市学校，还是乡村山区的农村学校，都十分重视学生的社团活动。所到学校，每校都成立很多社团组织。学校根据学生的爱好、兴趣和特长，或五人十人一社，或三五十人一团，很像我们的兴趣小组。但他们有固定的组织形式，社团章程、开展活动的目的目标明确。社团名目繁多、五花八门。学校社团注重多元化建设与发展，以开发学生的潜能、培养学生的兴趣专长、适应社会发展、张扬学生的个性为最终目标。各校社团活动开展得有声有色。

（五）国际视野教育

法国著名思想家、教育家卢梭说："不管学生将来进入何等职业，先使他成为一个人"。也就是说中小学教育既要关注学生知识的学习，更要注重人文精神的培育，让学生拥有健全的人格，这才是教育的根本。台湾中小学人文教育，成功之处就在于他们把人文教育融入生活言行举止中，并以这种人文力量的感召，培养学生们成为拥有大爱的人，这也许正是我们教育所欠缺和必须学习的。

学校普遍认为：学生的德行优劣不是通过考试成绩来确定的，而是通过养成教育来培养的，是通过学生的言行举止来实现的。因此，学校非常重视学生参加各种社团活动，通过实践来培养学生为人处事、待人接物、文明诚信、集体意识和奉献精神等。同时，把学生参加社团活动的次数、时间、表现作为德行评价的主要依据，而且明确规定德行考核不合格不予毕业。为加强对学生的德行教育，台湾提出了一个共同校训，即"礼、义、廉、耻"。

这次台湾教育考察之行，让我深刻感受到教育的发展必须从学生的学习和成长出发，学校必须以先进的教育理念来引领学校发展，教师必须具备针对学生终身发展的教育理念，不断增强学习，提高科研能力，以老旧的知识来面对现代的学生是不会受到学生的欢迎的。改革是教育永葆生命的动力，创新是振兴教育的基石，我们必须立足实际，切实做好学科建设和课改的实施，促进学校教育的发展。

百草逢春全面育人
——台湾全人教育实践探寻之悟

■ 东莞外国语学校　王金发

从台北到台中，从台中到嘉义，再到台东、宜兰，一路走，一路寻寻觅觅，访大学、看中学、到小学、幼儿园，进社区、看民俗，走入学校看教育，跳出学校想教育，寻觅其中，探寻全人教育之真谛，渐渐如拨云见日，全人教育实践感悟逐渐清晰。

一、全人教育实践塑全人

全人教育是我们的一种教育愿景、一种追求。全人，是真正全面发展的人，完善的人，是具有主体性并能够把握自己的命运的人，是作为人而非作为工具的人，是整全的人而非残缺的人，是马克思倡导的自由、和谐、全面发展的人，是身心协调发展的人。这将是教育完满的追求，也是我们观摩宝岛台湾全人教育实践的感悟。

二、全人教育全参与

从相关部门到学校、到民众，从教师到学生、到家长，我们可以看到台湾对于教育的重视。参访多所学校，都有家长志工、志愿者在学校参与活动，在台中的西屯区永安小学，家委会的秘书全员参与我们的活动，在台湾家长们以做志工为荣，人人参与。在社区，我们也看到社区工作人员为学生创造实践的基地、平台。教育大事，人人有责。

三、全人教育全课程

所参访的学校，他们注重课程的设置，实现"弹性与多元课程"相结合的原则。有传统的课程设置，在传承的过程中又有突破。如科学课的设置，不但开启课程，专人授课，还有专门的教室，做很多实验，引导学生在试验中探求科学真理。

在突破传统的同时，注重特色课程，台北大安区大安小学，体育特色明显，孩子们表演的轮滑、抖空竹等几乎可以与专业级别比拟。台中西屯区永安小学以书法为特色，实现"百草逢春，书法育人"的特色教育，在台湾地区得到很高的认可。

图29　台湾东海大学附属小学校园一角

生态课程是台湾不少学校提出的一个新的理念和设想。

嘉义县竹崎乡竹崎小学是一所美丽的乡村老校，学校有着名贵的印度紫檀树木，环境优美、怡人。翁校长提出了一个设想，让大自然成为学生的课程、课堂，并把学校建成花园，办开放式的花园学校，实现生态式的学校管理理念。而高雄市瑞祥小学推行"蝴蝶生态"校本课程。环境已成为课程的重要组成部分。

四、全人教育多关怀

到学校参观，学校校长、主任等行政人员早已候立相迎。汇报时，校长谦逊有加，一一介绍自己的行政团队，很多时候校长只是个主持人，由各部门各自汇报，给予大家充分的尊重与信任。台湾同胞为人友善、与人共好，营造了浓浓的共好氛围。校长关注教师，教师就能关注学生；校长让位于教师，教师就会让位于学生；学校关注家长参与，家长才会更关注孩子。这种相互的关注与谦让，充满了浓浓的人文关怀，人性教育的融入才会有全人教育的实现，台湾教育人的行动诠释了全人教育身教重于言教的基本思想。

五、全人教育精细节

初次到台湾，还有一种陌生感，但是很快被台湾同胞的热情所感化。他们热情、友好，让人如沐春风，工作精细到让人意想不到。的士、大巴司机热情、周到，帮忙搬行李，下车时大巴司机站在车头用手遮护着反光镜，提醒每位乘客小心碰头，这种待遇让我们感动每一天。

在学校，校长、教师也是如此细致入微，台中东海大学附属小学的校训是：精致、卓越、温馨、创新。在校长办公室的玻璃窗台上，每天都会摆放一些孩子喜欢的玩偶、玩具，供孩子注目欣赏，幼小的心灵每天都被精心呵护，孩子们就在欣赏中与校长拉近距离。

图30 台湾东海大学附属小学校长室的窗台

六、全人教育多元发展

全人教育实践是我们教育永恒的追求。台湾教育同仁没有停步，他们不断探索，不断追求完善。他们在"翻转教室""翻转教育"中做足文章，同时张辉达老师的"学思达"教学法应运而生，掀起了台湾教育的探究高潮。

华梵大学与宗教结合，引入宗教的智慧为教学服务，为学生服务。东海大学附属小学是一所基督教学校，他们引入基督教的"圣慧"，摒弃其中的糟粕，有效地推动教学研究。

全人教育实践不是孤立的，而是以各种积极的思想、理论为指导，开展各项积极的实践活动，为人的成长、为全人的发展奠基。"一切都是为树人而活动，'五育'以此作为施教中心。"

图31 台湾华梵大学的"大学之道"

七、研修学习展望

台湾学习研修，让我对于全人教育的实践有着比较深刻的思考与体验，结合自己的工作实际，我拟在几个方面继续努力。

1. 继续学习全人教育理论

谢安邦、张东海编著的《全人教育的理论与实践》以全人教育思潮为研究对象，较全面地考察和梳理了全人教育思潮产生的社会背景、演进逻辑、基本主张、衍生演变以及实践走向，为思考当前我国教育中存在的问题、探讨我国教育的改革方向提供了一些新视角。为此，我要继续学习，提高认识。

2. 结合实际开展教学探究

我将结合自己的实际，在教学中践行"全人教育思想"，并且努力探究适合自己和学生的教学方式，促进学生的全面发展。

15天，我的台湾研习之旅
——广东省新一轮"百千万人才培养工程"小学名师赴台湾培训总结

■ 东莞市教育局教研室 陈晓燕

小时候，台湾是"日月潭""阿里山""外婆的澎湖湾"；青年时，台湾是余光中笔下那"一湾浅浅的海峡"；渐进中年，台湾是齐邦媛笔下的《巨流河》，是廖信忠笔下的《我们台湾这些年》，是杨渡笔下的《一百年漂泊》……从小到大，台湾一直是我魂牵梦萦，心心念念想去的地方之一。

2016年12月17日晚，当飞机降落在桃园国际机场时，踏上台湾土地的兴奋感、不真实感、好奇感一起涌上心头。提取行李、兑换台币、通关，然后就见到了迎接我们的当地陪同吕錧昌老师，个子不高，有几分儒雅、帅气，眼睛大而有神，看不出年龄，台湾人特有的气质十分明显。点齐人数后，我们迫不及待在机场合影，兴奋之情盖过了机车劳顿之疲惫。

登上将陪伴我们15天的双层大巴，一路前行，一行人被干净、漂亮的环境惊到了。吕老师很贴心地拿出两个移动WiFi，车厢内顿时一片报平安的声音。一路边听吕老师介绍，边欣赏台湾的夜景。华灯下，看不清城市的真实面貌，夜色朦胧中，一片安静与美丽，是我喜欢的感觉。

车行1小时，到达台北的饭店。办理入住，领到热腾腾的台湾粥，贴心的服务、暖心的美食、精致的酒店……很快进入梦乡，竟无半点陌生环境的不适感，一夜好眠。清晨准时醒来，开启台北教育考察之旅。

本次培训为期两周，走过6所小学、4所大学（预定行程之外，还参访了1所中学、1所大学）。聆听报告、参观校园、进入课堂，访问大学教授、小学校长，与教师、学生交流。从台北，到台中、嘉义、高雄、台东、宜兰，最后回到台北。15天，环岛行走了一圈，足迹遍布大半个台湾，品尝了美食。15天的行程很短，来不及细细了解，只能走马观花、浮光掠影，但触动心灵的东西很多，留下的记忆很美好，离开时有深深的不舍。

一、台湾印象之一：最美的风景是人

培训出发前，看到朋友转的一篇文章——《"梗着脖子"看台湾教育》，文中提到"台湾最美的风景是人"。

到了台湾后，印象最深刻的果然是台湾人。特有的"台湾腔"，温柔、儒雅、文明、友好与和善，无论是教授、专家、校长、教师、学生，抑或是司机、导游、服务员，甚至路人，都非常敬业、热情、有礼，从骨子里透出来的儒雅之气随处可见。于教育而言，"最美的风景"还体现在所接触的每一个教育人身上那份浓浓的教育情怀。无论是大学教授，抑或是村小校长，那份发自内心的对教育的热忱、执着与自豪随时可感。遇到的每一个孩子在学校中那份放松与自由让人羡慕；"最美的风景"还有导游和司机。全程陪同的吕老师职业是导游，而整个行程，全然没有导游之感，俨然一位儒雅帅气的老师。但贴心的服务随时都在，动作敏捷、安排快速、妥帖，风度儒雅，让我们仿佛跟着自家大哥般亲切、安心。司机大哥个子瘦小，刚做完一个小手术，只能摄入流体，每餐不能和我们共食。但我们一行人20多个大大的旅行箱，每到一处，拎上拎下都是他，越到后来，行李越多，箱子也越来越重，但他依然尽职尽责，热情友好，那一份敬业让我们很是感动。

"最美的风景"还包括无数不认识的台湾人民。同行的两位女老师傍晚时分在佛光山需要乘车，咨询一位的士司机，司机大哥说"因为约好人在此地等，所以不能载你们。但是刚才看到前面有的士，可以载你们过去（免费）。"载过去之后，发现的士已开走，又好心地载她们到附近巴士站，告知路线——这些人，构成了台湾"最美的风景"。如此"美的风景"还有很多，让人感动、让人难忘。"台湾人"就是台湾最美的名片。

二、台湾印象之二：重视教育　关注个体

台湾教师普遍高学历，大学教授自不用说，小学校长也多为博士，小学教师基本是硕士。高学历却能安教乐教，可见教师地位之高，亦可推想整个社会是如何的尊师重教，教育的发达也就不难理解。

对个体的尊重首先体现在对教师专业的尊重。台湾教师的专业自主权很大，具体表现为：有自主选择教材的权利；有决定是否开放课堂的权利；有是否愿意参加培训和研习的权利……我们所到的每一所学校，没有经过教师同意，不能随意走近课堂影响教师教学，更不能走进课堂听课。台湾社会对教师专业的尊重，是大家的共识，这一点远超出大陆教师。

经了解，台湾的公立小学，学校行政职务的设置是1位校长，2位主任，4位教学组长，没有副校长一职。教师与行政有明确的职责划分，行政十分尊重教师的专业自主。例如：关于听课，用竹崎小学教学主任的话说就是：教室是教师的专业场所，我的场所我做主。我们在东海大学附属小学参访时，正值上课期间，学校主任领着我们沿走廊参观综合楼的英语教学，路经教室，我们想透过窗户拍照，她会表现出紧张和不安，并示意和提醒我们不要打扰教师教学。高雄瑞祥小学校长在报告中也提到：只有当家长向学校反馈教师的教学存在问题或对教师教学有疑义时，校长才可以向该教师提出进课堂听课。

教师的专业自主权还体现在教材选择权。在瑞祥小学参访时，我问及学校的数学教材版本，总务主任介绍：各年级选用教材由年级组教师商议决定。也就是说不仅不同学校可以选用不同教材，就连同一所学校同一学科不同年级都可以选用不同教材，只要是通过审定的教材（数学目前是3套），教师有权自主选择。当我问及衔接问题时，主任介绍说：当选用与学生前期所学教材不同版本的教材时，年级组教师必须研究两套教材之间的衔接问题并制定衔接补救方案，经学校教学委员会审议，达成共识后可执行。

对个体的尊重还体现在对"后进学生"的重视与关注。台湾有一个"补救"教学项目。针对学力处于后1/3的学生，当确定这些孩子对最基础的内容和能力掌握有所困难，则以相关部门行为实施"补救"教学，真正确保每个学生能接受最基本的教育，发展最基本的能力。

对个体的尊重还体现在无数细节中。如：校园的布置十分"童真、童趣"，几乎看不到成人的痕迹；课堂无"学习"压力，孩子如在家般放松，在自由、轻松的环境下才能更

安心、专注地投入学习。

对个体的尊重也体现在我们行走所经过的每一个地方。如酒店马桶的自动化设计、窗帘开合部位的交错设计、一块"小香皂"撕开部位的设计，都十分人性化。电梯有专供残障人士按的按钮，每所学校、每个公共场所的残障设施十分齐备，丰源小学只有两层高的教学楼也设有电梯，就是为了方便需要特殊照顾的人。诸多细节，让我们随时随地感觉到温暖、人性化，在台湾15天，没有出现任何不适感，这是我人生中所有的出差旅行中少有的体验。

三、台湾印象之三：教育是整个社会的责任——家长与志工的参与

本次学习，我们参访了6所小学，其中5所公立（台北市大安区大安小学、台中市西屯区永安小学、嘉义县竹崎乡竹崎小学、高雄市瑞祥小学、台东县丰源小学）、1所私立（台中东大附小）。6所学校中，除私立及临时拜访的学校之外，其他每所学校接待人员中，必然有一位家委会成员，一般为家委会委员长或秘书长。校长会特别为我们介绍，甚至安排其发言。第一次遇到此种情况，我有那么一点小小的纳闷：一个纯粹的教育者内部的交流活动，家长为什么要出席？当在第二所学校再遇到此种情况时，不免思考：家委会成员出席对学校有何益处？我分析，学校大概出于以下几方面考虑：一是让家长知道学校的大型活动，可以宣传学校；二是万一有家长对学校的活动有疑虑或不满，家委会成员可以负责解释和证明；三是显示学校对家委会的重视……

为了证实我的想法，参访竹崎小学时，我与学校主任聊起这个话题，她指出：教材的选定由任课教师提出所选教材版本及补救方案（如果有衔接问题），需经过学校和家委会组成的审核小组讨论同意，并提到学校很多事务都必须有家委会成员参与。而参访瑞祥小学时，校长在介绍学校特色时特别提到"志工人力充沛，家长会制度健全"，并指出其管理经验之一是"让志工、家长会力量成为重要资源"。该校长任职5年，家长和志工不仅为学校出力，还帮忙策划组织大小活动，甚至承担特色课程的教学。交流中，校长特别提到：志工主要是出力，家委会主要是解决经费问题。

由此可见，在台湾，家长和志工资源的利用是每所学校的共识。我的理解：一方面，家长对学校有重要的监督权（瑞祥校长介绍过教师的压力主要来自家长，而不是学校和上级行政部门。如果家长对教师的教学有不良反馈，校长才可以要求去听该教师的课），监督学校、教师的教育教学及其行为是否规范合理；另一方面，家长是学校筹集教育基金的重要人员，能帮助学校解决除相关部门补助资金外的经费问题。即家长参与学校的管理和监督。志工则主要为学校的各项活动出力，参与策划、组织，与老师、孩子一起做活动。仔细想来，家长作为孩子的监护人，有权利也有义务这样做。而志工，则是自愿为社区孩子的教育出一份力，尽一份心。所以，在台湾，无论学校、家长，还是社会人士，大家都有一个共识：教育是全社会的责任。家长和学校不是对立的，而是共同承担和思考孩子的教育问题。

回想大陆，虽然大多数学校也都有家委会，但似乎只是有其名而无其用。一方面是学校不希望家长监督，另一方面是家长不相信学校，大家彼此没有共识，各自从自身角度出发，对对方寄予高期望，对自己则免责，进而形成家校对立。也有做得好的学校，但总体而言，如台湾这样建立良好关系，互相信任，达成共识的十分少见。这是大陆学校值得思

考的地方，更是教育行政部门需要推动的领域。更好地发挥家长资源和志工资源，为孩子的成长和教育创造更好、更和谐的环境，需要我们做出更多的努力。

四、台湾印象之四：教育均衡　安教乐教

在台湾，城乡差别不明显。首先，无论在台北、高雄，还是嘉义、宜兰，抑或车行所经过的城市或乡村，我们没有明显的城乡差异感。干净、整洁，基础设施完善是城乡共同的特点，乡村因为绿化更多，感觉环境更好。其次，我们参访了两所偏乡小学——嘉义县竹崎乡竹崎小学和台东县丰源小学。这两所乡村小学，无论校园、校长、教师、学生，亦无半点落后之感。竹崎小学几位行政人员对家乡的热爱、对家乡教育的热忱令我们感动。为了丰富乡村孩子的假日生活，学校图书馆假日期间全天免费开放。丰源小学更是一所十分美丽的小学，蓝白相间的地中海风格教学楼让我们惊讶于"学校怎么可以这么美"。而只有96个学生（其中还包括幼儿班25人），却有22位教职工，让我感叹教育资源之丰富。两所乡村小学，再一次印证台湾城乡差别不大，也再一次说明台湾教育资源的丰富、均衡，以及真正做到关注每一个孩子。

教育均衡体现的另一个方面的是公立学校是保底教育，即保障每一个孩子接受最基本的教育。在台湾，私立学校是优质学校，是作为基本教育之外的对优质教育需求的补充。台湾的私立学校比较多，约占60%。但与大陆（特别是东莞）企业家以营利性质办的私立学校不同，台湾的私立学校大致有三类：一是和大陆一样，企业家为营利而办，这一类非常少，不到4%；另一类是企业家慈善办学，这一类多于前者，但不是主流；最多的是教会办学，主要有佛教、基督教、天主教等。小学毕业可以直接入读户籍所在学区的公立中学。如果户籍不在学区，则不可入读，除非迁户籍（据了解，台湾迁户籍比较容易，只要找到愿意接收的人家即可），否则没有其他方式可入读非户籍所在学区的公立学校；另一种方式就是选择私立学校（不需考虑户籍）。换句话说：台湾的教育是保障每个孩子有公立学校读，可以接受最基本的教育。而选择读私立学校则是对优质教育的需求，是有一定经济基础、对教育有更高要求的家长和孩子的选择，需要家长自己买单。

五、台湾印象之五："补救"教学　不让一个孩子掉队

"台湾中小学补救教学"项目是全台湾实施的一个项目。刚开始参访学校，看到课程表上有"国补""数补"课，觉得很奇怪，后来了解到这是整个台湾实施的一项教育工作，有专门的补救教材，于是对这个项目充满好奇。27日参访丰源小学，吴校长再一次提到这个项目，我便追问了相关问题，有了进一步了解。事后，吴校长介绍了项目网站给我，我下载了大量资料，对此项目有了更深了解。"补救教学"大概有以下实施流程：学校（主要是任课教师）提出需要补救学生名单——专业的测评机构实施测评——确定需要补救的学生名单（根据测评结果出测评报告，每个学生有一份测评报告）——确定补救方案和计划——实施补救——再一次测评——反馈补救成效。需要说明的是：①测评学生的确定通过专业的测评工具（委托第三方开发和实施测评，目前叫作"小学及中学补救教学方案科技化评量"）实施测评后确定，不由教师或教育局说了算；②补救班人数需6人及以上；③补救教师为在职任课教师或代课教师等，需参加培训并取得相应学时方能担任；④各学科、各年级有统一的通过审定的补救教材供教师选用；⑤补救效果由第三方评估；

⑥补救教师课时费由相关部门发放,标准如下:工作时间内,260元台币/节,业余时间为400元台币/节。

刚了解这个项目时,我习惯用大陆常用的思维思考:为什么要全台湾实施补救教学?为什么不是大陆的"提优"教学呢?不过,稍一思考,马上就明白:在教育问题上,相关部门的职能首先是保障"不让每一个学生掉队"。保障每一个孩子接受最基本的教育,这样才能保障学生素养的整体提升。至于优质教育,则可以发展私立学校,让有需要的孩子和家长根据自己需求选择,家长为选择买单。

六、最大的收获:对自我生命的重新思考

台湾之行,收获很多。于我而言,两大收获必须特别记录:其一是竹崎县竹崎小学所赠数学教材。出于教研员的工作特质,我向陪同的主任询问购买教材一事,主任非常热情,将学校一套出版社的教材样书赠送于我。这是一份沉甸甸的收获。当然,佛光大学也向我们每人赠书两本——星云大师的《贫僧有话要说》和赵无任的《慈悲思路两岸出路》,以及在华梵大学购买的晓云法师的《语丝》,此行收获之一就是背了沉甸甸的书回来。其二是教育者身上所透出的生命活力特别打动人。参访的几所大学,接待和主讲的校长、教授,大多都是已退休再工作人员,如:台北大学创始校长李建兴、华梵大学副校长简江儒、东海大学附属中学校长钟兴能、佛光大学副校长刘三锜,包括负责我们这次行程的昌志鹉经理。但每个人身上全然没有大陆退休人员那种老态,个个精力充沛、思维活跃、动作敏捷,充满激情,每当听到他们说自己已退休,我总要惊讶几秒,然后好奇地想:台湾的退休政策到底是怎样的?(最后一天终于忍不住好奇,获得关于退休的信息:工作满25年,年龄55岁即可申请退休)因为无论怎么看,他们都不像退休人士。那份生气与活力怎么也无法让我与"退休"二字联系起来。而更让我难忘的是台北市立大学教授郭家骅。我们研习的最后一天,在台北市立大学运动研究所博士研习室门口遇到他时,我的第一反应是:这是给我们讲课的教授所带的博士生。当开讲时,我还在恍惚:是不是教授没时间,临时让学生代为接待和讲课。直到他说"20多年前,我在美国留学"时,我才凭数学人特有的敏感推算出"哦!原来他有50岁了!"可是我一直无法相信,因为怎么看都只有30岁的样子,挺拔健美的身材、时尚的打扮、充满活力的一举一动,实在无法将眼前的这个"小伙子"与50多岁的人联系在一起。直到终于有人按捺不住好奇,追问他的年龄,才知道他是1965年出生,已经51岁。说实话,那一刻,我们全部人员都停顿了几秒。平时在电视上看到的明星"感觉年轻",我们多少觉得有不真实感,这一次却是真真切切看到,不由得不信,但真的觉得不可置信。台东县丰源小学的吴秀金校长也是如此。她是一位温柔、细腻、内敛的女校长,十分真诚地与我们交流,为我们介绍学校及台湾校长的遴选机制和任职情况,当最后说到"过几年就退休"时,我们全体人员又是一惊,怎么看也就40岁左右,她却说"小孩已经工作",如此,我们不得不相信她的确可以退休了。

台湾行,遇到这一系列已退休或即将退休、却充满朝气、活力、热情的教育人,让步入中年的我对自己将要到来的老人生活有了新的定位和追求,让我重新思考:如何面对岁月?面对老去?使我明白:老年生活还有另一种精彩,有更美好的安放。要说此次台湾行最大的收获,于我而言,大概就是这一最最触动我心灵,对我生命有所改变的感悟。正如

佛光大学的"三生三好"教育（生命有品德、生活有品位、生涯有品质；说好话、存好心、做好事）我要努力践行，让自己的生活有品位、生涯有品质。

七、结语

有一句话如是说：我们看到的或许仅仅是我们愿意看到的；我们看到的其实也只是我们能够看到的。

15天，很短，所见所感所思所想，也许都只是我愿意看到和能够看到的，并不能代表全部。但于我而言，圆了多年的梦，看到我愿意看到的美好，足矣！

台湾，教育的另一种印象
——赴台湾学习总结

■ 东莞松山湖中心小学　蔡敏胜

此次去台湾培训，随广东省新一轮"百千万人才培养工程"小学名师培养对象一起学习，是我第二次赴台湾参观学习。在第一次的基础上，对台湾又多了一些印象，或许了解得更透彻一点。

一、带着问题学习

作为一名小学的教师，虽然已去过一次台湾研习，但还是很珍惜这次学习的机会。这次学习，除了学习要求外，自己还带着一些问题，因为回来之后，我们即将建设一所全新的学校。我想，台湾的学校教育，或许能给我们一些启示和思考。

基于问题的参观和学习，让我用不一样的眼光来观察问题。例如：台湾教育如何引导教师的专业发展；学校的人文生态是如何建立的？台湾的学校，基于"全人教育"的课程是如何构建的？学校的校园建设空间是如何基于学生设计的？如此等等，所以在整个学校的参观过程中，我非常认真，特别是通过手机拍下了许多很有意义和价值的图片，作为学校建设的一种借鉴和参考。例如没来到台湾之前，就知道台湾有一所最美丽的学校——丰源小学，这次研修之行，让我一睹了它的风采。丰源小学的校园十分漂亮，地中海风格，白蓝相间，极具视觉上的冲击力，不仔细看很难想象是一所小学。学校的校长很自豪地说：没有人说，学校不可以美成这个样子。这些，都给了我们很多的启发！

二、在比较中学习

没有比较就没有进步，在比较中学习就会发现一些有价值的问题。在第一次去台湾参观的时候，让我印象深刻的是：台湾的学校对于生命、生态等教育的重视，当时写出一篇文章《根植于心的教育》，台湾的学校很重视把这种普适的价值理念融入课程之中，从小进行渗透。而我们的教育、学校办学与台湾相比，存在哪些问题和优势呢？于是，在学习的过程中，我认真地记录，不断地追问和思考，及时请教一些问题，让自己对台湾的学校了解得更多。在参观的大学、小学之中，既要进行纵向的比较，同时也进行横向的分析，深刻地了解台湾教育发展状况，看能从中得到什么样的启迪。所以整个学习中，我带回了大量的学校的资料，作为自己日后查阅的重要参考，同时也收获非常大。大到学校的宣传光盘、书籍，小到学校的 LOGO 设计的样品、一句经典的文化标语。如："让生命影响生命""明德日新"的校训，"将大学留在人间、把智慧留给自己"等。现在重新翻阅这些文字的时候，这些声音还在耳边回响，充满了力量。

三、在收获中学习

半个月的学习，走访了台湾的一些地区，我收获了许多，也重建了对台湾教育的另一种印象，它虽不奢华，但却很朴实。表现在：

其一，台湾的大学建设非常重视人文精神，这些极具力量的文化内涵，渗透在校园每个角落，无论是公办学校还是民办学校，真实而存在。例如：台湾师范大学和华梵大学等，对培养人和教育人如何成为人的理念，着实让人值得思考。连学院的解说词也很有味道——在艺术学院的解说里，这样的话语总是充满力量："创意不受限制""独特是这里所有人的自信"。无所不画、无处不画，各种色彩展现着对美感的定义。

其二，小学课程建设特色明显，以小见大。台湾的小学也非常重视课程的建设，但不是面面俱到、贪大求全，而是聚焦点面，深入挖掘，彰显魅力。例如：爱河边上的光荣小学的海洋课程，整个课程设计体系性强，又基于学校的实际，具有很强的操作性，在实施的过程中将课程荣誉辐射到全校的课程领域，取得了很好的实效。光荣小学立足学校实际，深植校本课程的国际教育，将课程融入学习、全校参与并以网络科技进行国际伙伴交流，从而提升教师的专业成长。台湾宜兰县礁溪小学，围绕"念恋温泉、魅力礁溪、创新卓越、拥抱世界"的课程主轴，融合领域课程，构建了一套完整的课程体系及评价体系，给了我们很多的启发。

其三，校园空间和文化建设，因地制宜，注重生态。一些学校在建设时候，非常重视空间的设计和地域的概念，关注其教育生态，很接地气。台中太平小学里，爱上厕所成为学校的一种文化，想想还真有意思。该校在厕所的文化建设上很有特色，有着风靡台湾的"五星级"厕所，爱上厕所成为一种是文化标识。厕所的建设很科学，也很有文化味道，通风、文化墙、儿童元素等，都经过精心的设计，厕所不再是孩子们不愿意待的地方，而是一种新的环境。丰源小学的校园十分漂亮，地中海式风格，白蓝相间，极具视觉上的冲击力，不仔细看很难想象是一所小学，"以人为本"，遵循"教育是永远发展"的原则，学校的空间营造体现了学校教育者的办学理念。

当然，学习中还有很多的收获。如：台湾小学的集团化办学、教师的专业成长、高校如何服务于基础学校等都值得我们思考。

回顾学习期间的感受，实地考察与书本得来终归是不一样，我时刻提醒着自己，读万卷书还要行万里路。归来后，我不但要将台湾学习的收获运用到自己的工作实践中，同时还要分享给别人，这样的学习才会真正有意义！

遇见·台湾教育

■ 中山市实验小学　卢小娟

按照广东省中小学新一轮"百千万人才培养工程"第二批小学名师培养计划，2017年12月24日—2018年1月8日，我们小学名师培养对象一行24人赴台湾开展为期15天的以"全人教育理念"为主题的研修活动。15天的行程，我们先后辗转台湾的5个县市，通过听专题讲座、参访标杆学校、与当地教师座谈等形式，对台湾的基础教育体制、小学课程设置、教学方法与教学手段、办学方向及理念、学校管理制度等方面进行全方位的了解。

一、办学体制及办学模式

台湾的学校教育分为四个阶段：幼儿教育、小学及初中教育、高级中等教育（高级职业学校）、高等教育（专科、独立学院、大学、研究所）。从2014年开始正式推行从小学到高中的12年义务教育，公立中小学学生的学费、杂费全免。在办学体制上有相关部门办学、私立办学及佛教、基督教等各宗教办学。公立学校实行小班化教学，小学每班不超30人，中学每班不超35人。

此外，台湾的社会教育也多种多样，包括有特殊教育、补习教育、成人教育及负责推动发展社会教育的博物馆、科学馆、图书馆、艺术馆及社会教育馆、文化中心等社会教育机构，可谓多元办学。

二、丰富灵活的课程设置

台湾的课程设置内容大致与我们大陆相仿。均以培养全人发展的健全国民为最终目标，但他们的课程设置理念更注重人的生命内质发展。小学课程以"人与自己""人与社会""人与自然"三大范畴为线索，将所有的学科科目整合为语文（汉语、乡土、英语）、数学、社会、自然与科技、艺术与人文、健康与体育、综合活动七大学习领域。

除了这些固定课程，我们在参访学校的课程表中还看到了社团课程和弹性课程。这是因为台湾的教育主管行政部门提倡"教育三个一"，即"一校一特色，一生一专长，一个都不少"。所以学校将特色课程与固有的课程结合起来。如，有的学校倡导"生命教育"，则从安全、信仰、感恩、人与自然、人与他人、人与自我等角度进行课程设置，让学生感受生命的价值与美好；有的学校以英语教学为特色，则利用生活化的教材、多元化活动等构建英语特色教学的整体框架，达到教学目标和学习效果。有的学校则倡导"多元适性发展"，学生可以自由选择剪纸、书法、围棋、街舞、轮滑、民乐、模拟法庭、航模等选修课，从中找到适合自己发展的兴趣特长。

三、兼容并蓄的传统文化与国际视野

在台湾，"礼、义、仁、智、信"是每所学校的共同追求，对学生的传统文化教育

"随风潜入夜,润物细无声";而培养学生具有国际视野,成为地球人,也是学校的现代教育观。每所学校都体现传统文化与国际视野的兼容。

台湾的学校非常重视中国传统文化教育,尤其重视国学、书法,重"仁、爱、礼",讲"真、善、美",秉承着传统文化的意蕴。校园处处体现传统文化。走廊随处可见的书法作品、孔子塑像,古色古香的中国式建筑风格,班级命名大多是"忠、孝、仁、义、爱"或"甲、乙、丙、丁、戊",校园的每个角落随处可见《论语》《道德经》《大学》中的经典语句,使得教育浸润学生的成长历程,学生在潜移默化中细细汲取,努力追寻生命的美丽。校园的过道里、墙壁上、楼梯台阶上都贴着分别有普通话与闽南语、客家方言相对照的日常生活用语、儿歌,这也体现了他们对传统文化的重视。

图32 台北市大安区大安小学一年级忠班

图33 学员们在台中市北区太平小学听闽南语课

坚守文化传统,传承中华美德,还体现在课程设置上。台湾的学校每周开设一节"本土语言课程",让孩子在"闽南语""客语"和"原民语"三种语系中选择一项来学。我们有幸在台中市北区太平小学听了一节闽南语的教学课。内容是有关春节习俗的。老师通过带读、情景对话、唱游、测试等方式,教孩子学习闽南语,生动有趣,富有家乡情怀。

台湾的学校教育还非常重视古诗、成语的教学,重视礼义廉耻的教育。在社团活动中经常开展吟诗、作画、书法等活动,从而使传统民族文化得到了较好的传承。如台北市大安小学致力于打造书香校园,"经典诵读"就是孩子们阅读的一部分。

除了传统文化的坚守与传承之外,我们每到一所学校参访,不管是城市中心的学校,还是相对偏乡的学校,在校长介绍学校的愿景与发展理念中均可以听到的是"国际化教育"这个理念。如礁溪小学以"温泉礁溪情,活力国际观"为主题,实施特色课程,开展了系列教育教学活动,帮助学生树立走向世界的理想;东海大学附属小学以英语教学为特色,培养学生的国际视野……

台湾学校的教育教学理念绝不是仅仅体现在某项活动中。正如高雄市光荣小学的李哲民校长所说的,学校活动就像烟火,放完就没了,因此一定要把理念贯彻到课程,实施到课堂,这样才能成为学校的文化和内涵,才可以世代累积。李哲明校长为我们带来的"海洋心 世界情"这场报告中,就从"设计理念""课程目标""融入学习领域""国际教育全球议题与能力指标"等方面细致地介绍了其国际化教育理念及落实这一理念的课程。他们构建的"海洋教育"特色课程有五大主轴——海洋休闲、海洋社会、海洋文化、海洋科学和海洋资源。首先是探究式学习环境规划,运用爱河水域,以独木舟、OP

（OPTIMIST）级及激光（LASER）级帆船，设计运动游憩教育探究式学习课程，探索操帆控舵的技巧以及独立解决问题的能力；其次是探究式学习课程规划，设计自我挑战独木舟及立式划桨系列课程及帆船教育（水上体育风帆课程）、生态实察课程（环境教育系列）；最后是知海爱海亲海，由帆船体验鼓励学生探究学习，走出户外探索海洋生态与环境，提升学生的学习动机与自信，共同点燃学习热情。通过这样的课程设置培养学生的国际视野。李校长指出，学生都是地球人，需要具备跨国移动力，要培养学生跨国文化的理解、沟通、尊重和欣赏能力，这样才能让他们胸怀天下，走得更远。

四、统一共融的学校与社区教育合力

这次台湾教育考察参访了10多所小学，与我们大陆的学校相比，这些学校最大的区别是大多都没有围墙，个别有围墙的也非常低矮。听校长介绍说全台湾的校园大体如此。学校不建围墙说明三点：一是当地社会治安良好，低围墙折射出台湾民众的素质；二是学校的透明度高、开放性强，能随时随地接受公众的检验与监督；三是教育已融入社区，社区已融入学校。学校与社区、与民众做无缝对接，高度融合，形成教育合力。

"学校与社区形成教育合力"体现之一是学校与社区资源共享。因为学校的资源是有限的，学校也不可能是一座孤岛，而社区及家长的资源是无限的。许多台湾小学位于城市中心，没有太多的自然资源，但社区文化的资源很丰富，家长的素质也很高，学校就充分利用这些资源，并得到社区及家长的支持。学校就把目光投向社区的图书馆、博物馆、科技馆、防灾博物馆及自然生态、植物园等。而学校的设施设备是开放的，如排球场、运动场等是社区居民下班后的活动场所；学校闲置的教室就成了社区一些活动的场所，如举办老年大学、公益性讲座等。

"学校与社区形成教育合力"其次体现在学校善用社区环境，打造教育特色。如我们参观的大安小学未来发展的愿景是建设"大安生态国际学校"。何为"生态国际学校"？即将学校建设为"生态实验校园""书香学习校园""国际环境校园"。大安小学位置得天独厚，处于大安区规划的绿廊之中，周围的生态资源丰富，有福州山公园、富阳自然生态公园、台湾大学等。学校未来的规划是进一步建造绿色校园，让人、动物、环境融为一体。据校长介绍，现在校园内有许多种类的动物在栖居，孩子们从来不去惊扰它们，与它们和谐相处。学校在特色课程建构上也是围绕这一理念进行。参观校园的时候，学校在空间规划上也让我们深深感受到了"生态实验校园"这一理念。学校绿意盎然，或大树参天，或苗圃曲径，或共融式游乐场，或恒温泳池……处处体现了环境与人文的整合，营造安全、美观、人性、温馨的校园情境和学习机会，提供健康成长、快乐学习的舞台，以培养身心健康的儿童。又如我们参观的高雄市光荣小学，因为临近爱河，这所学校便因地制宜，成立了全台湾唯一的帆船体育班，积极构建海洋教育课程，通过课程的落实，使学生知海、爱海、亲海、用海，除了掌握驾驶帆船的技

图34 台湾高雄市光荣小学校园与社区高度融合

巧，还锻炼出面对困难能勇往直前的勇气及懂得保护环境。这项特殊的课程曾获得台湾教学卓越银奖。还有我们参观的宜兰县礁溪小学（属于偏乡小学）也是利用周围的温泉，打造"温泉礁溪情，活力国际观"为主题的课程。

"学校与社区形成教育合力"还体现在学校利用志工团体，为教育提供更优质的服务。台湾的家长"志工团"是校园里一道亮丽的风景。志工团体由志工大会选举产生，组织机构严密，管理分工细致，工作职能落实到位。志工团团长"一年一任"，团长之下还设副团长、出纳、会计等，有交通导护组、勤务组、环保组、图书组、故事戏剧组、晨阅组、资讯组、辅导组等，协助学校共同为孩子打造优质的教育环境。这些志工有的是跟着孩子的脚步一起踏进校园，直到孩子毕业；有的是孩子已经从这所学校毕业了，他们仍愿意继续留在学校服务。

五、因材施教的"适性教育"

所谓"适性教育"，是根据儿童发展特性而进行的差异化教育。台湾的学校注重根据学生的兴趣特长因材施教，既注重资优学生的培养，也重视特殊学生的引导。我们参访的学校中，几乎每所学校都开设有十几个甚至更多的社团活动，其目的就是给学生提供更多的平台，让学生找到适合自己发展的方向。我们看到许多教室门牌上写着"资优班""潜能教室""希望教室"等名称，原来这也是台湾提倡适性教育的另一种体现。据校长介绍，台湾小学生在升上五年级后统一接受上级主管部门的一次考核评价（一至四年级不进行这项评价），帮助学生找准优势或"短板"。如果发现学生有优秀潜质的，在征得家长的同意后，将其集中在一个教室里进行定期的培训，以更好地挖掘培养其潜能，这就是"资优班"。如果在考核中发现某些孩子某方面存在缺陷的（不光是智商缺陷，还包括了情商等各方面能力），则通过"潜能教室""希望教室"进行辅导。这部分在某方面存在缺陷的孩子参加辅导后，经过主管部门的统一考核达标后，可以不再参加这些班的学习辅导。

图35 台北市大安区大安小学家长"志工团"
（图书组）在为孩子们整理图书

六、本次研修的主要启示

（一）两岸办学风格迥异，但目标一致

走进台湾的学校如同走进大陆的每所学校一样亲切。尽管我们地域不同，办学风格不一，但在教育的发展政策、校长的办学思路、教师的专业发展、全面育人的培养目标等方面，我们都深深地感受到两岸教育有着很大的共识。

（二）台湾教育的主轴理念与方向高度统一

台湾每所学校都注重"全人教育"。"全人教育"就如同我们大陆学校提倡实施的素质教育。学校的"全人教育"不仅体现在他们的办学理念和教育发展规划上，而且落实在学校每一个年级的教育过程和教学实践中。每一所小学在实施"全人教育"的过程中努力

创办自己的特色,确实达到了"一校一品"。学校实行多元智能理论,开发多元课程,在各年级各领域中融入多元智慧教与学,让艺术与人文课程整合。几乎所有学校都设置了多个活动社团,让每一个孩子都能找到自己成长的平台,通过各种实践活动培养学生为人处事、待人接物、文明诚信、集体意识和奉献精神等,努力实现"一生一专长"。

(三)台湾人的文明与热情

在台湾两周时间,我们接触到的每一个台湾人都彬彬有礼,温文尔雅。每当我们离开,他们都挥手告别,目送很久。街上听不到汽车的喇叭声,也看不到行人闯红灯的现象,狭小的街巷摩托车停放整齐划一。人们自觉排队,耐心等候,轻声细语交谈。很少看到警察,人们高度自律。很难找到一个垃圾桶,但所有的城市乡村路面都是干干净净,难以找到一片垃圾。随行的司机、旅店的服务生总是主动为我们搬放行李。细节折射文明,文明反映教育,审视我们的教育,可谓任重而道远。

(四)台湾教育存在的问题

1. 城乡教育差异较大

我们走访的10多所学校中,有两所偏乡学校。无论是校舍条件,还是设备设施,明显落后于城市学校。相关部门的投入尚未达到均衡。由于种种原因,学校目前的运作经费逐年在缩减,许多校舍、设备较为陈旧。

2. 学校面临着生存压力

由于台湾呈现"少子化"倾向,办学条件和社会美誉度稍差的学校自然会面临招生难的问题,教育行政部门也面临着过剩师资的安置问题。

台湾之行,我们经历的、感受的、学习的、思考的,都将成为不可多得的财富。两岸关系的美好未来在两岸教育,台海和平稳定的基石在两岸教育,中华民族伟大复兴同样在两岸教育。做好两岸教育的交流,是推动两岸关系和平发展、实现两岸和平统一的重中之重。作为教师,我们要努力做两岸关系和平发展的推动者、建设者、维护者。

台湾"全人教育"的所见所思
——赴台湾研修总结

■ 中山市五桂山学校 李宇韬

2016年12月17—31日,我有幸作为广东省中小学新一轮"百千万人才培养工程"第二批小学名师培养对象,赴台湾参加"全人教育策略及实施"研修交流活动。通过专题讲座、学校参访、座谈交流等形式,我们从多角度了解了台湾学校的办学特色与教育教学理念。

"全人教育"是一种整合以往"以社会为本"与"以人为本"的两种教育观点,形成既重视社会价值,又重视人的价值的教育新理念。这是一种理想的教育观念,也是中外教育家的一种理想追求。就其内涵而言,"全人教育"首先是人之为人的教育;其次是传授知识的教育;第三就是和谐发展心智,以形成健全人格的教育。就其教育目的而言,"全人教育"把教育目标定位为:在健全人格的基础上,促进学生的全面发展,让个体生命的潜能得到自由、充分、全面、和谐、持续发展。简言之,全人教育的目的就是培养学生成为有道德、有知识、有能力、和谐发展的"全人"。

台湾从基础教育到高等教育,长期坚持"全人教育",我们在15天的研修点滴中深有体会。

一、"全人"为本的育人理念

教育是为了培养全面发展的人。在参访台湾台北大学时,通过校董李建兴校长的介绍,我们了解到当前台湾教育转型的特点:基本完成从幼儿园到中职到大学的制度化建设。逐步完善的教育制度将免费教育延长到15年,让更多的孩子能接受良好的学前教育与中小学教育。而在大学招生方面,很多已是免试和多元入学方式,目的是全面考察学生的人文素养与知识能力。教育制度的转型使课程、教材面临最大转型时机。

台湾教育研究院教育人力发展中心主任洪启昌教授向我们介绍了台湾中小学校长教育理念与人文素养,阐释台湾中小学校长及教育者应具有怎样的教育理念与人文素养。洪教授教育理念观点之一是:教育专业人员应该避免"忽略孩子心声,用成人的眼光、标准去评判孩子的需要"这样一种专业盲点,教育不能忽视孩子的需要。其次,教育者的职责是培养孩子成为未来社会的主人,教育要从重视"平均值"转为思考"变异度"的理念革新。最后,洪教授在理论层面分析了台湾教育核心素养——自发、互动、共好。这与大陆当前提出的"中国学生发展的核心素养"有许多相似之处,都是为了培养"全面发展的人"。

"全人教育"理念的实施尤其体现在高等教育方面。例如华梵大学,以"觉之教育"为创校理念,意在辅导青年对心意的善导、对环境的选择,其内涵包括:"自觉",开拓心灵智慧潜能;"觉他",利益众生;"觉行圆满",止于至善。在实施"觉之教育"时,从服务教育、觉智与人生、社会实践服务三个方面设置课程,以培养学生具有谦逊务实、认真负责、勤奋进取、友善合作的特质。例如佛光大学，以"落实环境教育于无形"为育人之道，重视品德教育，知书达礼的精神，而在课程设置上提出"三生教育"：生命（品德）、生活（品味）、生涯（品质）。

二、"全人"为本的教育环境建设

我们走访过的台湾校园都不是很大，但校园环境及文化建设却在细节处体现着以人为本的精神。

走过剑桥、牛津、哈佛等一些世界名校，于是我心目中对于"大学"有一个理想的蓝图：有悠久的历史，有知名的大师，有承载学校发展历史的古今建筑……初见华梵大学，她与我心目中的大学相去甚远。然而在了解这所大学"觉之教育"理念，并在校园一隅匆匆走过后，我却对这所只有3 000多名师生的大学有了不一样的认识。建校者精心设计校园六区三十景达到景观境教，以培养学生具有谦逊务实、认真负责、勤奋进取、友善合作的特质。学校设有文学院、工程管理学院、艺术设计学院和佛教学院四大学院。华梵大学是台湾一所精致的森林大学，它远离城市的喧嚣，以校园得天独厚的清幽雅韵，将人文与科技融汇，在传授知识技能的同时，关注学生心性的培养。

另外一所以环境育人为主旨的大学——佛光大学，是全台湾最年轻的大学，坐落在台湾礁溪林美村山上。海拔430米的校园风凉气爽，龟山岛与兰阳平原尽收眼帘。大学以书院气质为特色，但校舍设备却极富现代感，力求完全满足各科需求。佛光大学以"落实环境教育于无形"为育人之道，重视品德教育，知书达礼的精神。为了更好地培养"全人"发展的学生，佛光大学计划在师生关系架构方面进行改革：每个班级设有导师，由任课教师兼任；以"学术家族"的方式，将兴趣相同的导师、学长、学弟组成一个团队。未来要走向书院模式，把宿舍改成书院，鼓励导师住进学生宿舍。书院导师就有书院的自治组织，办书院的活动。

在基础教育方面，台湾"全人教育"更加突出体现在"均衡"二字上。例如我们所参访的嘉义县竹崎乡竹崎小学和台东市丰源小学。

嘉义县位于台湾本岛西南部，西边濒临台湾海峡，东边与阿里山山脉接壤。受台湾"少子化"状况影响，县城里有十多所学校学生人数在50人左右。竹崎小学以500多名学生规模位列这个县城200多所学校中第12。作为乡村小学，该校学生均来自附近乡民，年轻人外出务工，老人与孩子留守乡村。然而，就是这样一所乡村小学，却让我们得以一窥台湾教育的均衡投入。占地4万平方米的校园，以其斜坡地势很好地将教学区与活动区分开，互不影响。教学楼前面那几棵参天古树，让人感到一份厚重的沉淀。教学区与活动区之间种有十多盆三角梅，适逢盛开，虽为数不多，却也姹紫嫣红，给满眼绿荫的校园平添一道艳丽的风景。教学场室不新，室内物品也有些零乱，走廊柱子外涂层上甚至有些剥落。教学楼不大，但也配有设备齐全的语言、电脑、舞蹈教室，班班有电视、电脑、投影等设备，有多种户外游戏器材。

学校在阅读教育和英语教育方面的举措：为学生阅读提供一切便利，开展专门的阅读课程；为解决嘉义县英语教育资源受限现状，借助县城的资源开设国际英语村活动，为五年级学生提供5天4夜营队免费体验活动。竹崎小学阅读课程与英语村活动，深深吸引了我们。虽是一两项简单举措，却让我们实实在在感受到当地相关部门、学校教育者为提高教育服务质量所作的努力。

　　台东以农业著称，当地多数为务农人员。年轻人都往城市跑，留下务农的人越来越少。因此，学生人数很少的"麻雀学校"就成为这里的普遍现象。丰源小学就是一所连幼儿园在内共有96名学生的"麻雀学校"。然而就是这样的学校，其环境、师资、资源，丝毫不比之前所见到的小学逊色。丰源小学被称为台东最美小学，地中海风格的校舍坐落在太平洋与阿里山脉之间。校园内绿草如茵，白墙蓝顶的两层校舍中，班级教室、语言教室、科学教室、音乐教室等一应俱全。富有人文素养的校园设计处处体现着"以人为本"的理念：每间教室均有3扇方向各异的门，既通风透气，又使孩子快速出入而不会相碰；虽只有两层的建筑却安装了电梯，为特殊孩子及孩子的特殊需要而考虑……"麻雀虽小，五脏俱全"。相关部门不以学生人数为理由进行学校撤并，为了给学生最好的教育，相关部门不计较人力、物力、资金的投入。尽管是所寥寥几十名学生的"麻雀学校"，依然可以建得这样的美，人与物都配得如此的全。

三、自主为本的教师专业发展

　　自从李远哲教授获诺贝尔奖后，台湾教育界发出多种改革声音。最为突出的是校园自主，特别是人事的自主。过去中小学及大学校长都是相关部门指派的，在校长主管之下，教育政治意识非常强。早期，所有老师的证书、审查等，都是由教育部门负责。现在，这些现象已得到改变，例如，佛光大学的教师资格、选拔等都由学校自己组织进行，只是需要将方案提交教育部门审查，具体操作由高校自己处理。另外是经费方面，各大学对所收学费有自主使用权。再就是课程的自主改革权。早期在台湾，本科毕业需要140学分左右，其中大半是教育部门或学校规定的，只有30%左右是学生自己选择。而现在的大学课程中，只有30%左右是必修课，剩下都是学生的选修课。目前教育部对大学课程几乎不能干涉，绝大部分由学校自己决定。目前，中小学校长的遴选不再是教育部门选派，而是先要有个遴选委员会进行选拔。

　　台湾中小学教师不存在职称评定、年度考核这些规定的评价制度，教师教学质量好坏似乎不受任何评价，但从校长晋升与选拔制度来看，不难发现，台湾中小学教师专业发展是以自主为主。教师有严格的准入制度，有系统的任职前专业培训。虽然没有职称评定与年度考核这些东西，但是如果一位教师想要有升职的机会，那他就一定要先成为资优教师。由教师或学校提出申请，教育主管部门组织专门的评价团队，对教师进行全方位的考核并作为评定。学校主任等一级的职务任免，必须从资优教师中选拔，再经过一段时间的岗前培训后分配到学校任职。同样，校长的选拔也必须从主任中进行。

　　教师的专业发展成为教师内在追求，职务晋升成为专业成长的认定。给教师自主选择的机会，让有为的教师有位，这是以人为本的专业发展路径。

弘扬传统文化　凸显国际视野
——赴台湾教育考察学习报告

■ 广州市增城开发区小学　陈树德

2017年12月—2018年1月，在广东省外语艺术职业学院领导的带领下，我们广东省"百千万人才培养工程"小学名师培养对象共20人前往台湾进行为期两周的教育访问及考察。期间，分别走访了台湾师范大学、台湾华梵大学、宜兰县礁溪小学、台北市大安小学、高雄市光荣小学、台东县丰源小学等知名学校。

考察期间，通过实地察看、听取专题介绍、座谈、观看学生表演等多种方式及途径，我们对台湾地区的基础教育有了一定的了解和认识。现对考察期间所见所闻进行梳理，并努力提炼总结台湾基础教育给我们的一些启示。

启示一：图书馆里的书"真的"有人读

一周的教育考察，看得最多的是图书馆，感受最深的是国学的传承。无论到哪一所学校，无论是大学、中学，还是小学，图书馆是参观学习的必备环节。

台湾学校的图书馆具有以下特点：一是占据着最佳位置，例如台湾师范大学的图书馆建在学校的最中间位置（参观的校区就叫图书馆校区）；各个小学的图书馆也都是在几栋教学大楼的连接部位，方便各栋楼上的师生借阅；二是装饰得最好，与别的场室相比较，图书馆是每一所学校文化氛围最浓，装饰得最人性化的地方；三是有多位专人管理，有图书管理员、家长志工，很多学校还"服务上门"，按照学生登记的书名送到各班教室；四是图书没有灰尘，因为借阅的人多，流通性好，也就是那里的图书真的有人读，

图36　小学图书室一角

真的读过；五是管理措施先进，图书都是扫描式登记和归还的，就像超市里买单那样，只要一扫条形码，就登记（或归还）了；六是常常开展读书比赛交流活动，让学生有展示的机会。

回顾大陆的各个学校，基本上都有图书室，而且图书的数量比台湾学校里的多（台湾要求每所学校1.8万册起），尽管教育局在各种检查中反复督促各校搞好借阅书籍和登记工作，但是效果并不好。因为各学校的图书往往放在楼上，置之书架，无人问津。我想，可能有以下几点值得思考：图书室的位置是不是可以放在最方便的地方？能不能配置专职管理图书的人员？能不能也搞一下推动学生读书的活动？总之，我们应该想办法让学生真正地爱读书，让学校的图书真正地利用起来。

启示二：传统国学"真的"得到了传承

毋庸置疑，国学是中华民族文化的精髓。与大陆相比，台湾的基础教育更加注重弘扬中华传统，强化行为熏陶，在理念上更注重古今中外结合，兼容东西方文明。

一是各学校开设的课程，无不把国学放在重中之重的位置。古诗的诵读、古文的学习、毛笔字的练习等，作为课程的核心让学生从小就得到了传承。

二是校园里有高高屹立的万世师表孔子塑像；图书管理张贴着《论语》的经典语句；学生开学典礼、毕业典礼的拜师、谢师仪式等，无不彰显着中华五千年文化的传统美德。

三是在参观考察中，每到一处，学校行政团队列队欢迎，无不让人感受到校园师生的彬彬有礼，落落大方。导游、司机、服务生的彬彬有礼，大街小巷的洁净清新，校园围墙又矮又透（很容易穿越，或翻越）却能保持干净、确保安全（无人破坏）。浸润在这种凸显人文情怀传统文化中的台湾基础教育，自然处处都展现着"以人为本，弘扬传统"的印痕。

由此可见，台湾教育在继承传统文化方面要比大陆做得更好。台湾教育非常注重传统文化的传承，教师都有良好的人文修养，课程中传统文化的比例较高，每个中华民族的传统节日学校都要举行盛大的庆祝活动，据说有的高中至今还举行仿古成年礼，受礼的学生代表穿着古装，仪典庄严隆重。民族的才是世界的！这充分说明继承传统的重要性，继承了优良传统的教育才会有扎实的根基。

启示三：创新能力"真的"受到重视

传承国学和与时俱进并不矛盾。台湾学校在培养孩子的创新能力上，比大陆做得更实在。如华梵大学的科技创新楼，展示了学生的创意作品，虽然大部分作品还有各个方面的瑕疵，但是无不体现了学生的创意和较强的动手实践能力。我们随行的许多老师还情不自禁地坐上了孩子们发明的"模拟山地自行车"锻炼起来，在"百发百中"（电子产品，用球砸屏幕上跳起来的图像，计算速度和准度）的电子屏前玩起来。

启示四：家长"真的"在协助办学

台湾学校也面临着经费不足和人手不够的问题，家长是解决这些问题的重要力量，我们还现场观看了家委会的工作会议。经仔细了解，得知台湾地区大力倡导学生家长参与学校各项活动，关心资助学校发展。所有学校都成立了家委会，许多家长都经常在休息时间来学校做志工，并捐款捐物。学校借力借势，促进学校办学更加多元、开放。所有小学的家委会自发组织家长们捐钱捐物帮助学校，班级的空调及电费、学校管乐团、跆拳道、击剑队、体育器材、敬师礼等开支均由家委会募捐解决。募捐的钱全部由家委会管理和使用，为学校解决了许多问题。在募捐登记表上，孩子的名字都进行了处理，用〇替代其中的一个字，以保护孩子的尊严。

启示五：台湾教育也面临着许多同样的问题

台湾基础教育确实有许多值得借鉴和学习之处，但我们也看到了一些问题。

1. 招生、升学同样面临着选拔和压力

就拿台北中正中学来说，一所高中面向全台湾招生，其竞争的激烈和难度可想而知。而各所学校在介绍学校的时候，也不约而同讲到了升学率（进名校），可见"应试"同样是台湾教育的"核心"。

2. 教师同样面临着职业倦怠问题

据了解，台湾教师入职很难（考证难），一旦进入教师岗位，可以干一辈子（铁饭碗）。而教师的工资主要看教龄，年龄长工资高。所以也有很多年龄大的或教学能力不强的老师同样存在职业倦怠。

台湾之行，虽来去匆匆，但感触良多，收获甚丰。正如领队老师在回来的车上所讲，台湾学校有台湾学校的特色和亮点，大陆学校有大陆学校的优势，作为广东省教育强市，我们中山教育人要客观、理性地学习台湾学校的优点，如传承国学、国际视野等方面，也要发扬我们的长处，如近几年的德育创新、教育创新等，必须在工作中细细整理、好好回顾，相信对自己今后的学校管理定会起到促进作用。

走进台湾 感悟教育真谛

■ 中山市实验小学 黄伟祥

作为广东省"百千万人才培养工程"名师培养对象，有幸赴台湾进行交流考察，通过对台湾人文风情的感悟和深入学校的参观，我们切身感受到了台湾浓厚的文化氛围，切实感悟了台湾教育的特色，感触很多，收益颇丰。15天的经历、感受、学习、思考，都将成为我不可多得的人生财富。

一、以人为本，关注每一位学生

教育之实施，应本有教无类、因材施教之原则，以人文精神及科学方法，尊重人性价值，致力开发个人潜能，培养群性，协助个人追求自我实现。为能落实这一教育追求，台湾教育行政团队最重要的功能，在于有效支持和帮助教师教学和学生学习，教育行政人员经常深入学校倾听师生心声，了解师生需求，破解师生难题。几所考察学校给我们的共同感觉都是学校工作一切围着"人"转，时时处处爱护人、关心人、服务人。

如校长带领我们参观校园时，碰到老师和学生都会当着客人的面赞美有加，学生表演项目结束校长都会带头鼓掌并给予夸奖。这样的教育理念在传承文明、陶冶人格、培育志向等方面大有裨益。特别令我感动的是健康小学的杨士贤校长每周亲手做饼奖励进步的学生，学生是由各班推荐上来的，这些学生每周一集中到校长室与校长开茶会，与校长聊天，品尝校长的爱心饼。更难能可贵的是，百忙中的校长，把这件事一干就十多年，从未间断，这就是以人为本的体现，这也是杨校长的校长情怀。

二、传承文化，让学生全人发展

台湾教育非常注重传统文化的传承，这样的传承渗透于社会的方方面面。

台湾的基础教育，一直遵循"有教无类"的古训，普及率相当高。学校以培养"德、智、体、群、美"均衡发展之健全民众为宗旨。教师都有良好的人文修养，课程中传统文化的比例较高，每个中华民族的传统节日学校都要举行盛大的庆祝活动，据说有的高中至今还举行仿古成年礼，受礼的学生代表穿着古装，仪典庄严隆重。

而走在台湾的大街小巷，你会看到"至诚""至真""至善"等路名的诉说，万世师表"孔子"塑像在许多学校和寺庙的静静伫立，《论语》在博物馆、文化馆等地的启迪无不彰显着中华优质传统文化的渗透。而接待人员的热情主动，司机、服务生的彬彬有礼，大街小巷的洁净清新，无不流淌着人文的血液。浸润在这种凸显人文情怀传统文化中的台湾基础教育，自然处处都展现着"以人为本，弘扬传统"的印痕。

我们深入到了带有浓郁宗教色彩的中台山学校和普台小学，领略了学校的文化底蕴，感受到了名师的智慧和风采，接受了一次传统国学的洗礼。他们或是与传统国学为基础，用佛理修身养性；或是亲自设计自己的班风，用实践来感悟理论。如中台山学校"对上以敬，对下以慈，对人以和，对事以真"的教育理念言简意赅，富于哲理。普台小学"生存、生活"的理念和"编制班风"的方式很有特色。他们或是将佛理引入到生活中，让学生在感悟佛理中规范自己的行为；或是将自由的理念引入生活，编制属于自己的努力目标，每位同学各抒己见，制定符合自己的班风，学风，并将班风的内涵具体化，通过各种方式将对班风、学风的感悟内化为社会实践，例如，制造陶瓷、饰品，就具有很强的班级特色。老师们学贯中西、博古通今、知识渊博、理念精深，在各自的研究领域都有独到的分析和精辟的见解，他们精彩的哲理性讲解不时闪烁出智慧的火花，使我的思维理念不断地受到新的冲击，从而净化了心灵，拓宽了视野，开阔了眼界。正所谓：聆听的是智者的声音，感悟的是知识的力量，学到的是管理的精华。

三、综合课程，关注社会实践

台湾的综合实践课善用知识统整与协同教学，引导学习者透过体验、省思与实践的心智及行为运作活动，建构内化意义与涵养情怀，提升其自我发展、生活经营、社会参与、保护自我与环境的生活实践能力。主要围绕四大主题轴：①自我发展；②生活经营；③社会参与；④保护自我与环境。

台湾的综合实践活动，更注重知识与生活经验的整合与协同，更加注重学生内在心智的体验、省思与行为的运作，注重构建学生发展、经营、参与及自我保护和生活的能力。从以上分析可以看出，台湾的综合实践活动在目标的深度上要更进一步，它脱离了单纯的学习方式和思维方式的转变，更加注重学生的自我修养与提升，值得我们学习与借鉴。

台湾的综合实践活动资源包更加注重学生的自我发展与经历，引导比较少，印刷精美，人文性比较突出，但成本也较高；而大陆的综合实践活动资源包相对更加注重知识性内涵，引导的内容也较多，相对来说，字体较小，阅读比较吃力，但比较朴实，成本较低。可以说，在资源包的印刷上，两岸各有千秋，学校在选用时可以根据校情实际，灵活选用。另外，在课程开发的理论指导上，两岸双方都注重实验主义和建构主义，强调以学生自我成长和自我发展为出发点，重视学生的自我学习和合作学习，让学生在践行中逐步构建完形人格和健全生活技能。但台湾还注重完形治疗和后现代主义理论，注重培养学生的自我认同和民主意识及独立能力，以培养学生的健全完形人格，值得我们借鉴。

四、班群学习，课堂模式多元化

目前，台湾一些学校正在进行群组协同教学模式的尝试，也就是一个课堂、两个导师，前面的导师注重教材思想，按照原有的教学计划进行教学，而后面的老师观察学生的反应，了解不同学生对于知识的掌握情况并在练习或者讨论时施以辅导。特别是我们来到健康小学，杨士贤校长介绍了健康小学实施开放教育理念，实行班群开放空间的经验。即在传统课堂不变的基础上，实行随机分班，创造让优资生、普通生、学困生都获得发展的教学组织形式——班群（三个班为一群）。"班群学习"与传统教育最大的区别就是关注学生的个性发展。为了适应这种教学模式的变化，在教师方面需要特别强调备课的质量，同时实行集体备课，了解学生的背景，互通学生的学习信息，更好地因材施教。

而另一种是日本佐藤学的教学模式，即小组讨论模式。多变的课堂容易把小学生即将分散的注意力又重新集中起来，并且培养小学生的合作与交流能力，是很值得我们借鉴的。

五、家校共管，让家长成为学校主人

校长工作的一部分就是定期与家委会进行沟通交流，使学校的办学理念在家长及社会的监督下进行，有助于校长在教育和教学上的决策，及时地调整学校的办学行为，从而促进学校的发展。另外，校长与家长的直接对话成了普通的日常交流的一部分，这也促进了学校发展的良性循环。

反观大陆的某些中学，其家委会仅仅是一种形式，很难执行其具体职责。家长们总说有自己的工作，没时间参与学校的管理；而学校的占地及使用面积有限，也不可能腾出专门的办公室给家委会的委员办公；更重要的是，家委会对学校的支持，包括政治上和经济上的支持都非常有限。因此，在大陆，就目前而言，家委会在学校办学过程中的作用很难凸显出来，这就使学校的教育工作与家长、社区的联系脱节。

诚然，台湾的教育也存在不足之处。第一，在教师队伍中，如发现不称职的教师，尤其是公办学校的教师，不太容易解聘他，还得学校自己解决，以至在用人方面，校长很头疼。第二，如果在校长和家委会的沟通过程中出现了分歧，校长便很难执行，这对学校的正常发展也有阻碍。

六、社区共建，让社区成为教育新阵地

学校与社区发展方面，台湾的学校有一个重要的观点就是学校资源有限，家长、社区资源无限，即杜威的生活即教育思想。台湾教育把学校与社区、家庭紧密地结合在一起，努力创建"无围墙"的学校，以学校与社区共同促进学校与社区的和谐发展。一般每学期最少举办一次大型活动，活动方式是：活动之前，由学校和社区共同策划，家长们都作为志工为学校做一些力所能及的事情。中小学校长也可列席社区一些会议，社区也可参加一些中小学活动。

在中小学一般都设有家委会，有些学校的班级也设有家委会，以此来充分挖掘与发挥社区资源的作用。家委会代表一般经选举产生，设家委会会长，有些学校还制定家委会工作条例等，规划具体活动的时间与内容。家委会主要任务与功能：一是捐资兴学，费用主要用于开展举办活动、会议费、学生奖学金、毕业旅行、参加外出的一些体育比赛等；二是参与学校每年一次的教师招聘会，新聘任教师都需有一定数量的家委会代表参加表决；三是成立家长志工队，设有爱心妈妈聊天室，尤其是对住校或单亲家庭的学生，帮助孩子解决心理的无助感或不快乐，有时还可帮助进行校外教学。四是通过家委会，能网罗到许多方面的关系，对学校软硬件建设，促进学校发展，有着积极重要的作用。

七、教育质量，对每位孩子多元评价

经过认真的参观和校长座谈等考察活动，我们了解到台湾地区的学校在学生的素质教育和品德教育方面成功的重要原因在于台湾地区的教学评估制度。

1. 学校的教育评估不与中考、高考招生挂钩

学校的教育评估不与中考、高考招生挂钩，即与多少人报考高中、大学，考试的成绩有多高，最后的录取率有多少完全脱钩。校长以一种非常客观的态度解释了这个问题：评估督导应该是教学过程的评价。例如，教学所需的课程是否足够，课时是否完成，教学过

程是否顺畅，等等。

2. 对于教育质量的综合评价

在台湾的中学评估制度里，对教育质量的评价侧重于：本年度各学科的平均分比较，市区统一考试的成绩在当地的排名，家长的投诉，当地社区居民的口碑，学校取得的各项奖励；校长在责任办学上的业绩，活动课程的完成结果，学生的违规；等等。总之，对于教育质量的评估采取综合评价的方式。

八、启示

通过交流学习，我们得到了一些启示：其一，两岸的中华民族传统文化教育的根脉紧密相连，不可分割；其二，两岸各级各类教育的发展阶段和面临的问题大致相同，解决的办法却不尽相同，可以相互借鉴、补充；其三，两岸教育，尤其是职业教育有很大的互补性，在很多方面都可以加强合作交流，尤其是在教师培训、学生交流等方面，有着很大的合作空间。

从台湾"核心素养"教育中探寻"全人教育"

■ 佛山市顺德区大良实验小学 高 飞

带着诸多对学生的担忧与牵挂,离开顺德;带着对宝岛全人教育的好奇与憧憬,飞抵台湾……半个月来,随广东省新一轮"百千万人才工程"小学名师培养对象赴台湾研修团,每天奔走在台湾的大学与小学之间,零距离感受台湾以"自发、互动、共好"为核心素养的"全人教育"。

一、从台北大学体悟核心素养

2016年12月19日清晨,我们从酒店驱车前往台北大学。沿途天空洁净,空气清新;路上车水马龙,却无喧嚣与嘈杂。

据悉,此时期正是台湾教育转型的时期,从幼儿园到中职到大学的制度化建设基本完成。在完善的制度化下,中小学和大学面临着重大改变。3~6岁的儿童几乎都可以免费入读幼儿园,加上之前就已普级的小学到中学12年免试及免费教育,免费教育将延长到15年。在大学招生方面,很多已是免试和多元入学方式。教育制度的转型使课程、教材面临最大转型时机。

开班仪式简约而温馨,我们赴台湾学习的团长,广东省外语艺术职业学院张燕院长给学员们提出三个期望:一是以认真的学习来回馈赴台湾平台的搭建者和支持者;二是合理安排时间,在优质完成四项培训任务之余体验台湾的美味、美景;三是将"全人教育"的理念作为这次教育考察的主题,全面理解全人教育的思想概念,认真观摩台湾全人教育的思想、方法,体悟核心内涵,积极探索个人的课题研究与全人理论的切入点,提升培训效果。

开班仪式后,台湾教育研究院教育人力发展中心主任洪启昌教授为我们作题为"中小学校长教育理念与人文素养"的讲座。洪教授以许多生动的案例,透过鲜活的故事阐释中小学校长及教育者应具有的教育理念与人文素养。

很多时候,我们作为教育专业人员却有着这样一种专业盲点:忽略了孩子的心声,用成人的眼光、标准去评判孩子的需要,我们认为自己给孩子的教育是孩子所需要的、是为孩子成长好的,然而,孩子成长真正需要的是什么?真相是什么?我们不能忽视孩子的需要。

我们通常会用习惯的方法来指导我们的行为,事实上,也许不习惯的那种方法会是我们突破的关键。洪教授以柏拉图《理想国》中关于"洞穴"的寓言故事启发我们思考:当我们习惯于习惯的时候,我们就被习惯绑架了。作为教育者,我们的职责是培养孩子成为未来社会的主人,因此应该具有猎人的特质(永不满足,必须走他人未走过的路;乐于摧毁;保有好奇),而非农夫(只看见眼中的地,年复一年、日复一日,按部就班)。

又以"希修斯之船"的叩问来思考教育者的价值;从重视"平均值"转为思考"变异度"的理念革新;从人文主义、自然主义……后现代主义等多个方面提出形而上的教育理念发展重点;分析台湾教育核心素养的六字真言——自发、互动、共好;提出教育者应具有的教育理念、领导特质和作为。

洪教授站在哲学的高度,触及孩子的需要,呼吁教育者应持有独特的思考解决教育的需求,面对世界的发展,从改变自己开始。洪教授的讲座让我反思自己的教育理念,重新审视自己的学生观、教学观、教育观。我们应该培养全人化的孩子,提升自身专业能力,整合多方资源,切实做到以孩子为中心,创设适合孩子的教育教学。这条路上一定充满辛劳和挫折,然而,用心做教育的人应该有这样一种情怀:过着辛苦,但是了不起的人生。

二、从台中永安静观书法传承

12月22日,赴台湾研修班步入台中永安小学。这是一座拥有百年历史的老校:66个班级、6个普通班,共72个班级,是永安区最大的学校。每个年级11个班,学校的社团非常多:合唱团、光影社、体育田径、曲棍球队等,其中书法特色最为闪亮。

该校书法教育从1978年发展至今,在历任校长的带领及全体教师的支持、书法教师教学团队的努力下,将中华文化独特的书法艺术不断地传承下去。他们设置了"墨耘书法碑墙",开创了"墨耘书法主题馆",重新定位书法在校园的教育价值。

1997年,该校书法教师团队集结众人智慧,出版了校本教材《墨耘书法》。关于"墨耘"二字有如下解读:"墨"取之书法艺术之象征,"耘"代表书法教育需众人努力经营,才得以永续发展。

墨耘书法主题馆内有:认识文房四宝的书法用具与操作区,了解书法历史源流、名家、字帖的书法体验区及运用资讯科技构建的互动式数字学习的科技梦想区。其课程教学以学生本体为出发点,以教育、品格、生活、美学为取向,透过故事、课程与科技等学习历程,让学生积极参与实践,体验书法,陶冶性情。

当我们随团人员询问学校是如何利用书法教育陶冶学生性情时,该校书法教师林文仁老师以故事的形式回答了我们的问题。社会上的民众认为永安小学毕业的孩子,在一群中学生中显得特别有气质。他们的老师从不对学生发脾气,唯一做的就是让学生在静妙的环境下静静地写字,他们已经习惯于静心习字。也有我觉得惊讶的地方:他们的学生完全凭自己的兴趣来学习,今天来练习明天不来也可以。让书法成为学生的"辅"学习,促进学生调整性情,让学生的性情优于别的学校的学生。

他们书法教育已形成较为完善的课程体系。首先他们有自己创编的书法教材。这套书法校本教材根据学生的年龄特点,由浅入深,由易到难,从软笔到硬笔,内容翔实,有很强的适用性和可操作性。其次在课时设置上也有独特的做法。他们每两周一节书法课,既关注到全体学生,又关注书法教学的连续性。他们的书法主题教育活动也是丰富多彩。他们根据学生的年段特点和能力情况,开展各种书法主题系列活动,例如六年级毕业的"集体挥毫、不舍永安"活动,五年级学生的"写春联,送祝福"的春联派送活动等。最值得一提的是,他们的书法主题系列活动不是仅有书法班的学生参与,而是全年级学生齐参与,体现了"面向全体"的教育理念。

探访结束,心中留下一串串感动,其实书法教育可以很好地发扬光大。永安小学的书法教育成果经几代校长的传承,离不开行政团队与家委会的努力支持,校外的书法老师这才能施展自己的抱负,在墨香的宣纸上耕耘出累累硕果。

三、从华梵大学感受觉之教育

12月20日上午，我们赴台湾研修团队离开繁华的台北市区，沿着蜿蜒盘旋的山路，翻越重重山脉，来到大仑山上的精致森林大学——华梵大学。只见重峦叠嶂，幽谷静深，似入世外桃源，少了尘世的喧嚣，没了俗事的浮躁，静心去感受"觉之教育"。

进入晓云法师纪念馆，我们聆听了华梵大学副校长简江儒博士的介绍，观看了关于该校创办人晓云法师的视频，欣赏华梵大学专题纪录片，全方位了解"觉之教育"的理念与实践，并让我们一点点地走近了晓云法师的世界：她是一位行踪万里的画家，是一位身心两忘的禅者。她一生不建寺庙，不做住持。她79岁才开始创办华梵大学。她用年过古稀的双手，带领一群追随者，创造出独具特色的"觉之教育"。"觉"是重视自我反省、开拓心灵智慧的人本教育。以实现人文精神与科学技术的整合，结合儒家忠恕传统道德及佛教"自觉觉他"的菩萨精神，培养德学相彰，时代中流砥柱的栋梁人才为目标。我们感受着晓云法师"不动如山智如海"的超人智慧和"尘喧不染"的坚毅。

走出纪念馆，简校长一行又带领我们体验景观教育。学校的自然景观依自然环境与大地素材，规划出三友路、大学之道、菩提大道、自然教室、阿育王柱、风空剧场等数十处环境教育场所。这些教育场所超越物质的心灵养分，借助大自然与景观的熏陶，达到"园中无枯木，校内无废人"的境地。

"觉之教育"是什么？是人文与科技的融汇，慈悲与智慧的相生；是师者用毕生的博学与修养去影响身边的人。它通俗地告诉前来学习的大学生和我们这样慕名求学的人们：自己光他人也要光！作为名师培养对象，我们将继续怀揣着教育梦想，为自己当初的青春誓言而努力前行。

四、从竹崎小学折射均衡教育

12月23日，乘坐2小时的汽车，我们来到阿里山地区最大的小学——嘉义县竹崎小学。虽说最大，也只有526名学生，从数字层面看，跟大陆某些学校一个年级的学生差不多。但是它有22个教学班。正因为它小，正因为它地处农村，让我们真正感受到了教育的均衡。

嘉义县位于台湾本岛西南部，西边濒临台湾海峡，东边与阿里山山脉接壤。受台湾"少子化"状况影响，县城里有十多所学校学生人数在50人左右。竹崎小学以526名学生的规模位列这个县城200多所学校中第12。作为乡村小学，学生均来自附近乡民家庭，年轻人外出务工，老人与孩子留守乡村。然而，就是这样一所乡村小学，却让我们一窥台湾教育均衡现象。

学校占地4万平方米的校园，其斜坡地势很好地将教学区与活动区分开，互不影响。教学楼前面那几棵参天古树，让人感到一份厚重的沉淀。教学区与活动区之间种有十多盆三角梅，适逢盛开，虽为数不多，却也姹紫嫣红，给满眼绿荫的校园平添一道艳丽的风景。教学场室不新，室内物品也有些零乱，走廊柱子外涂层上甚至有些剥落。走在这样的校园里，你会觉得很自在。教学楼不大，但也配有设备齐全的语言、电脑、舞蹈教室，班班有电视、电脑、投影等设备，有多种户外游戏器材。

翁俊忠校长在面积不大、藏书不多的图书馆里向大家介绍学校的办学情况。考虑越来越多村里人走向大城市，竹崎小学以"提供成功的学习经验，建立正确的价值观"为办学宗旨，以健康、快乐、成长、学习为教学愿景，开设适性多元的教学活动。学生在音乐、舞蹈、体育等各级比赛中屡获佳绩。

翁校长重点介绍了学校在阅读教育和英语教育方面的举措：为学生阅读提供一切便利，开展专门的阅读课程；为解决嘉义县英语教育资源受限现状，借助县城的资源开设国际英语村活动，为五年级学生提供5天4夜营队免费体验活动。

竹崎小学阅读课程与英语村活动，深深吸引了我们。虽是一两项简单举措，却让我们实实在在感受到当地相关部门、学校教育者为提高教育服务质量所作的努力。教育均衡化是教育公平、公正的追求，需要大家的共同努力。当经费不足、资源短缺时，不能一味地等待相关部门解决，而应该集中各界力量，一切为了给孩子良好的教育环境。

台湾所见让我很自然地想到我曾读过的《芬兰教育——全球最好的教育》。虽然还没去过北欧，但我怀着对全球最好教育的憧憬，怀着朝圣的心情读完此书，感慨良多。在芬兰，学生没有大小之分，只要是学校，不管学生人数多少，学校的硬件设施：图书馆、体育馆、实验室等一应俱全，师资配备及后勤管理人员也是一一到位，哪怕学校只有一个学生，学校也必须要为这个学生成长提供同样的教育服务。

相比较而言，我们虽然也在呼吁教育均衡，有些地区确实做得有点成效，但大部分地区依然停留在口号层面，并没有在为教育均衡做实在的事情。例如我的家乡，20世纪90年代初，全乡10所小学，随着"小城镇建设"的发展，许多农村小学惨遭"砍掉"的厄运。暑假回家，我很想步入我童年就读的秦圩小学，但是现在的学校已经物是人非，芳草萋萋。因为学生人数少，秦圩小学被"合并"到镇上中心小学。据悉，全镇像这样的乡村小学都已不复存。经济条件好一点的村民们就把孩子往县城里送，经济条件差一点的就只能把孩子送往十里甚至十几里以外的乡镇中心小学读书，因为乡村小学已经随着"小城镇建设"的浪潮从美丽的乡村消失了。

圆满完成了为期半个月的赴台湾培训，即将离开台北。半个月时间不长，时间匆匆而过；半个月时间不短，能让自己暂时离开紧张繁忙的教育工作，全身心地去做一名学生，聆听讲座，阅读互动，交流提升。半个月，也许对"全人教育"的理解不够全，不够深，但只要能触发我们对"教育价值"更多的思考与探索，这次考察就是有价值的。

全人教育是什么？是点燃，是适性，是扬长，是境化……是自发、互动、共好……还有许多许多……

幼儿园篇

YOU ER YUAN PIAN

赴台湾深度考察研修学习总结

■ 华南师范大学附属幼儿园　吴冬梅

一、考察研修目的

中国传统文化看重求同存异、兼容并蓄，提倡吸纳世界上各种思想和文化，"和而不同"是中国传统文化的精华，它深刻地揭示出人类社会万物并育而不相害、道并行而不悖的客观规律，不仅是人们处世行事的一条重要准则，也是人类社会不同文化协调发展的真谛，更是一种对不同文化尊重和理解的宽容精神。

学习和吸收不同地域的文化精髓，借鉴有益的经验，开阔视野、增长阅历、补充知识、完善修为，不仅在专业上成为名副其实的"名师"，更在个人修为和素养上体现"名师"风范。我想，这应该是项目组此次特意精心安排的"十五天台湾深度研修学习"的核心目标。

二、学习体会

1. 台湾城市

台湾的道路笔直，街道干净，注重宣传环保理念和培养人才的公共安全意识，公共配套设施健全和提供个性化服务。

在台湾，公厕都是免费使用且很干净，配有充足的卫生用品，即便是热闹的街道或是人头攒动的旅游区厕所都能做到干净、整洁，而且连大排档似的小店公厕都设有供残障人士使用的专区。这是值得大陆各县市相关公共服务部门学习的地方。

台湾各个地方都配有明显的安全标识和各种安全配套设施，例如每一辆旅游大巴都会把司机的名牌贴在车后面，让所有人都清楚地知道司机的姓名和车牌号码，如有需要可拨打投诉电话，所以虽然台湾司机经常抱怨堵车，但对比起广州的堵车，不会让人产生那种焦虑和烦躁的"堵心"的感觉，因为司机都很守规矩。即便是台湾人基本上以电摩托作为主要交通工具，但在马路上飞驰的摩托车都井然有序，不会有乱象横生的场景。

我还发现台湾的消防局都是在高架桥底下或是两条街道的中间，方便发生事故时消防车可以第一时间冲出来，赶到现场救急。

那么，他们是如何做到让城市井然有序的呢？我想应该是台湾市立大学郭家骅教授所介绍的那样，用模式化的方式来让人觉得秩序是生活的需要，是幸福生活的必然规则，且从小就开始培养，无论是家庭还是学校，都非常重视在环境中让规则成为可视的线索，让人可以一目了然地按规则行事，长期地慢慢变成自然惯性。

2. 台湾人民

热情、好客，注重礼节。台湾人民传承了中国五千年的礼仪文化，例如早、中、晚碰面会相互问安；上门一定会带"伴手礼"，哪怕是一张明信片，一盒小点心。迎客也必备有茶点或当地特产或水果等，并给客人回礼。

普通民众对大陆人有亲切感，尤其是老一辈的台湾人真正让我们感受到了浓浓的两岸亲情，如问路时问到的是大叔大妈们，他们会一路带你到目的地，边走边与你了解大陆的情况。如果到巷子里的老店购物，老东家不仅要问你是大陆哪个地方人，同时一定会自报家门，说出自己的祖籍，仿佛彼此就是远亲一样。

台湾人给我的印象有两种截然相反的感受，一种是炮仗脾气，粗声粗气，一点就燃，没什么礼貌，这种人或许占少数。这15天我所接触到的台湾人，中青年都是那种温文有礼、脾气超好，说话温柔，百问不烦型的贴心人。

最让我深深感动的是他们的民众素质，这15天一直陪伴我们的司机白熊大哥、导游吕老师、和蔼可亲的朱园长。他们带给我们的不仅仅是无微不至的照顾和默默无声的关怀，还有他们自动自发、身体力行地努力为台湾代言。最记得临别时刻，吕老师在车上动情的那一番话。他说，他虽然是拥有导游执照的正规导游，但是他从不把自己当成导游，而是把自己当成台湾的形象代言人，希望通过自己的言行举止和完美服务，让来客对台湾和台湾人有深入和充分的了解，对促进两岸关系做出自己应有的努力……

3. 台湾幼教

在台湾做幼儿园老师，受社会的尊重程度要比大陆高，当然工资待遇亦如此，比我们要高很多，但是却比我们累很多。师生比基本上是1∶10左右，有的幼儿园甚至中、大班的师生比是1∶15，小班是1∶10。台湾的幼教是"教保""教"在前，"保"在后，所以大学里的学前教育系都叫作"教保系"，但专业课程分科比较精细，而且注重实操和规范化，例如"教"和"保"是分科教学。"教"的专业课程注重六大领域的学科课程和配套的教学大纲以及评价体系，毕业后经过考核，可以拿到"教师资质证"，到幼儿园工作才叫"老师"。"保"的专业课程类似大陆的"育婴师"学的课程，毕业后经过考核，也可以到幼儿园工作，但是只能担任"助教"，不能做老师，但可通过继续教育参加"教师资质考核"，考核合格就可以做老师了。

台湾的幼儿园每个班级一般都是两个老师或一个老师配一个助教，反正就是两个人带一个班，从早上开始一直到下午下班。作为园长，我们经常关心的问题是，老师用什么时间去备课或者是业务学习，当然每个幼儿园集中学习业务的时间都不一样，但是一样都是利用孩子放园的时间。备课都是自己完成，幼儿园没有给老师在上班时间专门安排备课时间。这点不得不让我们佩服那些每天都像打了鸡血一样热情且学历高、资质高的台湾幼教人。

4. 台湾大学

台湾的大学没有太深入地去考察过，基本上到大学都是听校长介绍学校概况和教授的某个专题讲座，参观大学的教保系等，所以对高校的了解都是基于浅层次的粗线条的印象。印象比较深刻的就是台湾大学的校风，无论是私立还是公立的大学，给外人的印象都是一种扑面而来的积极、向上的学风；教授们、学者们都彬彬有礼、谦卑和善、低调随和、口才奇佳。参访的过程中，没有太多官方的繁文缛节，有的都是礼节上的互动，领导们发言都非常简明扼要，言简意赅。

台湾的大学充满了青春的气息，那种自由、奔放、充满活力却又严谨、向善、充满书香的学府气息，让人沐浴在阳光下，仿佛重拾青春又回到了学生时代。

三、学习感悟

教育无边界。

"和"让不同文化的交流与借鉴，都在出于自发、自然、平等的交流与融合中达到理想的完美境界，使每个地区和个人都能享受到人类共同的文化创造成果。这是一种"求同存异"的文化策略，是一种处理不同文化关系的原则和理念。

"不同"就是承认文化差别和个性，肯定不同民族、地区文化的特点和价值，在相互宽容和了解的基础上实现不同文明的友好对话，保持并促进文化的多样性，使不同文化在交流中实现合作共赢，在互补中激发创新活力。

只有"和而不同，兼容并蓄"才能增进合作，有利于共同进步和发展；只有能兼容并蓄各种不同的文化与观点，才能形成丰富的新文化，达到"海纳百川，有容乃大"的至高境界。

赴台湾考察总结

■ 广州市第一幼儿园 辛小勇

一、赴台湾幼儿园参观所见所想

怀着期盼的心情来到了美丽的宝岛台湾，进行了为期两周的考察学习。

到达当晚，同学们知道是我的生日，纷纷送上生日祝福，同时让我深深感受到来自台湾同胞的热情与温暖，此刻，身边充满了欢笑与幸福。派对之后，大家都做好了不同领域细致考察的准备。

台湾曾被满清政府割让给日本，（当时签订了丧权辱国的《马关条约》），台湾人民在日本的统治下长达50年之久。在这半个世纪内，台湾受到日本各行业的影响较大，日本当时为了稳定局势，主要发展台湾地区的医疗与农业，因此，台湾的医疗业较发达。

在幼儿教育活动中，台湾与日本也极为相似，甚至是学校幼儿园的建筑物，在外形上都一样，都崇尚自然生活化教育，以培养孩子拥有"健全的人格"为首要目标。人格培养中会涉及道德、礼仪、规矩等生活习惯，台湾提倡孩子们在幼儿园一日生活过程中进行反复练习（或游戏的形式开展），逐渐将良好的人格转变成"人的本能反应"，在与台湾同胞的两周接触中，能真正感受到"有礼、谦逊、敬业、友好、秩序"。

另外，台湾地区幼儿园在培养健全人格的基础上，也努力实现当地制定的六大领域教育目标，即：身体、情绪、社会、语文、认知、美感。台湾地区的六大领域与大陆的五大领域其实是一样的，只不过相对而言，更加具体。例如：健康领域拆分为身体、情绪、社会适应力，语言方面主要以语文为主，科学方面主要是认知能力提升，艺术领域主要是以提升美感为主要目标。相对于大陆的《3~6岁儿童学习与发展指南》五大领域目标，更加具体化，台湾地区特别注重健康领域，因此健康领域占了六大领域中的1/2。

在此，不得不提到一个词，就是"生存力"。这是台湾地区人们最为关注的事情，由于土地面积与自然灾害以及历史背景等原因，当地人民拥有极强的危机感，对生存力，有着深刻的体会。

在幼儿园里，孩子们体验生活化的教育较多，蒙特梭利幼儿园很多，孩子们在幼儿园中能感受到劳动生活的美，结合良好的家长资源，孩子们在快乐的一日生活中成长。在一日活动中，孩子们认识到了生活中的方方面面，通过动手动脑，解决生活中遇到的各种问题，并能亲身体验、创作、改造和社会资源有关的事物，形成全面的知识与经验，这与我们所提倡的"一日生活皆课程"遥相辉映。孩子们在幼儿园里体会到"热爱生活，改变生活，创新生活"的过程，为以后良好的社会适应力（生存力），打下了坚实的基础。

另外在生活教育中，孩子的认知能力也在面临着综合的发展与提升。幼儿园的特色资源和主题创设，为孩子创设班群（区域）活动及户外艺术大课堂等内容，并提供大量的自然材料及构建玩具，孩子们在获得自主游戏空间的同时，拥有较高的独立与合作游戏的能力。

台湾市立育航幼儿园将空间有效利用发挥到极致，这种低结构的游戏活动在台湾非常普遍。

问题是与低结构的户外游戏相比，高结构的"人格教育"则较为苛刻。台北大学附属幼儿园的园长在介绍中提到，孩子若是在幼儿园里，故意伤害弱小或同伴，以及故意违反纪律的行为，将会遭到严肃的惩罚。在惩罚过程中，情节严重者，整个家庭成员都要参与道歉或检讨。

"孩子犯错，全家道歉"，这无形中给家长们带来了巨大的压力，也就是说，台湾的"人格教育"是非常严厉的。促使家长和家庭，都要肩负起教育孩子"健全人格"的重任，在人格方面，决不让步。

综合上述，台湾地区特别注重全人教育，六大领域教育目标也非常具体，而终极目标是良好人格与生存力的培养。幼儿园是以"高结构的人格教育"与"低结构的户外启智教育"为主线来实施。

台湾的幼儿教育并没有想象的"高大上"，反而让人觉得——人人友好，亲近有礼、自然简朴、贴近生活。最深刻的体会是：幼儿的"德、智、体、美、劳"全面发展，尤其是我国传统"儒家思想"的精髓获得有效的继承和发扬。

二、对台湾幼儿体育活动的不解之处分析

参观了几间幼儿园后，发现台湾地区幼儿园并没有风风火火的早操以及体能和技能活动。这令我产生了很多疑问：到底幼儿园的体育活动要不要关注形体姿态、基本动作、体能素质？还是说体育活动还不如更加生活化的体力劳动更加符合社会的需求？低结构的自主体育活动是否更加适合当下的幼儿？幼儿体能活动的注重是否能够促进健康人格的形成？幼儿园体育活动需不需要系统专业的设计与实施？台湾的每日户外体育活动时间为什么只设定为20分钟？

带着这些疑惑，继续对环岛的幼儿园进行了解，主要询问幼儿园体能、早操、体育课等问题，失望的是，基本都回答"没有"，有的幼儿园甚至没有见过幼儿体育课，也不知道幼儿也要上体育课。如果再问到关于孩子的体能素质等问题，则更无继续沟通的可能性。

基于以上情形，发现，台湾地区幼儿园对孩子的体能素质发展的确不太关注，体能专业知识也相对缺乏，另外，了解到男教师人数不足全台幼儿教师人数的1%，但从一些园长口中能问到"体适能"，也局限于律动操，这让我想起了"亚太体智能"，与我们提到"幼儿广播体操"有很大区别，不可一概而论。也许是因为在台湾地区对幼儿体育的许多称谓不同，时间有限，不能深入了解。

有些幼儿园布置了体育器械，但更多的作用是户外建构游戏的补充。台湾多数幼儿园场地小，材料少，体育活动都是挤在舞蹈房里进行锻炼，4～6个班的幼儿园比比皆是，不像我们大陆动辄20多个班，近千人。幼儿园的环境资源也非常简朴，和日本相似，很多教材都是循环使用，但是教师素质很高，园长更多的是"仆人精神"或"无为而治"，例如：关于台大附幼课程介绍，是一线老师统筹安排来讲解，园长则要服从老师的安排，因为这样，这里培养并输出了非常多的园长。

幼儿良好身体是适应竞争型社会的基础，我渴望了解台湾地区对幼儿身体的关注点，于是，我找来台湾地区的《六大领域课程目标》来仔细研读。

三、关于重要知识点的解读

（一）概念的解读："身体动作与健康"

1. 意义：幼儿能在活动中的主动探索学习，能完成生活自理，以及处理紧急突发事件的能力。

2. 定义：身体动作是灵活掌握身体自主的行动。

3. 内容：身体动作包括三种。

（1）稳定性：在固定点上能做动作。即：身，弯，蹲，悬，摆。

（2）移动性：两点移动时能做的动作。即：走，跑，趟，跳，滑。

（3）操作性：借助物品，能做出的动作。即：投，接，击，运，揉，捏，抓，握，放。

4. 目标

（1）灵活展现基本动作技能，并能维护自身安全。

（2）拥有健康的身体及良好生活习惯。

（3）喜欢运动与展现动作创意。

（二）经验分析与理解

从我现有经验进行分析，从台湾地区对"身体与健康领域"目标与内容的设定思考：当地要求幼儿的身体直接支持与服务于生活自理及社会适应力，我认为终极目标是没有问题的。最早，体育活动就是来源于生活劳动中的关键动作技能。体育活动与体力劳动虽是同根，但是不同路，因此，"搬树枝、抬木头、捏泥人、抓泥鳅"等行为，也属于体能活动，但是更像是体力劳动，幼儿从小热爱劳动固然没错，但是更应该从小接受规范的姿态和基本动作技能体验，但是为什么台湾要这样来设定身体与健康目标呢？

分析一：台湾体育活动用更接近生活劳动的内容（投，接，击，运，揉，捏，抓，握，放等），会让孩子更加体会到自然生活的感觉，不会像"走、跑、跳、投、钻、爬等基本动作"显得枯燥，过于强调技能化。

分析二：台湾体育活动更注重实用性，因为教育的终极目标是适应社会。而台湾医学、电子、农业等是最发达的，因此，动手操作能力以及智力发展是台湾崛起的关键，因此，智力发展远比那一板一眼的动作技能重要，可见，台湾人民特别务实，为的是孩子更好地适应社会，适应竞争型的国际环境。

分析三：台湾地区小学至高中都有县级以上的各类体育竞赛。活动组织得很系统，整体氛围很浓厚，但是不追求成绩，追求的是不断突破自己的体育精神，这是普罗大众都接受的一种精神，在幼儿园里也是如此，虽然没有比赛，但精神气质远比技能动作重要，因此，台湾幼儿园特别重视劳动中的精神气质发展，而对体能、姿态、基本技能的关注不大。如果体育特色幼儿园做得好，而普通幼儿园就可以随意而为，这就不对了。毕竟不论是大陆的五大领域，还是台湾的六大领域，身体都是排在第一位的，是必须要做到的。

分析四：台湾幼儿园多数以小型园所为主，资源有限，场地缺乏，园本的草地能保留下来已属不易，基本见不到塑胶场地，也不见豪华的体育器械，这与日本幼儿园环境很像，但是，在体能器械设置上，布局不如日本科学。而日本专注体操活动和团队活动，而台湾则关注身体操控能力和生活劳动能力，我们则关注良好的体能素质及自理能力发展，都是为了适应竞争型的国际环境。在课程实施方面，从目标上看——日本高结构，内地中结构，台湾低结构，各有优点。

分析五：台湾幼儿园，在园舍环境上更像是三四线城市的水平。但是，这里的教师水平很高，这与教师的学习经历有关，多数是"过五关，斩六将"的经历，因此，由衷地佩服台湾地区严谨的教育作风。但是，问题是：我走过几所公办及私立的大学，发现关于幼儿体育活动教育的实践操作课程几乎是零，这与大陆很多师范院校类似，所以，很多走出校园的大学生是缺乏体育教育的知识的，可谓——奇缺体育教育人才。

赴台湾开展幼儿园教学研修交流总结

■ 广州市越秀区烟墩路幼儿园　蔡　君

　　为使第二批幼儿园名师培养对象亲身感受台湾地区先进的教育思想、理念和方法，开拓培养对象的现代教育视野、完善其专业知识结构、全面提升其专业素质与综合素养，学校名师培养项目办组织幼儿园名师培养对象一行14人，在团长李青老师及班主任刘恬老师的带领下集中赴台湾研修，研修时间为2016年11月29日—12月13日，研修内容为"全纳教育理念与幼儿园教师专业化发展"，在台湾期间，培养对象拟通过专题讲座、专题研讨、幼儿园标杆参访、跟岗学习等多种形式，全方位、多角度了解台湾地区幼儿教育和课程改革的先进经验与做法。

一、隆重的开幕式，开启台湾研习之旅

　　开幕式上，团长李青老师和赵崇锐班长分别赠送了锦旗和礼物，台北市立大学的研发长郭家骅教授和我们分享了"成为进步国家的关键"的讲座，精彩并富于人生哲理，耐人寻味，听完后发现许多平日我们没有留意到的观点，具有较高的研究价值。

　　台北市立大学1895年建立，前身是台北市立师范学院；台湾地区所有的教育都是从这里开始的，是这里的精英教育，前后已有5位教师曾经担任台湾的部长、台北市副市长。郭教授和大家分享了"幼教为何是一个国家最基础的教育"，深入浅出，使大家悟出一些人生哲理。郭教授精彩的讲演使大家受益匪浅。

二、台大附幼，让我感动

　　2016年12月1日上午，我们到了台湾大学附属幼儿园考察。该园有四个班，实行混龄教学。该园负责接待与讲解的张锦慧老师真诚热情地向我们介绍幼儿园的教育理念及内涵，让我深深感动。有爱、温馨的花园式的门口，进园门口的洗手池也充满着朴实原生态的感觉，像进入了一个原始小森林的欢乐世界。与熊有关的绘本放在进门走廊显眼的墙上，墙上还贴有《熊》的海报，这是准备开展一场大型节目宣传吗？每班课室门口都有一块长形木板，让孩子方便脱鞋进入课室的装置，非常贴心。留意到许多细节，园区内没有奢华的装置，是那样的生活化、朴实化，每个角落都能体现品德教育、井然有序，生活自理能力充分地展示出自主性极强，以大带小的混龄班级，和睦友好，特别是幼儿的美劳作品展示的方式呈现出自然流露的状态，扎实、细致，体现了方案教学的成果。还有一个特色教育活动该园已经开展了十几年——"回娘家"，活动是让已经毕业的孩子可以一年一度地回来与弟弟妹妹交流，届时还有一年一度的义卖活动，丰富适时。另外在环境教育中也有很多细致的做法值得我们学习，也让我们反思的。幼儿园里除了环园的通道是水泥地，户外大片的都是泥地，没有大陆幼儿园常见的塑胶操场。洗手后的水可以直接进马桶储水箱，既节约又环保。"雨扑满"用来收集雨水，可用于浇花等。这里还隐藏着最令我感动的该园戴园长的雁型团队的管理理念。什么是雁型团队？即以领袖为中心，飞翔中放

下自己成就团队。借鉴了雁群的精神：群飞比单飞省力71%；轮流当头雁；用叫声鼓励同伴；照顾扶持受伤生病的雁鸟。该园只有一个园长，有7个专任老师，但这7个专任老师都可以轮流当头雁，也就是领袖，也就是园长妈妈也要听领袖的安排，这样使整个幼儿园运作更自如，也使每位老师得到能力的提升。园长妈妈亲切热情，让我感动，我们一定会将如此难得的"雁型团队"精神带回来，感动更多幼教同行！

三、"班群活动"在育航

2016年12月2日，我们来到台北市立育航幼儿园展开参访。育航幼儿园的黄瑗秋园长热情地向我们介绍，育航幼的前身是空军附设私立幼儿园，后经台北市和有关部门协商，由私立幼儿园改制为公立幼儿园，更名为台北市立育航幼儿园。幼儿园现有9个班，2个特殊幼儿班，共278个孩子。特殊幼儿班即"海豚班"，招收自闭症的幼童。育航幼儿园的教育信念"爱、生活、学习"。"爱"——爱人如己；"生活"——正向思考积极面对和解决问题；"学习"——感恩惜福，用恭敬的心学习做人、做事的道理。教育愿景：活力、创心、智慧、幸福。活力——活力十足，健康生活，快乐学习；创心——由内而外，自我觉察，创心表现；智慧——发掘优势，多元思考，解决问题；幸福——满足愉快，享受教学，乐在学习。育航幼儿园的课程教学以"幼儿园教保活动课程暂行大纲"为参考方向，课程内容包括主体课程（班群活动、主题探究）及全园活动。透过主体课程统整各领域学习，最后以幼儿的学习表现，作为课程调整、省思及改进的依据。黄园长还介绍了育航幼的"班群活动"——每个年级称为一个班群，幼儿园分为3个班群，分别是动物班群（白兔班、河马班、企鹅班、海豚班）、水果班群（草莓班、葡萄班、苹果班）、天空班群（星星班、月亮班、太阳班）。班群活动时间，不同班级的幼儿会依据兴趣选择想要参与的班群活动，从中学习与同伴互动、社会规范、与人合作、计划执行及问题解决的方法。特殊幼儿班也参与班群活动，借由教具操作及与普通班幼儿互动丰富学习经验，建立接纳、关怀、尊重异同的态度。班群活动内容共设置三个区域——益智区、建构区、户外大地艺术区。黄瑗秋园长是一位有理念有想法，对教育活动观察指导到位的高水平管理者，虽然到育航幼儿园才一年多，但对幼儿园角角落落的一草一木，对教师孩子的一言一行都了然于心，说起来如数家珍，让我们都很敬佩。育航幼儿园在黄园长的带领下针对园所教室空间小的困境，积极思考，合理利用走廊、户外、功能室、社区资源等，改革教学组织形式，重新进行资源配置，规划学习空间，使环境因教学需要而改变，进而建立"课程教学与环境互动"的特色。课程实施鼓励幼儿根据兴趣自由选择学习的内容和方式，同时关注特殊儿童的生活与干预治疗，让育航幼儿园在短短一年的时间里有了巨大的变化，激发了教师与幼儿的创造力和学习能力。最后我还代表名师团队赠送了我园的礼物。

四、亚洲大学，培养幼师的摇篮

2016年12月5日星期一上午，我们来到了台中的亚洲大学交流。亚洲大学幼儿教育学系讲座教授、台北市立大学学前幼教系兼主任卢美贵女士为我们大家做了一次生动而深入的分享——"绘本美学——听说、画唱、编演"。卢教授让我们看了一段一名幼儿和大人的对话，从对话中得知孩子拥有一百种语言，是与我们大人完全不一样的，还有另一段两个幼儿进行跆拳道比赛的视频，其中毫无竞赛的感觉，完全是踢踢腿、跳一跳，从视频中我们体会到孩子的行为中结果并不重要，重要的是在过程中得到了快乐。在绘本教学中体会最深的是分享了绘本故事《好饿好饿的毛毛虫》，这是一本我非常熟悉的脍炙人口的绘本，卢教授生动的讲解后，让我感受到不一样的做法带来不一样的快乐，而且让我学会凡是要用六个"W"的思考方式去建构思维导图：

1. 谁（Who）是学习的主体？！
2. 什么（What）是教育的本质？！
3. 为什么（Why）学习要从容而不匆忙？！
4. 何时（When）的慢教育才是美的飨宴？！
5. 哪个（Which）实施的案例与您分享？！
6. 如何（How）思考您如何做？！

在"毛毛虫"的网络图里我们发现，原来一个简单的绘本就可以找出如此丰富的教育契机，在几大领域生根发芽。在整合绘本《好饿好饿的毛毛虫》时，从图中清楚地看到故事是如何设计的，孩子在活动过程中得到的是什么，我们可以得知，一本好的绘本是要有延伸的、有想象的空间的、还要有教育意义的。

讲座中还提到幼儿绘本中的美学要素，这样具体的互动式讲座让我们大开眼界，受益匪浅，而且还亲眼看到了这里校园每个角落的美，是一次美感盛宴，小鸟的天堂，更是幼师职前培训的摇篮。

五、近距离接触到的高雄正修科技大学附设幼儿园

2016年12月8日我们来到了高雄的一所私立大学——正修科技大学，在校长的亲切接待和介绍后，我们参观了附设幼儿园，深入了解了幼儿园的一日生活，深受启发。高雄正修科技大学，虽是一所民办的工科大学，但无论是学科建设还是校园文化建设方面一点都不输给我们大陆的公立大学，正如郑校长所言，正修大学致力于两岸的教育和学术交流，以"正心、修身"为宗旨，以"止于至善"为校训，建构智慧型的大学，培养智慧型的人才，是一个开启慧根的学园。在唐欣薇园长的带领下，我们感受到幼儿园的办学理念——建构自然与健康的成长乐园。这是一个将理论与实务融合的园所；专业幼保的示范情境尊重幼儿发展的幼儿园，为幼儿准备的开放学习环境，培养幼儿创作思考及独立自主的地方。这里的理念有很好的诠释：欢笑的学习空间让孩子们拥抱世界；重视学习过程胜于结果丰富他们的生活经验；从游戏中培养孩子的创造力与团队精神。为实践理论与实务兼备的幼儿成长环境，以因应社会发展实际需求，并提升幼儿学习素质，并于游戏与学习中，培养孩子全方位的学习技能，让孩子能与全世界接轨，学习无障碍。附幼的坚持：实施混龄教学；秉持开放式教学观念；重视幼儿的个别差异；尊重幼儿自主能力；提倡儿童人权；多元化的课程设计；重视学习过程甚于结果。在正修科技大学附幼看到"创造潜能学习、体验"及"多彩多姿的兴趣课程"：节奏音乐方面从生活中取材，包含：童谣说白、肢体律动、音乐图形、节奏音感、合奏能力、即兴创作、戏剧表达、音乐欣赏等，以浅近、自然、活泼的方式开启儿童的艺术视野，启发孩子想象力，充分发挥创作潜能。美语游戏：语言是开启世界之窗的一把钥匙，美语是其中的一把。由多听、多说建立口说字囊，从歌曲、韵文及图画书中培养兴趣，建立正确学习态度。美劳创作：在老师的协助下抒情的挥洒自如，将所有的喜怒哀乐全部砌成一幅幅创意作品，使身心自然、心灵美化、

资源再利用等创造出协调和谐的美。肢体律动：不是技巧动作的模仿，而是启发学习创意与肢体表达增进幼儿的平衡感、协调性、柔软度、爆发力、肌耐力、敏捷度六项身体基本能力的提升。感统体能：透过体适能活动，刺激发展中大脑神经元的联结，提升大脑功能（专注力、记忆力平衡感、手腕能力及小肌肉等全面性的发展，让幼儿充分发挥自己的潜能，听觉统合、视知觉等）及增加幼儿大肌肉。参观了幼儿园后，我们遇上了幼保系的特色活动，来到了正在紧张筹备明天进行全校公演的毕业主题秀的现场，与幼保系的大学生代表、活动总导演、策划人、编剧、主要演员等进行分享和交流。看着他们激情、专注地沉醉于自己所热爱的专业，身为幼教人，我们感到深深的感动和自豪。听了剧场导师和学生们的介绍和分享，我深有同感，确实不容易，我每个月都会策划一场广场音乐会，接触的是大学生，可是远远不及这群可爱的准毕业生们，这个儿童剧从设计到上演足足一整年的时间，每一个细节都需要团队的爱，太棒了！正修科技大学附幼秉承"全人发展、培养幼儿、六大能力"，通过六大领域的诠释，将教育发挥得淋漓尽致，培养幼儿的推理赏析、想象创作、自主管理、觉知辨识、表达沟通、关怀合作。在这里的孩子好幸福！

六、"小积木大梦想，低结构高境界"

2016年12月9日我们从高雄来到了台东县立新生幼儿园。同样，我们受到了园方的热情接待，前任园长林长汉先生是我们赴台湾至今遇见的第一位男性园长，他非常坦率地告诉我们，他不是幼教科班出身，但是他热爱幼教，爱孩子、爱幼儿园。

该园原名台东县立托儿所，早期是一个原住民的部落，近年在台湾托幼整合政策推动下，更名为台东县立新生幼儿园。该园是一所七个班级（两个小班、两个中班、三个大班）规模的中小型公立幼儿园，场室条件并不算十分优越，由于位于多台风地区，经常会有重修重建的烦恼，但在园长的带领下努力打造了一支坚强的幼教团队，积极进行转型并践行幼儿园新课纲，深耕教学特色，逐渐获得各界肯定，成为获得世界级好评的幼儿园。

林园长的一句话让我感动"我不怕让人分享，你们尽情拍，不怕你们拍，只怕你们照相技术不好，把我的孩子眼神发亮的光拍下来。"园方还特别安排了我们两人一组到班上跟岗参与孩子的进区活动，在跟岗的观察及与园长的交谈中深受感动。幼儿园每个班30名幼儿，只有2位教保员（教师），师生比例为1∶15；孩子们的自主学习能力非常强，具有非常高的专注力，也特别热情有礼，主动向我们打招呼并希望我们参与游戏。各班活动室设置了几个学习区，主要包括：美劳区、阅读区、益智区、积木区。其中，以积木活动为主要媒介的学习区活动引起了我的关注和思考。老师们投放的积木多种多样，乐高积木、单位积木、KAPLA、LASY、CITIBLOCS等系列应有尽有。幼儿园将积木区学习目标定位为：增进手部抓握的小肌肉精细动作；促进语言表达能力和表达沟通的能力；培养主动、专注、坚持与自信的态度；提升同伴互动和合作的能力；学习发现、观察，了解相关科学知识的概念；拓展生活审美感受与表现创作能力。在介绍幼儿园是如何开展积木活动的过程中得知：幼儿园经历了让孩子自由把玩、好奇探索、探究建构、应用创建等几个阶段。幼儿从无目的地搭建，到模仿性搭建，到有计划地搭建，最后发展到创造性地搭建。教师则通过教学研讨、亲身搭建、教授指导、阅读书籍不断提高积木活动的指导能力。从现场看到的幼儿积木搭建作品来看，该幼儿园孩子的建构水平较高，活动状态专注，说明幼儿园开展积木活动取得了一定的成效。在班级活动室外面的积木区墙壁上粘贴了不少积木建构范例图片，这是孩子们在建构出现瓶颈时，老师想方设法将建构的关键步骤不是示范而是以多种渠道启发幼儿完成。老师会在旁边自己砌起一个类似建构的小建筑，孩子们自发从多角度（俯视、侧视等360°全方位）的观察及拆解，范例图片经过了研讨和筛选，老师会根据幼儿年龄及不同能力水平，提供适合大、中、小班使用的范例图片。老师也表示，积木活动的探索已经历三年多时间，幼儿园已经初步梳理出各年龄段幼儿的搭建能力发展情况，老师也在指导方面越来越有经验。短短两个小时的学习中，收获特别大，能拥有这样一支教师队伍，非常了不起，新生幼儿园孩子们在学习区活动里，特别是建构活动中表现出来的是全方位的发展，在教学过程中有反思、有调整，而教师给孩子的不是教而是像朋友一样的陪伴引领，完全实现了"玩中学、教无痕"的最高境界，但使用的材料却是低结构的积木，还使孩子们建立自信。每个人都拥有自己的梦想，所以令我特别感动的一句话"小积木大梦想；低结构高境界"，值得我们学习。这次的交流学习安排细致、内容丰富、形式多样，从前任园长开始，到教保主任、学科组长、带班老师，每一位立新生幼教人带给我们的感受都是满满的正能量和执着的专业追求，那句印在他们衣服上的"梦我所梦"，现在已完完全全地印在了我们每一位参访人员的心里。林园长的那句："坚持梦想，勇敢的做自己！"更是我们每一位幼教人的心声，我们坚信有这样执着信念和深厚幼教情怀的园长的引领下，新生幼儿园孩子是幸福的，新生幼儿园的老师必将成为名师，新生幼儿园的明天是灿烂和美好的！

此行感受深刻，台湾地区幼儿园教育工作者是多么爱岗敬业和专业。在相对师资少、资源配置紧张的情况下，台湾地区幼儿教育者能积极思考实践、善用社区资源、注重生活教育、崇尚自然环境、尊重传统文化，向参访者呈现了多元、融合、全纳、具有人文特质的课程模式与教育内涵。在今后的教育之路上，我们将把在台湾地区学到的先进教学经验实践到实际工作中，同时继续加大两地幼教的交流及合作，促进两地幼儿教育的发展。

台湾亲师教育管窥与启迪

■ 广州市荔湾区协和幼儿园　麦　榴

2016年11月末,作为广东省新一轮"百千万人才培养工程"幼儿园名师培养对象,我们一行14人,与广东省外语艺术职业学院的带队老师飞往台北,进行了为期15天的研修学习。我与台湾的学前教育有了第一次亲密接触,走近幼儿园,吸收台湾先进的教育观念,学习有效的教育方法。

其中台湾幼儿园的家长参与的志工团亲师教育模式,有从上至下的政策和系列激励机制,有严格的管理制度,健全的组织和任务分工,让一批热心服务教育的家长志工参与到学校的安全,环保,接待,班务管理、资料图书管理,教育与心理辅导等工作中来,和学校共同承担了很多管理上、教育上的工作,不但配合了学校的教育,还从不同的角度丰富了教育资源,补充学校教育的薄弱环节,对学校教育发挥着良性促进的作用。引发了我们对实际的教育实践工作中的幼儿园相似机构——"家长学校"的创建和组织的思考、反思和改进的构想。

一、志工组织制度化

全员参与教育在台湾有较好的共识,社区委员会、家长志工团、校友会是积极参与教育的基本团体。家委会推进亲师联系与合作,提供人力物力及经费。学校举办各种活动,家委会就担任学校与家庭之间沟通的桥梁,志工团行动配合学校的各项活动,帮助支持学校的筹资和发展。

完善的家长志工团,成员服务年限不限,除了相关部门会给予志工人员一些优惠政策外,没有任何其他报酬,以纯自愿为原则。每天在校参与的人数有一定的规定,每周固定人数,由志工组织和学校共同管理。从大型招募志工到开学日迎接新生及家长;从制作活动海报到作为故事妈妈;志工团的身影随处可见。

家委会代表,志工团长由志工大会选举产生,团长一年一任,团长之下还设副团长,出纳,会计等。志工团会分为不同的小组,例如台湾某大学附属幼儿园的志工团就分为很多小组,分别协助学校的交通安全、管理图书馆、解决卫生问题、协助辅导幼儿园课程的开展等。

其中交通导护组的服务时间为每天早上中午下午,到各个路口执勤站岗;勤务组的服务时间为上午8点到12点,工作包括资料处理制作海报,盖章,疫苗注射募集资金等;环保组的服务时间为上午7点,工作任务为清扫校园巡视厕所回收废品等;图书组的工作负责借书和还书任务,志工团员还会带领孩子认识图书,推广阅读等;故事戏剧组负责到班上给孩子讲故事。实幼组则负责园艺整理;除此之外还有咨询组,任辅助游戏治疗课程和每周的小团体辅导课程等。

从这些组织及工作分工上可以看出家长志工团组织机构严密,管理分工细致,工作职能落实到位,每个小组的任务都非常具体详细,既包括对志工队伍开展训练课程,代理相关部门认证发放服务记录册登记服务时数申请相关奖项和福利等，每年还会召开志工大会，开展志工拓展活动，等等。有制度保驾护航，鼓励家长主动合作，协助学校，共同打造优质学习环境，志工团组织让家长成为教育事业的好伙伴。

二、志工组织教育化

参加研修学习的跟岗幼儿园，台湾大学附属幼儿园在志工团组织上着重亲师交流共塑。践行老师与志工家长的教育理念彼此交流沟通，共同为孩子的教育愿景而努力，行塑发展出学校的特色。他们的实践卓有成效，很值得借鉴。

（一）志工家长参与形式和内容

1. 课程与教学的参与

为幼儿园提供方案教学所需资源，参加小组教学、校外教学、大手牵小手活动、戏剧演出、班务管理等。下课后，说故事给全园的孩子听。协助看护户外安全，一同守护孩子下课的安全。

2. 园内各项教育活动的参与

志工家长会，亲子旅游，运动会，毕业典礼，毕业纪念册，校友回娘家等。安排机动或固定时间协助老师班务处理，与老师同心协力，为孩子营造优质的学习环境。协助园区管理，包括环境卫生的打扫，植物的种植，物品的修理和收放，比如改造课室内的棉被柜。

3. 志工家长专长运用到教育活动的参与

视力保健讲座，健康教育，建设种植蔬菜区，音乐欣赏，科学实验，教养，生活小技能等。指导孩子打乐乐棒球，培养孩子的运动习惯，引导孩子认识不同的昆虫，同时培养孩子对生命的尊重。带领孩子认识奥尔夫音乐不同的打击乐器及节奏。学习国画，体验国画的美。开展可各种各样的游戏和生活实践，比如制作空气炮，开展生活科学小游戏，制作饼干蛋糕，开展视力保健讲座，分享修缮整理自己的房子内务，在家委会讲座中讲授呼吸与放松，等等，因人而异，有专长的家长都可好好利用。

4. 参与建制网络分享的平台

建立好野社团、无远弗届网站，刻录期末光盘，建制班级照片网络存放，等等。

志工家长在幼儿园参与的活动渗透教育、管理、日常事务的方方面面，全程参与学校教育教学质量的评价，参与教师和孩子的评价，以此来督促监督学校教育发展，志工团组织活动也由志工家委会成员出资，图书馆服务也由志工家长负责。

志工家长参与而不干预，成为幼儿园的有效组成部分，孩子、教师、园长最亲密的伙伴，最坚强的后盾。

（二）志工家长的参与对学校的影响

（1）口碑营销，家长志工是幼儿园的有机组成部分，对办园、教育教学、孩子的发展、对课程与教学了解、支持，是最佳的口碑宣传。

（2）志工家长的力量变成一股助力，有力推动幼儿园办学水平的提高。

（3）家长的参与，是孩子的伙伴、支持者，对孩子的学习与同伴的互动更了解，提供保育与身心照顾的资源，孩子间的互动关系更亲密，拉近亲子关系。

（4）在志工家长参与中，有的时候，老师带领志工家长，有的时候，志工家长来当领头羊,这最能带动其他家长支持、认同幼儿园。

(5)志工家长的参与对老师的影响也是存在的,能提升老师专业的能力,激发老师在教学自己各项活动中的积极表现。

(6)志工家长专业的注入有助提升课程的内涵,丰富教育资源,共同塑造园内文化。

(三)营造志工家长参与的小窍门

(1)园长带动,发挥仆人精神,从小事情做好开始。

(2)营造分享的文化,从下课的点心品尝交流,到亲子郊游,演戏等活动时提供小点心义卖,制作紫草膏等小事开始,一点点地,让志工家长体会分享的意义。

(3)规划完善活动规则、内容,比如访谈活动要有邀约的规范。

(4)志工家长带动影响志工家长,比如招生的解说由志工家长负责;教养经验的传承,也由志工家长来分享;现身说法最有影响力。

(5)一切以孩子的学习为出发点,设计与教育活动相配合的各类课程,譬如校友回娘家中由孩子当小老板,志工家长辅助。

(6)创新活动的内涵和意义,志工活动的内容创新,有意义,有趣,贴近孩子的生活当下的热点,比如孩子探访社区邀请志工家长负责看护。

(7)衷心感谢志工家长的付出,每一次活动,给志工家长送出贴心的关怀和感谢的话语等。

(8)教师展现专业,志工家长信任,乐于参与。

三、启迪

"学生、家长的小事就是我们的大事,对孩子我们没有放弃的权利,只有守护的义务,为孩子们营造一个更放心,更可以用心学习的校园。"志工家长的话语里,没有豪言壮语,但是爱与关怀溢于言表。

相比之下,大陆的家长多数不关注学校教育的发展,只关注自己孩子在校的学习成绩,学校的家长会也大多形同虚设,这既有家长教育观的偏颇,也有学校不重视家长教育宣传的因素。志工团家长的乐于奉献,有人性的光辉和心灵的美好的一面,学校对家长信任接纳的人文环境是让他们有如此选择、如此行动的基本条件。

在台湾,全社会都来关心教育,绝不是一句空的口号,无私奉献的志工人员,志工团和学校的紧密默契合作,除了给我们带来深深感动之外,还给我们带来思考、启发:志工家长是学校教育教学的合作伙伴,亲师教育是和谐教育的理想状态,学校应重视亲师教育的打造。

(1)提高家长的认识,让家长认识到亲子陪伴,对孩子学习品质形成的重要性。

(2)厘清家长和学校教师的权利、义务和责任,制定相关制度,设定家长参与的范围和内容。

(3)多召开家委会会议,广开言路,听听家长的声音,看看他们愿意在哪方面协助教师与学校。

(4)制定一定的奖励机制,拓展志工家长参与学校管理的渠道。培养志工家长参与学校教育管理的意识,通过家委会的监督组织协调沟通,整合家长资源共同参与教育教学管理工作,以促进志工家委会的持续发展。

他山之石可以攻玉，打造学校志工团队，让愿为孩子服务、愿为学校服务的群体，参与到教育中，建立亲师教育，打造更好的共育环境，促进学校的健康良性发展。

我眼中的台湾幼教
——赴台湾交流幼教经验的所思所感

■ 深圳实验幼儿园　杨　梅

两周时间匆匆而过，我们在台湾的参访学习任务也告一段落，通过参访幼儿园、参访幼教学府、聆听园长学者讲座，我们对台湾幼儿园的环境创设、课程体系、管理理念及家园合作等情况有了比较深入的了解，对台湾幼教师资的培养有了一定的认识，这也给我们带来了更多的启迪与思索……

一、关于课程大纲

台湾于2012年颁布的《幼儿园教保活动课程暂行大纲》是指导台湾幼儿园教育教学的纲领性文件，其宗旨在陶养幼儿具备"仁"的教育观，承续孝悌仁爱文化，爱人爱己、关怀环境、面对挑战、践行文化的素养，并奠定终身学习的基础，进而成为重沟通、讲道理、能思考、懂合作、有信心、会包容的健康未来社会人才。课程分为身体动作与健康、认知、语文、社会、情绪和美感六大领域。通过统整各领域课程的规划与实践，陶养幼儿自主管理能力、觉知辨识能力、表达沟通能力、关怀合作能力、推理赏析能力和想象创作能力。可见，台湾的基础教育非常重视对中华文化的传承发扬与传统礼仪，提倡行为的熏陶。

二、关于行政管理

在台湾，无论是公立还是私立幼儿园，孩子的入园年龄都是4～6岁，入小学前，还有一种幼幼班，专门收3岁的幼儿。幼儿园的收托方式分为半日托及全日托两种，每班幼儿人数为20～30名，最少的小班限额仅规定8名。台湾幼儿园大多规模较小，每所园设园长一人，每个班两位教师（大班老师需具备教师资质，中小班老师具备教保资质），没有专门的保育员，教师负责幼儿一天在园的教学活动、游戏以及所有生活琐事。因行政人员较少，园长既要把控课程的走向，又要做好教师培训，还要管好家长工作。无论是台大附幼仆人式管理及雁群精神，还是育航幼儿园的教师专业学习社群，都是台湾幼儿园每一个老师发挥作用，共同管理幼儿园的具体体现。

三、关于学习环境

台湾学者认为幼儿是主动的，其所处的生活环境是学习的来源，幼儿园的老师要提取文化与自然环境素材，以提供幼儿主动参与、亲身体验与扩展生活经验的游戏机会。不管学习环境是提供给幼儿自由操作或是由教保服务人员引导，环境的安排均需考虑活动形式（干湿、动静）、幼儿人数（个别、小组、集体）、幼儿年龄（分龄、混龄）、特殊幼儿、空间的规划及气氛等，以支持幼儿的成长，同时需创造各种社会文化活动机会，以促进幼儿对多元文化的认识与当地文化的认同。台湾幼儿园室外环境大多数比较生态自然，很少有塑胶地，户外场地也不大，没有看到做操；室内设各种区角，材料不算丰富，自制材料较多；墙面大多以与主题相关的孩子们的手工作品为主，走廊以幼儿绘画作品和亲子作业为主。相对大陆幼儿园来说，在环境创设上更重视孩子的动手能力，尊重孩子的原始作品，但没有那么精致。

此外，台湾幼儿园非常重视早期阅读与艺术教育，有些幼儿园还有很多自己研发的绘本，这不仅仅是教师、家长与孩子想象力与智慧的结晶，更是孩子对阅读建立兴趣的保证。特别值得一提的是，台湾"扶幼计划"的出台，加大了对需扶助的弱势对象给予学前教育经费补助和优质公立幼儿园资源供给，为弱势儿童提供优质的早期教育，已达到提升人口素质、落实教育公平的目的。同时，弱势儿童享有优先权，也兼具了人性关怀的特点。

为期两周忙碌而紧张的学习即将结束，15天来研修班的老师和同学们爬山越海，穿越整个台湾，走进幼儿园，走进培养幼儿园老师的幼教学府，台湾幼儿教育工作者的敬业和专业让我们深深感动，台湾幼教学府的一些做法给予我们很多启示。感谢广东省教育厅给予我们幼教工作者提供的学习平台。感谢广东省外语艺术职业学院为我们组织的本次活动。期待再次相约！

聚焦教育、透视人文、多元发展、专业同根

■ 深圳市滨苑幼儿园　王艺澄

广东省教育厅在2016年11月底至12月初组织广东省中小学新一轮"百千万人才培养工程"第二批幼儿园名师培养对象赴台湾开展以"全纳教育理念与幼儿园教师专业化发展"为主题的研修交流活动，作为14名培养对象的一员，我有幸参与其中。

此次研修学习为15天，研修班的老师和同学们穿越整个台湾，通过了解不同地域、不同经济发展现状、不同师资力量和不同教育资源配置的幼儿园在课程设置和特色教育方面的实践和探索，感受到台湾在早期教育领域的发展和面临的困难；同时，在参访4所高等师专院校的过程中，老师和同学们也深入地了解了台湾幼保生和师范生多元拓展、既关注专业技能也注重通识性教育的全面发展的培养机制。本次研修学习形式多样，专题讲座、标杆幼儿园参访、跟岗实践、座谈交流、文化体验等，让我们全方位、多角度、零距离地和台湾进行了一次亲密接触。

一、赴台研修的背景与目的

随着我国经济社会的迅速发展与国际化进程步伐的日益加快，国家对各级各类人才的需要越来越多，其要求也越来越高。幼儿阶段的教育是基础教育重要的组成部分，为儿童持续的发展和终身学习的品质奠定了坚实的基础，幼儿园教师的专业素养和研究能力成为幼教界专家和研究人员们最为关注的领域。广东省积极推进名师的培养体系和队伍建设，尤其是在幼儿园名师的培养人数和培养力度方面都日益重视。为拓宽视野，提升名师的实践研究能力和反思性学习能力，在广东省外语艺术职业学院的精心组织和策划下，名师培养对象们走进台湾，深入了解台湾教育的课程建构思路和师资培养机制。

可以说，此次赴台研修活动，目的明确、主题突出、内容丰富、收获丰硕。

二、赴台研修的行程安排

此次赴台湾研修活动，具有时间长、内容多、任务重、行程紧、交流广、成效大等特点。

2016年11月29日启程，12月13日返回，前后15天。我们一行人从台北依次到了台中、台南、台东，然后返回台北，可以说横穿了台湾地区。所到之处，老师和同学们认真听取介绍，积极参与讨论，深入对话交流，实地参观体验，对台湾的人文教育、社会服务等进行了广泛而深入的考察与研究。

在台湾期间，我们还利用学习之余游览了风光旖旎的阿里山和日月潭，参观了藏品丰富且珍贵厚重的台北故宫博物院，同时，此次行程期间恰逢两位同学过生日，育苗基金会精心准备的生日蛋糕和生日会也让此次赴台湾研修活动更显得温暖有爱。概括地说，此次台湾之行，是教育考察之旅，是研修学习之旅，是文化之旅，也是友谊之旅。在此，不仅要感谢育苗基金会的组织和服务，还要感谢台湾教育界同行和有关人士的热情接待，尤其

要感谢广东省教育厅和广东省外语艺术职业学院的精心安排与策划,这是此次赴台湾研修活动取得圆满成功的坚实基础。

三、赴台湾研修的主要收获

1.教育当在"不变"与"变"中寻求发展

教育在本质上说是面向未来的事业,是为明天的发展准备人才的社会活动。然而,在实践中教育又是立足于昨天的活动和过去的经验。所以说,社会的今天是昨天的延续,明天则是今天的发展。基于此,教育工作本身在很大的程度上应是传承,是坚守,是沉潜心智,是脚踏实地,是薪火相传,是循序渐进;而不能够心性浮躁,不能够急功近利,不能够胡乱折腾,不能够急于颠覆或进行所谓的"革命"。在台湾期间,无论是行走在台大的校园里,或者是亚洲大学的绿色呼吸大楼中,无论是与大学教授讨论,或者是听普通教师的介绍,我们感受最为突出的就是他们面对纷繁和急速变化的世界时,始终保持着一种优雅和自信的姿态,一种气定神闲,一种从容淡定。反映在学校的建筑布局、显性文化建设方面,则处处彰显着朴实、厚重、稳健的格调。校园里弥散着的是宁静、祥和、友爱、互助、朴素、关怀的氛围。

同时,我们还应该认识到,教育之目的在于对学生的引导、促进与发展,所以"变"是教育的必然。所谓"变",就是在教育教学实施的过程中,如何让教育方法等更科学,更高效,更直接,更有的放矢;让教育更加关注社会,贴近时代,注重个性。所谓"不变",就是培养人、服务人、塑造人的目标不能变。"不变"就是一种坚守,是在确认目标、内容、结构等正确的情况下的一种坚守。坚持"不变",就会沉淀历史,形成文化,铸就特色;坚持"变",就会使教育过程更加简捷高效,富有生机。在"不变"与"变"中,既有对昨天工作的延伸与领悟,又有改革与创新,从而达到新的教育层次与境界。

2.积淀文化,做有文化底蕴和人文情怀的教育

文化的传承对一个民族的发展、对一个国家的进步都具有重要的意义。尤其是作为中国人,五千年文化的底蕴是我们智慧的源泉,也是我们未来最具竞争力的特质。台湾的教育在传承中国传统文化的部分细节做得很好,学校或幼儿园的办学理念、人才培养目标与培养模式都非常关注传统文化中的仁爱之心、礼仪之道。不管是对孩子的培养,还是对师资生的培养,重视作为一个人德行和智性的培养,关注长远利益、持续发展与终生学习的能力,乃至生命的品质。这一切无不折射出学校对学生的人文关怀,对生命的终极关怀。

充满着人文情怀的教育,不仅是教育改革与发展的需要,同时也是人的自身发展的需要。我们的教育不应该是死的教育,不是只有冷冰冰的知识传授,而应该是活的教育,是充满生命,充满生机和人生价值的教育。

3.规范的课程建设和课程管理是实施全人教育的核心。

我国现阶段所实施的新一轮课程改革,是在借鉴了欧美以及包括台湾地区在内的亚洲教育发达地区的课程实施的基础上进行的。在台湾,教育部门所主导的核心课程、基于学生兴趣需求和学校教育资源所开发的校本课程和社会实践与综合探究类的活动课程等,构成了学校比较完善的课程体系。而相对宽松民主的教育环境,相关部门和社会对教育规律的尊重与价值认同,学生家长以及社区人士对学校教育的理解与支持,也给学校管理提供了良好的外部条件。

在跟岗学习的过程中，从几所大学附属幼儿园的课程设置和一日生活流程安排中可以看到，台湾地区学前教育的课程基本上是以台湾地区《幼儿园教保活动课程暂行大纲》为参考方向，培养幼儿六大能力——身体动作、认知、语文、社会、情绪、美感，活动的组织形式具有园本化特点，如主题活动、班群活动、学习区活动、美语活动等。在不同的地区，课程的资源和教学组织形式都具有地域倾向和文化偏好。

4. 师资生的培养注重专注保教、多元拓展、兼顾通识教育、培养复合人

在与台湾教育界同行交流的过程中，有一个话题是我们常常所提及的：教育既然是为了明天的事业，那么，明天的社会需要什么样的人才呢？培养明天的人才需要怎样的教师？

台湾很多综合性大学（公立或者民办）设有幼保系（专科院校称为教保科），主要是培养具有婴幼儿教保学理论与教育保育技能的幼保人员及从事相关领域的研究或产业开发的专业人才，如：保姆、教保员、课后托育老师、家庭教育专业人员、少儿社工助理专业人员、亲子文教产业老师、家庭或青少年福利服务机构专业人员。如果要成为幼儿园的教师，还需考取教师证。如果是师范院校毕业的学生可直接到幼儿园成为教师。

在保教人员的培养体制上呈现出"专注保教，多元拓展"的特质。

专注保教：幼保生类似于大陆的"保育教师"，但是在保育的同时也要关注教育的理念、方法、技能。台湾的幼儿园分为三种：幼儿园（3～6岁）、托儿所（2～3岁）、安亲班（晚托班）。每个班级两名保教人员，不同的是有的班级是两名教师，有的班级是一名教师一名保育员，根据幼儿年龄和是否拥有教师证、幼儿园的办园规模而决定。两名保教人员全天在班级与孩子一起生活和学习。所以在培养幼保生时课程内容非常关注日常婴幼儿的保育工作，安排有详细的学程和操作实践。如在保姆教室中真实地用有体重的娃娃练习抱、抚触、喂养方法、护理、婴儿饮食的烹饪、紧急情况的处理等。同时，课程也关注教育理念、教学技能和才艺学习，并通过完备的实习制度和职场体验让幼保生有更多真实参与保育和教育过程的经历。

多元拓展：面对台湾"少子化"的现状，高等院校在培养教保人员方面注重多元发展。例如，开设各种跨学科学程，如婴幼儿教玩具设计与开发；尝试幼教系与商业系的合作，如广告设计和品牌推广；参与各种国际化交流活动，为继续升学和开展教育研究做准备；设置各种与早期教育相关产业的学习，进行产学合作，如儿童餐厅、培训机构专业人员、社工服务等。这些拓展学程和延伸学习让幼保专业的学生有更多就业的渠道。

这15天的学习让我们与台湾的幼儿教育进行了一次亲密地接触，在跟岗实践中同学们感受到台湾幼儿园教育工作者的敬业和专业。他们在相对师资力量少、资源配置紧张的情况下，积极思考实践、善用社区资源、注重生活教育、崇尚自然环境、尊重传统文化，向我们呈现了多元、融合、全纳、具有人文特质的课程模式与教育内涵。同时，台湾高等院校培养幼保生和师范生的培养理念和学程设置也给我们很多启示，尤其是在新教师的培养和教师梯队建设方面提供了很多可操作的经验。

走进台湾，遇见美好

■ 汕头市中山幼儿园　黄怡珊

2016年11月29日广东省"百千万人才培养工程"第二批幼儿园名师培养对象开始了为期半个月的台湾考察培训之旅。这是我第一次踏上宝岛台湾。之前的了解只能在别人只言片语的诉说中去感知，如今有机会走近，着实令人兴奋。一方面是台湾是祖国领土的一部分，作为中国人相信每个人血液中流淌着一份浓浓的骨肉亲情；另一方面，对台湾学前教育优质性早有所闻，所以此次学习令人万分期待。

半个月的行程让我收获颇多，我们参访了6所大学和5所幼儿园，深入台湾，我们被其人文、教育深深地吸引。

一、尊重生命与自由

正如台湾的《幼儿园教保活动课程暂行大纲》中的基本理念中提到的，他们认为"幼儿的生命本质中蕴含了丰富的发展潜能与想象创造的能力，他们喜欢主动亲近身边的人、事、物并与其互动，喜欢发问、探索并自由的游戏，也喜欢富有秩序、韵律及美好的事物"。因此，他们为幼儿提供了自由探索自然的环境。

正如台大附设幼儿园花团锦簇、姹紫嫣红的大门给我的第一印象一般，这所幼儿园的教育理念传达了对生命的尊重和对自然的向往，他们的绿化并不单纯为了美观，更是尊崇动植物的生长规律，在最外圈种植蜜源植物，以便引来更多的蜜蜂蝴蝶；而里圈则种植瓜果植物，最里圈则是遮阳植物，不仅如此，还有意识地在每个角落放些小食物，如瓜子、水果等，吸引更多的小动物前来关顾，孩子们在与动植物的亲密对话中学会了对自然和动物的关爱，探索了解了蜜蜂采蜜、蚂蚁搬家、瓜熟蒂落等自然奥妙，在春去秋来、花开花落的体验中感受生命的奇迹和伟大。

其次，台湾的教育尊重生命个体的差异，他们认为"每位幼儿都是独特的个体"，正如台东新生幼儿园的课程给我的深刻感受，在他们的学习区中，我们看到了丰富的学习区材料，孩子们可以根据自己的能力和兴趣自由选择适合的活动材料，在充足的探索时间里进行游戏和操作，他们秉承"透过适合孩子的素材，回归学习最初的本质，帮助并激发每位孩子最亮眼的样子"。

在正修科技大学附幼班级区域设置中自由也被完美地体现出来，各区域没有严格的人数限定，进区的要求也比较灵活，老师允许孩子只要不影响他人开展活动，懂得协商分享，就可以自由自在地选择游戏。

二、崇尚道德与人文

台湾的幼儿园教保大纲中提出：幼儿教育"宗旨在陶冶幼儿具备'仁'的教育观，承继孝悌仁爱文化、爱人爱己、关怀环境、面对挑战、践行文化的素养，并奠定终身学习的基础，进而成为重沟通、重道理、能思考、懂合作、有信心、会包容的健康未来社会人才。"由此可以看出台湾教育对道德和人文的尊崇。此次台湾行，台大附设幼儿园的方案课程便很好地体现了这一点。方案课程内容大多来源于台湾在地文化，且是随着幼儿的兴趣点不断地探索而深入的课程，如宝藏岩课程方案，其课程发展经历了体验——探究——建构——关怀——回馈，孩子、家长、教师都参与到这样一个课程的构建中，让大家学会了对历史的尊重、对文化的包容，体现了高度的人文关怀。

除此之外，从本次行程中给我们传道授业的专家教授身上，我也深深感受到这种浓浓的人文关怀，例如在赴亚洲大学参观学习时，卢美贵教授再见到我们的时候就能熟悉地说出我们的团队人员年龄，甚至团队中有几个是12月生日的，团队里有几个男生都了解得一清二楚，不仅如此，教授还亲自为团队中几个参访期间生日的成员过了一个温馨的集体生日会，让我们感动不已。

三、重视交流与实践

在此次台湾行中，亚洲大学的幼儿教育学系的课程设置让我感受颇深的是它不仅专注于本专业的学习，更加关注各领域学科的交流渗透，采用跨学院跨领域的学程，如与本校创意设计学院合开跨领域的学程，如婴幼儿教玩具设计、创意设计理论等；开设特幼与照顾之自由选修课程：幼儿特殊教育与保姆证照课程等，同时让学生将理论运用到实践当中，通过品牌学习，产学合作；邀请优秀系友回娘家，为学弟学妹们做就业经验、面试经验等经验分享；多元化的教师辅导活动等手段，有效地促进师资生更快适应职场，投入工作，让学生得到全方位的发展，为台湾地区幼儿园培养了优秀的全方位幼儿教育师资。

在所有幼儿园的参观过程中，善于交流、注重交流是每所幼儿园的共性，每所幼儿园都毫不保留地向我们展示自己的管理方法和教育教学特色及经验，这种开放大度的心态令人感动。

四、注重细节与创新

注重细节，敢于创新也是我此程深刻的感受之一。

台北市立育航幼儿园，是一所小巧、精致的幼儿园。幼儿园场地比较小，活动室的生均占地面积非常有限，很难开展丰富的游戏活动，针对这样一个无法改变的事实，幼儿园首先实施了班群活动模式，统整了走廊、多功能活动室、室外活动室，让幼儿园的每一个角落都淋漓尽致地发挥其教育功用。不仅有效地解决了孩子活动空间狭小的问题，而且还增进孩子更多地跨班跨级的学习交流机会。第二是利用精致环境蕴教育。幼儿园的草坪、树下、墙面、过道都成了孩子进行区域活动的场所，仅仅是细节处的关注和运用，给孩子们拓宽了游戏的范围，让孩子们感受到创造带来的无限快乐。

而台大附幼在管理理念上的创新让我佩服管理者的智慧和勇气。该幼儿园实行的是雁行管理理念。园长既是团队中的领袖、头雁，而在管理过程中又会放下自己成就团队，让团队中每个成员都有机会当头雁。幼儿园的所有老师轮流来当头雁，从设计方案到执行都由当天领头老师来完成，幼儿园的其他成员包括园长都是配合者。这样的管理理念，让团队的每个成员都有机会得到锻炼，上下凝心聚力，职工的归属感变得更强了。台大附幼的这一先进的管理理念成了我此行最大的收获之一，值得我深思和学习。

为期半个月的学习行程，让我走进了台湾，遇见了美好的景色、美好的幼教理念、美好的教育事业工作者、美好的幼儿学习乐园，它大大拓宽了我的视野，让我在管理理念、管理方法、园所建设、教育教学管理、园所文化特色建设等方面都有了更深一步的认识和思考，这次学习的经历和体会将会在我以后的工作中起到重要的推动和启发作用，也值得我与同行们进行相互交流和探讨。

比较大陆与台湾地区幼儿教育的异同及其启示

■ 江门市第一幼儿园 赵崇锐

2016年11月30日—12月13日，广东省新一轮"百千万人才培养工程"幼儿园名师培养对象到台湾进行研修学习。我们分别到了台北市立大学，听取了郭家骅教授、陈正干副教授、卢美贵教授的讲座，参观了台湾大学附设幼儿园，新北市私立励辉幼儿园，台北市育航幼儿园，高雄正修科技大学附设幼儿园、台东市新生幼儿园，并去到东海大学、亚洲大学、高雄正修科技大学及一所职业学校——嘉义私立协志高级工商职业学校。在听取了校方幼保系专家介绍和参观学习环境后，我较为清晰地了解了台湾教育保育课程的设置、培养方向和具体的学程安排。

通过聆听专家讲座、参访幼儿园及高等学府的幼儿教师培养体系、跟岗学习、人文考察等多项内容，我对两岸的教育政策、幼儿园课程设置、办学理念与实践经验有了一定的了解，通过对比也得到了很多启发。

一、幼儿园师资培养的差异

通过这次的台湾研修，我最大的感悟是台湾地区幼儿教师培养的不同。台湾的幼儿师资培养有幼保系和幼教系，幼保系的学生毕业后，通过台湾保姆认证后，可以到幼儿园做教保员，但不能做教师。台湾的幼教师资培育是受严格管控的。能培育幼儿园教师的单位主要是大学的幼教系或大学的师资培育中心。

根据台湾地区2002年《师资培育法》修订版，台湾幼儿教师在大学修完普通课程、专门课程和教育专业课程，并参加完半年的教育实习之后教育实习后，可以参加教师资格考试。幼儿教师资格考试包括四门科目：公共科目（语文、教育原理与制度）、专业科目（幼儿课程与教学、儿童发展与辅导）。

也就是报考者不但要求学历符合规定的大学毕业程度，而且还要修满了相关的幼儿教育课程并且到幼儿园里参加了半年的幼儿教育实习，三者都同时具备后，才能报名参加幼儿园教师资格考试。

启示一，要提升我们的幼儿教师学历水平

现在大陆的幼儿园教师要求中等师范学校毕业即可，这一学历准入已经不能符合目前教师教育改革的趋势。虽然2016年已经全国试点教师资格证统考，但2016年入学的中专生还可以考教师资格证，也就是说大陆最早都要2019年后才能全面实施幼儿教师资格大专起点。

要严格把好教师资格的入口关，提高准入门槛，保证师资的质量。同时可以通过师范生也要参加全国资格考试的改革，倒逼师范学院特别是幼儿师范类的学院对课程进行建设，根据教师资格考试来进行改革，从原来注重艺术弹唱跳等转变成注重保教能力、游戏能力、环境创设能力等技能的培养。

启示二，师范类教师的配额制

在参访台湾的几所大学了解到，特别是幼保系和幼师系，台湾地区每年会根据需求的情况确定招生的额度，不会无限制的招收师范类的学生，这一点也值得我们去学习。有数据显示，2011年大陆有108万人取得教师资格证，其中师范院校的毕业生就接近70万人，但同年教师的需求缺口只有20～30万人，这意味着有将近80万考取了教师资格证的"准教师"没有进入教育行列，或根本没有打算进入教育行业。

另一方面，在台湾一些大学的幼保系，由于学生毕业要继续读幼师系才能有资格去考取教师资格证，所以这些大学会设置具有丰富性和实操性的课程，为学生提供多种展示平台和实践机会。幼保科毕业生可继续升学，也可进入教育保育、传播推广、行政管理、设计创作、服务销售等领域工作或从事保姆、教保员、课后托育教师、家庭教育专业人员、社式人员等，未来出路多样化，同样值得我们大陆地区学习。

二、比较课程设置的异同

2012年台湾地区颁布了《幼儿园教保活动课程暂行大纲》，同年大陆颁布了《3～6岁儿童学习与发展指南》。台湾的《幼儿园教保活动课程暂行大纲》将课程分为身体动作与健康、认知、语文、社会、情绪和美感六大领域。通过统整各领域课程的规划与实践，陶养幼儿自主管理能力、觉知辨识能力、表达沟通能力、关怀合作能力、推理赏析能力和想象创作能力。许多内容和大陆《3～6岁儿童学习与发展指南》的五大领域（健康、科学、社会、语言、艺术）有类似之处，也强调领域和游戏。

1.情绪领域的启示

从课程设置中可以发现，健康领域、社会领域两岸提法是一致的，认知领域与科学领域，语文领域与语言领域，美感领域和艺术领域基本上是可以对应的，最大的区别就是台湾地区比我们多了一个情绪的领域，情绪领域的目标是接纳自己的情绪，以正向的态度面对困境，拥有安定的情绪并自在地表达感受，关怀及理解他人的情绪。情绪领域主要是培养幼儿处理情绪的能力。在大陆健康领域"目标2情绪安定愉快"中有这方面的发展目标，但相对台湾的情绪领域，我们重视的程度不够，现在在新闻里总会听到有些学生会跳楼轻生，这可能跟情绪控制有一定的关系。

大量的研究已经表明在现代社会"情商"的重要性，台湾地区情绪领域很多都是培养孩子的"情商"。从幼儿成长的经验出发，以幼儿个体与生活环境互动为基础，规划幼儿学习与发展主要线索和范畴，既塑造幼儿心智能力，又兼顾幼儿全人发展及其所处文化价体系需要，在学前教育课程创新上是一个很有亮点的突破，给我带来了很多启示。

2.学习社群的启示

无论是《幼儿园教保活动课程暂行大纲》，还是大陆《3～6岁儿童学习与发展指南》都非常重视幼儿自由游戏及在游戏中学习的价值，让幼儿通过游戏、自主的探索得到发展。有一点与大陆格外不同，台湾地区比较重视学习社群的建立，在大纲里提出了尝试建构学习社群，以分龄、混龄或融合教育的方式进行，在协同合作沟通中，延展幼儿的学习，非常重视在参与的过程中，贡献各自的心力，协同合作，以完成共有的目标。

虽然我们也强调开展个人、小组等多种形式的学习活动，也重视混龄活动的开展，但没有明确提出这方面的要求，我们在参观台北育航幼儿园时，"班群活动"是育航幼儿园活动的一大特色,它将小中大班分为三个班群,以级组为单位开展区域活动,第一个是益智区,含桌游、棋艺、扑克牌、拼图等;第二个是建构区,包含单位积木、长城积木、骨牌、火车轨道、叠叠积木、乐高、柔力砖等;第三个是户外大地艺术区,含彩绘、沙、光、影、木料、镜子、颜色、布及大自然素材探索(排列、组合、创作)等。实施过程就是鼓励幼儿依据兴趣选择想要参与的班群活动,从中学习同伴互动、社会规范,并与人合作、计划执行及问题解决的方法。

3. 主题活动的启示

在我们参观的几家幼儿园中,活动基本是以主题探究为核心,统整六大领域课程,透过主题探究,引导幼儿参与、计划、执行与反思,结合游戏、画画、绘本创作,戏剧,音乐等形式的活动,让幼儿得到发展。

主题活动在大陆已流行了一段时间,但现在在强调区域活动的影响下,主题活动有点弱化,有的专家认为要给孩子足够的自由,相信孩子,老师不要干预孩子,孩子想玩什么就玩什么,但我认为,除了按幼儿的天性、意愿,充分表现自我的自主游戏外,还是要有教师根据幼儿发展目标设计、组织游戏,以主题活动做指引和方向的规划,并且通过环境的设置及材料的准备,支持和引导孩子不断超越自己,玩出水平,玩出能力。

主题活动既能反映幼儿教育的一些基本要求,给予幼儿一些必需的知识和技能和学习,又能够在不同程度上顾及幼儿的兴趣和需要,激励幼儿在活动过程中根据自己的经验和需要生成教育活动,并且能兼顾高、低结构的课程,发挥高、低结构课程的优势。主题活动的内容可以贯穿于一日活动及五大领域当中,甚至更广,为课程的深度与广度发展提供载体。

4. 品德教育的启示

台湾幼儿园教保活动课程大纲的宗旨在陶养幼儿具备"仁"的教育观,承续孝悌仁爱文化、爱人爱己、关怀环境、面对挑战、践行文化的素养,并奠定终身学习的基础,进而成为重沟通、讲道理、能思考、懂合作、有信心、会包容的健康未来社会人才。

可见,台湾的幼儿教育非常重视对中华文化的传承发扬与传统礼仪,在台大附属幼儿园我看到其品格教育从尊重、友爱、负责任、井然有序四方面进行,品格教育是与家园教育结合在一起,如进行尊重品格的培养时,有一个项目是"了解自己的优缺点",通过自己表达和家长描述反映在作业单上,家长把孩子做的一些好事都记录下来,并在幼儿园的作品展示栏中张贴,让孩子在潜移默化中培养了良好的品格。

在培养好习惯时,他们非常注重行为的熏陶。如打扫校园也是学校课程和活动的一部分,在每间教室的门口都有一个木质的小台阶,教室门上都贴着一张入门五件事的告知,这不但让孩子养成好的习惯,也提示家长不要过度地保护孩子,包办孩子应该做的事。

5. 对建构活动的启示

在参观的几个幼儿园中,我观察到台湾的幼儿园比较重视建构活动的开展,专门设置了很大的区域堆放了各种的积木,让孩子进行积木的建构游戏,建构区材料的丰富令人羡慕,我们都知道建构材料是比较贵的,但这里的建构区材料的种类有单位积木、长城积木、骨牌、火车轨道、叠叠积木、乐喜、大小乐高、智高、空心大积木、3D神奇积木、韩国积木、彩色塑胶积木、柔力砖、KAPLA等,种类非常齐全,而且数量充足。

我们也发现孩子看着示意图,就能拼搭出各种各样的房子、高楼、风车、弹珠轨道、花朵等不同造型，而且还能依据主题活动，探究一些高水平的活动。幼儿在建构的过程中，确实激发逻辑思维，想象创意等能力，并促进幼儿专注力、耐心、毅力的发展。

6. 对弱势群体特别照顾的启示

在台湾，融合教育已经做得非常成功，弱势的儿童享有入学优先政策，每年公立的幼儿园招生时，区域内的弱势儿童不用参加摇号，直接可以进入公立幼儿园。在台湾幼儿园教保活动课程大纲中，要求教保服务人员需关照有需求的幼儿（包括区域弱势，经济弱势和特殊幼儿），提供合宜的教育方式。如"成长缓慢"的儿童必须随班就读，幼儿园没有拒绝的权力。幼儿园需要帮助"特殊的孩子"融入正常的社会生活，除了让他们参与正常儿童的活动以外，还应根据他们的需要，在园内投入特殊的教育教学辅助设施、请来专业的心理工作者，介入到学前教育中进行指导。教师随时记录孩子的行为表现，然后与专家一起制订教育方案和措施，更有效地帮助这些儿童拥有良好的发展，达到融入正常社会生活的目的。

台湾之行，来去匆匆。虽然很多地方没能去深入研究，但已经让我感悟良多，收获也是巨大的，通过比较，我进一步开拓了现代教育的视野，也发现了差距，也有了一些努力的方向和研究的重点，要不断学习，继续提升自己的专业素质。

台湾幼儿的教育环境、课程与师资培养掠影

■ 茂名市第一幼儿园　陈洪樱

2016年11月底，广东省新一轮"百千万人才培养工程"第二批幼儿园名师培养对象14人在导师李青和班主任刘恬老师的带领下，到台湾进行了15天的幼儿教育参访。在台期间，我参观了不同地区的3所幼儿园，3所大学和1所职高的幼儿教育系，对台湾的幼儿园的环境、幼儿园课程、幼儿教师的要求与培养方式有不同程度的接触和了解，受到了不少启发。

一、幼儿园环境富有教育内涵

我们参观的台湾大学附属幼儿园，台北市立育航幼儿园是公立幼儿园，占地面积都不大，但空间利用率很高，因地制宜，设计巧妙。台湾大学附设幼儿园绿色环保、质朴自然。台大附幼只有四个班，门口就是一个绿意盎然的小花园，园里的主建筑是两座相连的平房，户外场地没有大陆幼儿园常见的塑胶操场，除了环园路是水泥地，中间大片是长着小草的泥地。幼儿园每棵大树的树桩上有块木制平台放着一个小盘子，里面装着喂鸟喂松鼠的瓜子。孩子们在园经常能见到小鸟来啄瓜子吃，可爱的小松鼠也会来吃这些孩子们送来的美食。园里户外有一个很特别的网箱子，里面放着一棵小桑树，叶子上有一只竹节虫，老师让孩子们观察竹节虫的时候，会轻轻地用小手把竹节虫请（捧）出来，幼儿园就是从这些细节让孩子耳濡目染地萌发爱护小动物的情感，养成尊重保护每一个生命的意识。小小的幼儿园还有小小的种植园，种有几种有驱蚊作用的香草，还有木瓜、西红柿等，幼儿园的环形走道有大大的箭头指示，让孩子行走或者骑车时有明确的方向避免碰撞。户外体育器械不多，除了一组大型综合玩具外，最显眼的是一排脚踏小车，其中有四轮的、三轮的和两轮的，老师介绍说这是因为考虑到不同孩子能力不同，这三种车子给孩子学习骑车提供了渐进式器械。

台北市立育航幼儿园，为了解决活动室较小、生均面积不足的难题，开展了"班群活动"的实验，每个班群都开展室内的益智区、走廊和多功能厅的建构区、户外大地艺术区活动。孩子的活动打破了班级界限，扩展到走廊和户外，走廊墙面直接做成了插塑积木的底板，孩子们在上面建构的作品可长时间保存。最让人称道的是户外大地艺术区，创造性地将艺术活动放到户外庭院，孩子们不仅可在户外场地涂涂画画，更可在不同地方用各种材料进行摆设、构造、编织等多形式的艺术活动。

新北市励辉幼儿园是所私立幼儿园，园所只有一栋楼房，基本没有户外活动场地，体能活动场所设在底层室内，但他们充分利用楼道走廊，每一层楼梯都根据主题设备布置得琳琅满目。

我们参观的3所幼儿园均是教玩具丰富，书籍质量好，室内设备种区角，环境布置精致，一尘不染，井井有条，光线柔和，气氛温馨。我们常说"环境育人"，台湾的幼儿园不管是大是小，是公立还是民办，环境都比较自然生态，都能根据自己的课程和教育理

念，把环境建设得富有文化气息，充分体现其教育内涵。

二、鹰架课程体现生活性和整合性

台湾的基础教育非常重视对中华文化的传承发扬与传统礼仪，提倡行为的熏陶。台湾"教育部门"2012年8月颁布了幼儿园课程大纲，课程大纲立基于"仁"的教育观，承续孝悌仁爱文化，以陶养幼儿成为能爱人爱己、关怀环境、面对挑战、践行文化的未来社会人才，并奠定终身学习的基础。课程分为身体动作与健康、认知、语文、社会、情绪和美感六大领域。通过统整各领域课程的规划与实践，培养幼儿自主管理能力、觉知辨识能力、表达沟通能力、关怀合作能力、推理赏析能力和想象创作能力，进而成为重沟通、讲道理、能思考、懂合作、有信心、会包容的健康未来社会人才。

台湾幼儿教育课程采取统整不分科方式进行教学，除统整课程外，台湾幼儿教育的课程设计与管理还存在以下特点：小班化、师资要求专业化、教育理念与方法多元化、课程内容生活化。台湾幼儿园不使用课本，老师采用"鹰架"的方式给孩子提供探索的素材和方法；不急于面面俱到，往往一学期内只进行一两个主题，通过持续与循序渐进的方式带领幼儿深入探索下去；台湾的幼儿园课程避免知识和技能的灌输，在生活环境中取材，透过具体的活动，让幼儿有全面性的发展。

课程大纲强调幼儿主体，也重视社会参与。从幼儿的角度出发，以幼儿为中心，关注幼儿的生活经验，同时也着重幼儿有亲身参与、体验各式小区活动的机会。借与生活环境互动的机会，让幼儿发展成健康的个体，又能在社会中与他人一同生活、互动，并能体验文化或创造文化。

台湾的幼儿课程相对灵活，注意生活性和整合性外，我觉得印象较深刻的一点是非常重视幼儿早期阅读教育，有很多地方特色的儿童绘本。幼儿园日常课程中有故事时间，每个幼儿园都有小图书馆（室），有大量适合幼儿阅读的绘本，每个幼儿可从中借阅自己喜欢的书，台大附属幼儿园的孩子每人都有一个专门装绘本书的布袋子，孩子们每天带着来园或回家，随时能翻阅绘本书。

三、幼儿园教师的要求与培养

台湾幼儿园大多规模比较小，每所园所多是园长一人，幼儿园实行分年龄、混龄或者融合教育的方式，每班幼儿人数为20～30人，师生比例不超过1∶15，每个班有两位老师，大班的老师必须具备教师资格，中小班的老师具备教保员资格，没有专门的保育员，教师和教保员（以下统称教保员）负责幼儿一天在园的教学活动游戏以及所有的生活琐事。

（一）台湾幼儿教师的要求

幼儿园课程大纲对教保员的角色定位是在不同的活动中，教保人员可调整自己是观察者，参与者，引导者或者是评估者的角色。

教保人员需了解幼儿的发展状态，并根据课程目标设计活动。为了达成课程目标，教保服务人员可设计团体、小组或个别的活动形式，而在不同的活动中教保服务人员扮演的角色也不相同。

在以幼儿主体的教保活动中，教保服务人员与幼儿的互动极为丰富与多样。教保服务人员是班级文化和学习情境的经营者，教保服务人员与幼儿共同建构和谐温馨的班级文化，与每位幼儿建立良好的互信关系；同时教保服务人员需从幼儿园、家庭及其小区取材，提供多样的社会文化及自然环境经验，鼓励幼儿尝试与体验并予以真诚的接纳和肯定。此外，教保服务人员更是学习情境的规划者，提供有意义的学习情境，让幼儿学习。

教保服务人员是幼儿学习的引导者，服务人员需了解幼儿的旧经验，提供与幼儿生活相符合的学习经验，引导幼儿整合与链接旧经验，并协助其统整与归纳，提供机会，让幼儿在与同伴的互动及协商中学习。

教保服务人员要主动和家长分享对幼儿的认识，与家长共同关注幼儿的学习与发展，并以此作为教保课程计划的重要参考。

教保服务人员需关照有特殊需求的幼儿（包括区域弱势、经济弱势和特殊幼儿），为达到"带好每一位幼儿"的目标，教保服务人员宜透过其专业能力，觉察班级中有特殊需求的幼儿，并提供必要的协助。面对区域弱势或经济弱势的幼儿，教保服务人员宜先了解幼儿家庭背景，视需要提供个别教学时间或订定个别学习计划，以提升幼儿学习兴趣及能力；面对特殊幼儿，教保服务人员宜了解其身心发展状况，视需要引介相关资源或支持服务，制订个别化的教育计划，以协助幼儿进一步成长。

（二）台湾的幼儿教师的选拔与培养

台湾的幼儿教师无论是学历还是专业能力方面的要求都较高，幼儿园教师必须毕业于师范院校或综合性大学的幼教专业，保育员要求高职幼儿保育相关专业毕业或大学专科毕业后再经过学习培训获得相应资格后才能担任。台湾的幼儿教师要求大学本科以上学历且必须完成规定的教师职前教育类课程学习。台湾的幼儿教育师资课程包括幼稚教育概论、幼儿园教材及教法、幼儿园课程的设计、幼儿行为的观察、特殊幼儿教育课程、幼儿园教学实习、键盘乐及民族乐器等必修课，选修课包括幼儿园行政、幼儿发展与保育、幼儿生活与辅导、幼儿体能游戏、幼儿故事与歌谣、视听教育等。

台湾对幼儿教师的职责要求以及选拔培养幼儿教师的模式对保证幼儿教师的高素质，促进幼儿教育高质量起到了重要作用，也启发了我们如何在课程设置方面做好培养幼儿教师的工作。

在台湾幼儿园和培养幼儿教师的大学的十多天参访，让我们对台湾幼儿教育的方方面面都有了初步了解，收获还是挺大的，最欣赏台湾幼儿园环境创设的质朴和重视自然教育的理念，欣赏台湾幼教人的专业精神，喜欢他们细致、耐心及富有亲和力的面貌。衷心希望我们幼教工作者能像他们一样做集爱心、耐心、细心于一身的专业的幼儿教育工作者。

自主是放飞思维的翅膀
——赴台湾研修总结

■ 肇庆市直属机关第一幼儿园 黄少慧

2016年11月19日至12月13日，广东省"百千万人才培养工程"幼儿园名师培养对象一行16人（包括带队教师两名）前往台湾进行研修。此行一共参访了幼儿园六所：其中公立两所，私立幼儿园四所，高校幼儿园五所，高职幼儿园一所。所参访的幼儿园里给我最大的感受是有两个字：自主。我们所到的幼儿园，无论是简单朴实的幼儿园或是有在地特色的幼儿园还是空间狭隘因地制宜的幼儿园，都是让孩子自由自在地游戏，让孩子在游戏中学得本领、习得规则、悟出道理……

一、创设自然宽松的环境，让孩子自主学习

托尔斯泰说："成功的教学所需要的不是强制，而是激发学生的兴趣。"由此可见，兴趣是孩子学习的老师，只要有兴趣，孩子才能自主学习。台大附幼，没有一句口号，却确确实实地在让孩子进行自主学习。幼儿园在树干下部人工钉上一个小平台，平台上还放在瓜子，这是用于喂不速之客——松鼠，与此同时，也可以让孩子观察松鼠。幼儿园还专门定制了一个黑色的纱网柜子，在柜子里养着竹节虫，这样的目的是让孩子好好观察竹节虫，小朋友还可以在这个柜子里观察到竹节虫的宝宝。

在幼儿园开展的主题活动中最让我感动的是在幼儿园的亲子主题活动"传爱宝藏岩"学习中，当主题活动开展到关于宝藏岩里面的昆虫时，小朋友选择了研究蝴蝶，他们对蝴蝶身上的鳞粉是否对蝴蝶的飞动有影响时，有身为大学物理系教授的家长告诉孩子这是没有影响的，但孩子们还是不信，他们坚信自己的想法是对的，觉得是有影响的，所以老师和家长都同意让持有不同意见的孩子自己去尝试抓蝴蝶——抹走蝴蝶身上的鳞粉——放飞蝴蝶等探究过程，最后结果就如家长说的一样，是没有影响的。有了这样的自主尝试，孩子们既会终身记住，又在自主尝试中体验到自己寻找答案的乐趣。我相信这样放手培养出来的孩子以后解决问题的能力一定会很强。

从这件事情也可以看出，孩子之所以敢于提出自己的怀疑，和幼儿园一向的教育理念是分不开的，没有幼儿园一直的放手，没有幼儿园提供的轻松氛围，孩子是不会有这样的想法的。

二、搭设构建平台，让孩子自主创作

台北市育航幼儿园是我们所参访幼儿园中占地面积和幼儿人数比例极不平衡的一所幼儿园，该园坐落在台北市的中心地段，他们的前身是空军附设私立幼儿园，后经台北市和有关部门协商，由私立改制为公立幼儿园，更名为育航幼儿园。幼儿园现有十个班，其中一个特殊幼儿班。幼儿园由于地方狭小，所以因地制宜的在活动室、走廊、功能室、墙壁、操场上各种各样的建构区域，每种区域内容目标不一样放置的材料也不一样，如走廊

是比较窄的空间就设置为建构小积木的建构游戏区，所以放置的材料也相对较小，还有的是利用走廊的墙壁让孩子开展建构的；另一个建构游戏区设置在幼儿园的小礼堂，这里是专门放大积木的地方。活动设置的是益智区，放置的材料是益智玩卡、益智棋等。操场的地方够大，设置为户外大地艺术区，这里提供的材料多以自然素材为主，有沙、石、树枝、树叶、竹子、镜子、各类器皿、锅碗瓢盆、布、笔、牙签、筷子、木垫……对于建构区域除了各班的益智区之外，凡是在公共地方的区域孩子都可以自己去选择建构，这不仅满足了孩子好动喜新鲜的性格，同时也满足了他们自主探索的欲望。从园长的报告中我们看到了孩子们都会按照自己的喜好选择区域去建构，并且能够相对固定一至两周。由此可以看出，只要老师们提供给孩子充分的探索机会，孩子就会认真地去完成一件事，在完成的过程中还会共同讨论、分工、合作、贡献心力，展现主动、专心、投入、耐心与毅力，最后一起享受共同完成一件事的乐趣。在活动中，每个孩子都觉得自己很重要，自己很有价值及成就感，在这样的氛围中，孩子就能自主地玩出创意及想法，这样的历程是从自由探索开始——孩子发现可以怎样玩——有目的地团队合作、有目的地玩——展现创意及想法。

三、挖掘在地资源，让孩子自发游戏

台湾高雄正修科技大学附设幼儿园是我们参访中人数最少的幼儿园，该园幼儿总人数只有50名，工作人员11名。他们没有因为幼儿园的小而随意教学，相反，他们更加脚踏实地地在做教育，这所幼儿园还为正修科技大学的幼儿专业的学生提供研究场所，让他们可以在这里实施他们的课题研究。这所幼儿园的主题活动很有地方特色，从开学到现在各班都在开展新台湾在地特色的主题，小班开展的是古早好食觅，中班是童玩，大班侧重的是台湾的地理位置，主题叫新台湾原位。在幼儿园的走廊中，我们看到展示了很多小朋友自己的作品，如中班的童玩主题，我们看到很多童趣的游戏项目，有孩子们自己制作出弹珠玩法的思维图、有孩子们自己学着书本制作风筝还有孩子们自己设计的小玩具……在大班我们看到地面上画着台湾的地图，在地图上面分布着小朋友自己画的景点图画，这些景点有的是真正存在的，有的是小朋友自己的愿景，小朋友可以根据自己的喜欢在整个台湾地图上随意规划。我们还看到一幅用吸管做出了高雄地图，老师说，这是小朋友自己设计的地图，所以老师也没有去制止他们，任由他们自由发挥。在这狭小的空间，我们看到孩子们手里操作的是自己爱玩的游戏，脸上洋溢着的是欢乐，嘴里发出的是清脆的笑声，时不时还会邀请我们跟他们一起讨价还价（一个"士多店"的旁边）。

由此可见，自发的游戏才能让孩子全身心的地投入去玩。

四、思考

15天以来，每到一所幼儿园都让我们有很大的收获，也让我有很大的感触。最大的感触就是两地教师观念的不同，因此在这篇总结里我不得不提到自主，我说的自主是真正地让孩子无约束、无模板地去任意创造。例如在育航幼儿园看到的情形，就是幼儿园只提供材料，孩子们就能在区域里面天马行空地自由创作，教师只需在旁边观察记录，不去打扰或干预孩子的创造。而大陆地区的建构活动多见于教师问孩子这像什么？那像什么？不像的话还会问孩子加上这个会不会更像呢？其实孩子有孩子的思维，就例如在台北市立大

学博爱校区听陈正干教授讲座里面提到的一个例子,当一个小朋友想画卖鱼档时,他用的方法是先画一条鱼作为代表,其他的就只是在右上角用一个方形排列着画鱼,这就表示卖鱼的档口。孩子对自己的作品很满意,教师也没有对作品做出好与坏的评价,陈教授也非常欣赏该位教师的方法,陈教授认为:孩子在游戏中若有压力,那压力肯定是来自教师。因此,他相信,孩子是能够不在教师的指导下,而在游戏中获得学习。我本人也认为,孩子之所以喜欢游戏,那是因为游戏能让他们自由发挥想象的空间,孩子的自由发挥想象源于孩子脑海里的那幅蓝图,台湾的老师都能很好保护好孩子的这幅蓝图,但我们的老师们却喜欢根据自己的喜好去帮孩子增添蓝图里的一笔一画。因为我们的老师根深蒂固地认为,教育,教字当头当然要教。其实我们的老师不知道,这就是思维侵略。因此,我们要为孩子提供一个平台,这个平台上,他们可以放飞想象,放飞思维,放飞什么都可以,在这方面的教育,我们确实应该向台湾的教育观念靠近,让孩子真正自主学习。

　　当然,我们也有很多很好的东西可以向台湾同胞宣传的,例如我们的户外活动、户外体育游戏、篮球足球活动、绘本活动、中华传统文化活动等都是可以分享给台湾同胞,所以,教育不是闭门造车,而应广开门户,各取长短,才能精益求精!

加深两岸交流，共促先进教育理念

■ 肇庆市外贸幼儿园　冯　虹

2016年11月29日，刚踏入冬月节气，广东省中小学新一轮"百千万人才培养工程"第二批幼儿园名师培养对象和导师一行16人，共赴台湾地区进行为期15天的参访学习。我们先后参访了台北市立大学、台湾大学附设幼儿园、新北励辉幼儿园、台北市育航幼儿园、台中亚洲大学、嘉义协志高职学校、高雄正修科技大学附设幼儿园、台东新生幼儿园、台湾师范大学等九所学校和幼儿园，领略了宝岛台湾独特的风土人情和学校超前的教育理念、先进的管理模式、务实的课程改革经验，这些值得我们学习和借鉴，也给了我许多新的启示，现结合本园实际工作和自己的感悟阐述一下我的体会：

一、两岸同根生、血浓融于水

宝岛台湾的秀美风光孕育了热情、纯朴、善良的台湾同胞。此时已是踏入冬季时分，但台湾同行的热情令我们感受到非常温暖。那天，我们平安到达台北桃园机场，东莞台商幼苗基金会的接待人员来接机，他们从机场到酒店这不远的路程中给予我们亲切的问候、关心和对台湾风土人情的介绍，让我们真切地感受到了台湾人民的热情有礼，也由此打消了之前我对此行的一些顾虑和担心。恰逢那天是同组同学小勇生日，会组还特意为他搞了一个简单温馨的生日派对，吃着甜心的蛋糕，感受着同胞带来的温暖，最后还每人来一碗热气腾腾的广东皮蛋瘦肉粥，这碗地道的家乡粥就是要告诉我们，这里也是一个家，一个温暖的家。两岸同胞同属中华民族，这种本是同根生，血浓融于水的深厚感情，让我到达台北的第一天就留下了深刻的印象。在之后的参访活动中，他们待我们就像兄弟姐妹般照料，一路上嘘寒问暖，照顾帮助，使我们倍受感动。有一位学员在学习期间腰伤老毛病犯了，导游和司机及时帮忙把她找到对口诊所进行就医，缓解了她的疼痛，这种助人精神和贴心关怀真的令我再次感动，不由得感叹中华民族优秀的礼仪文化传承在两岸同胞之间。此次台湾参访学习得到了台湾同胞的热情接待，使我充分感受到两岸同胞的深厚情感。

二、教育新理念、课程显特色

在整个参访活动中，台湾地区在学前教育的先进、超前的教育理念值得我们学习和借鉴。其中：

（1）在台北市立大学参观学习时聆听了郭教授关于"具备大规模合作组织能力"的讲座，整个讲座内容丰富、充实。郭教授结合他对运动科学的深入研究经验，阐述出他个人观点：成为进步国家的关键是具备大规模合作组能力，并运用富有哲理的例子简单明了地说明了何谓生存最佳化，使大家明白，一个社会的进步必须看生存关键的重要性。

印象最深刻的是郭教授引用的一个例子：某国家的幼儿园在生活中对孩子进行模组化的学习。老师仔细地对孩子在一日活动中出现的问题进行整理，然后再把它们有计划地进行划分归纳，把存在的问题和孩子们进行分析，再组织孩子们把出现的问题进行模组化的反复练习，也就是说老师把有规则的东西植入孩子的内心深处，久而久之变成了一种良好习惯的本能，再在个人修养方面培养孩子学会尊重、平等、以礼待人等体现个人素养的有效教育。这种教育模式值得我们去借鉴，在尊重孩子个体发展的同时，也要注意培养孩子们对生活规则的遵守，这样培养出来的孩子才会有秩序和责任感。

（2）到台北市育航幼儿园参访时，我们领略了"爱、生活、学习"的教育信念实质。正因为有了这坚定的信念，黄园长从自己内心出发为孩子的独立个体，创造安全、健康、温馨、关怀与尊重的环境，在这样的育人环境下以多元表达方式，建立自我概念，让每位幼儿感受到自我存在的价值。管理上，黄园长以自己独特的管理魅力带领着育航幼的老师一起把这小小的空间环境充分地调动起来，运用智慧和创新、敢于求真的认真态度来对该园进行管理与创设。

孩子的本性就是爱玩、好玩，如何让孩子的玩变得更有意义，那才是回归孩子本真的教育。育航幼儿园就是突出了这一点，园长在班群活动中充分把孩子的天性调动起来，如在园内设立了一个有规模的建构活动室，提供孩子们在玩中学、学中玩的场所，让孩子们在班群老师有预定的设立范围内自主建构自己学习的核心，从而形成自己学习的模式。这就是一种教学的智慧，黄园长处事严谨，紧密思考如何利用空间的不足来进行教学，她懂得个体良好的生存能力必须从小抓起。

（3）到高雄幼儿园参访，使我们理解"培养孩子会自由思考、主动学习、快乐生活"教育理念的真谛。一路走来看到台湾地区的幼儿园都没有华丽的外表和雄伟的建筑物，高雄幼儿园也不例外。他们利用环境和课程巧妙相结合，使班群活动见特色。他们真正回归幼儿的本性去发展幼儿，想他们所想，为他们想做的去准备。放眼看去，班上的区域材料和环境的布置都是最为朴实的，最体现孩子思想的本质东西，根据孩子的发展需求进行每一步的创设。看到孩子们都沉浸在自己的创造世界里，领略到了幼儿在活动中真实的自主思考和快乐学习的真谛，试问：我们幼教者最终的教学初心不就是还孩子童年的本真吗？

在参访活动中，令我们体现到整个台湾教学的模式是一种围绕培养孩子素养的方向为目标，每一间园所都在自己的特色上发展孩子的整体素质。

（4）在亚洲大学参访时，我们细细聆听了幼教系卢教授绘本教学的分享，她对绘本最本真的解读，让我真觉"听君一席话胜读十年书"。顿时感悟原来一本优秀的绘本就是它赋予激发孩子们潜在的能力，使我感悟到注重教学技巧，提升活动作用的价值。教学本意就是如何在活动的延伸处把教育的能量发挥最大值。其实这等同于每一个领域的活动开展后我们要清晰教育背后的意义所在，而不要为了课程而设计课程，应杜绝走过场式的教学。

感叹绘本的创造者，他们每一个灵动的细胞创造了一个个蕴含教育意义的故事，背后隐藏的教育价值的能量是何其多。卢教授引用了著名的绘本故事《很饿很饿的毛毛虫》，其实这个绘本在我们眼里已经是耳熟能详了，但如果我们没有听到卢教授的讲解，我还以为这绘本故事带给孩子们就是在语言的基础上再增加一些数学的量化，仅此而已。但卢教授所讲述的是如何在绘本的基础上进行唱、说、美等能力的开发，顿时激发了我的思索，对我启发很大，也由此反思到我们的教学只停留在绘本的表面认识，根本没达到最深层的领会。现在我明白了：绘本教学中，老师要读懂绘本背后带给孩子们发展的根本意义，这样才能抓住绘本的核心，这样才能把绘本的精髓带给孩子，发展他们的能力，促进幼儿全面发展。

三、创新管理、多元整合促发展

1. "雁行"管理模式打动人心

德国哲学家康德说过：教育的目的在于使人为人。台湾大学附设幼儿园的园长妈妈戴园长在该园实行"雁行"的管理模式，确实是打动每一位参访学员，从接待我们是一位班上的老师来看，她们都有这个接待和管理的能力，这是让我由衷地敬佩。这位带队老师说，只要你站在管理的角度上看问题你就会更容易理解到园长工作的艰辛和付出，就会更加倾向于团结和互助，而不会因个人问题影响团队的前行发展——这就是我在台大附属幼儿园学到的一种关于"雁行"的管理模式。

园长妈妈简单明了地说重点，雁行的管理已经是羽翼丰满了，现在的管理方式是变形虫，将有形变无形中。这是一种内心多么强大的管理模式！

2. 成功的教育是园所和家庭的二合一

台大附幼的家长志工团工作确实又是令我内心触动的另一方面。这让我回想起在15年前我园在对幼儿进行科学活动探究的课题研究一样，家庭科技角深入家庭，家长、孩子、老师三者的相互牵引，共同前行的情景又油然而生。三者相互理解、相互了解孩子的真正需求，共同为了孩子本质的发展一起努力，这种感觉就是我们最为需要的，缺一不可。正如德国哲学家叔本华说过：允许孩子们以他们自己的方式获得经验。我们成人就是要给予孩子这种成大的支持与理解。台大附幼就是基于孩子的本真，以培养幼儿良好的生活规则养成为基本，以主题方式开展活动从而发展幼儿的各种能力，切实地让孩子按照发展规律进行成长的一种教育理念。

台大附幼给予孩子最本真的东西莫过于做人的最基本，他们是顺应孩子的发展需求，真真切切地为孩子打造人生的发展。

3. 高规格素质发展，开启多元化教育

协志高职是一所职业学校，他们培养的幼保专业中专生学掌握的技能技巧有弹、跳、说、唱等，基本功全部需要考核合格才可以上岗，哪怕这只是个保育员助理的角色，起点都有一致要求，由此不难看出台湾地区的教育管理工作确实做得很到位。也只有这样，才能适应社会的发展需求，也为培养人才做好最基础的培养。

学生的就业能力也是多元化的，只要把专业的基本功扎实了，去到哪都是精彩的呈现。和蔡校长进行自由交流时，我了解到在台湾地区读幼教的学生最基本的教育不是停留在幼儿园领域内的工作，还可以根据自身学习能力面向社会团体服务选择职业，如社区、老人院，育婴馆，家庭里的保教工作等都能胜任，不得不佩服台湾地区的灵活贯通。

一个社会的发展，不论是何种职业，基本功要非常的扎实，从幼小教育抓起，幼教从业者业务水平就必须是最扎实的。

正修科技大学像协志高职一样围绕着学生的个性开展多元智能的学习模式，结合课程针对个人的特色发展。在幼保系，开设有舞台剧场所、育婴馆、琴室、舞蹈房等。一个舞台剧的成型，需要剧本、道具、成员的演出，全都是学生自己在尝试和摸索，这个学习过程是漫长的。学校为学生提供平台，导师悉心教导，学生得到了扎实的锻炼和个人发展的空间。我由衷地佩服该校的校长前瞻性的管理目光。

这些都是值得我们参考的地方。学习他们的钻研精神，提高我们的学习意识，做中学，学中觉。

记得郭教授说过：要想国家进步就是提高生存能力——教育者培养幼儿从小养成良好的创新——人的合作模组能力，这些就是一连贯的学习生存能力的体现。

四、参访感悟

感悟一：要切实重视培养幼儿良好品格，积极发挥家庭教育的作用，整合家委会的资源，开展丰富多彩的活动来促进幼儿身心健康发展。

感悟二：做适合幼儿发展的教育就是最好的教育。创设好园内外育人环境，以幼儿发展需要为本，为每个幼儿创造最适合其发展的教育。

感悟三：在教育工作中要注重传统与现代的紧密结合，既要弘扬优秀的传统文化，又要秉承现代文明，努力把这两者有机融合，落实到办学理念和教育实践上。

感悟四：要不断加强自身学习，努力提高教育理论水平和科研素养。要勤于反思、勇于创新，探索实施先进的、科学的、行之有效的班级管理模式和教学方法，在教育教学实践中形成自己的教育教学风格和人格魅力。

通过这次参观学习，我开阔了视野，拓展了思路，领略了新的教育理念，对幼儿教育有了更深一层的认识。今后我将紧密结合工作实际，进一步解放思想，以人为本，努力做到让家长放心、以幼儿健康快乐成长为根本，为肇庆教育增砖添瓦。

传统文化与先进理念的结合
——我眼中的台湾学前教育

■ 中山市南朗镇中心幼儿园 王 维

2016年11月28日—12月13日，广东省"百千万人才培养工程"第二批幼儿园名师培养对象一行16人赴台湾学习、交流考察。学习期间通过参访私立和公立的不同性质的幼儿教育机构，观摩台湾地区大学学前教育专业的学校环境和课程体系以及聆听专家教授关于台湾幼儿教育体制、幼儿课程、幼儿阅读等方面的讲座，使我对台湾和台湾的学前教育有了新的认识、深刻的体验与感悟。

一、斯文的台湾人

学习期间也免不了抽空在台湾的大街小巷行走，我发现大街小巷根本没有垃圾桶，市民们也没有见有人在街上边走边吃，听说他们若有垃圾都是携带回家。路边绝没有随手抛弃的饮料罐与包装袋，地上看不到嚼过的口香糖留下的污渍。和台湾人的交流中不管男女，说话特别温柔，他们的音量、语气都让人感觉非常舒服，非常低调斯文。我们在辗转不同城市学习的过程中，所有负责接待我们的教育专员都态度热情，大巴司机白熊反复搬运行李毫无怨言；酒店中各个团队行李无人照看却井然有序……

二、全人教育是特色

台湾制订了《幼儿园教保活动课程暂行大纲》。这部课程大纲近似于大陆的《3～6岁儿童学习与发展指南》，它既有对传统文化的传承，又有对儿童发展未来的展望。

在实施要求上，《大纲》强调规划适宜的教保活动课程，开展多元的学习活动，让幼儿得以自主的探索、操弄与学习；尝试建构学习社群，以分龄、混龄或融合教育的方式延展幼儿的学习；教保服务人员需关照有特殊需求的幼儿（包括区域弱势、经济弱势和特殊幼儿），并在课程规划前、课程进行中和课程进行后省思自己。

从这些思想来看，台湾的幼儿教育理念也非常先进，关注自然、关注社会，借鉴融合中西方的优秀教育理念，寻求社会、家庭、幼儿园的共同协作，强调课程的建设、实施和尊重幼儿的个性与需要，并且重视特殊儿童的教育。

三、课程架构重传统文化和先进理念

经过多个幼儿园的参访我们了解到台湾幼儿园的课程模式非常丰富，常听到的课程模式就包括单元教学、主题教学、蒙台梭利教学、高瞻课程、方案课程、全语言课程等。课程大纲是培养幼儿的六大能力：觉察辨识、表达沟通、关怀合作、推理赏析、想象创造、自主管理。课程大纲的宗旨是：课程立基于"仁"的教育观，承续孝悌仁爱文化，陶养幼儿成为能爱人爱己、关怀环境、面对挑战、践行文化的未来社会人才，并为其奠定终身学习的基础。

各幼儿园根据所在地选择适宜的教材，让幼儿探索。选材重视文化架构下，流传在社会的文化资产。教师深入了解所在地的社区，带领幼儿实际走进社区，让幼儿参与文化活动或生活性的活动，加深幼儿对当地社群的情感和认同，成为社区文化的参与者与共构者。从而使幼儿逐渐在接触当地的人、习俗与文化中，产生对所在地的喜好与欣赏，并形成认同，让每一个地区的幼儿都有自己的特色及自己的感觉。

四、结语

15天的学习使我对台湾学前教育的印象深刻：一是台湾学前教育注重教育文化的建设、中华传统文化的传承，强调社会文化的重要，追求教育的本质，积极创造浓郁的文化氛围；二是，台湾普遍将学前教育视作补救弱势群体后代的一个重要环节，在学前阶段更要让其接受良好的教育，尝试让特殊儿童和普通儿童在一起接受相同的学前教育内容，注重教育的融合。

台湾考察学习总结

■ 佛山市顺德区机关幼儿园　周玉坚

2016年11月28日—12月13日，广东省中小学新一轮"百千万人才培养工程"幼儿园名师培养对象一行16人来到台湾进行考察研修学习。15天的时间里，我们穿越整个台湾，通过了解不同地域、不同经济发展现状、不同师资力量和不同教育资源配置的幼儿园在课程设置和特色教育方面的实践和探索，感受到台湾在早期教育领域的发展和面临的困难；同时，在参访4所高等师专院校的过程中，老师和同学们也深入地了解了台湾幼保生和师范生多元拓展、既关注专业技能也注重通识性教育的全面发展的培养机制。通过考察学习，本人有一些心得体会：

一、关于课程

近年，学前教育界又掀起了新一轮的"课程热"：大家前所未有地深入了解蒙台梭利、华德福、瑞吉欧、Hig Scople等世界经典课程；部分优质园开始出版自己园所实践多年的园本课程；许多示范园也在梳理、完善自己园的课程架构，为出版做准备；普通的幼儿园也在开始思考、审视自己园所课程的科学性与时代性等问题。来到台湾考察，本人也特别关注台湾地区幼稚园的课程设置情况，考察了台大附幼等几所幼稚园后，我发现有几个特点：

（1）每个园所都是以教学大纲为基础，根据园长的教育主张、园所文化、环境等具体情况进行设置课程。比如育航幼儿园，园长根据课室较小的客观原因，设计了"班群活动"的特色课程模式，整合了课室、走廊、礼堂、户外等地，全园设置了三大学习区：益智区、建构区、自然艺术区，落实课程。以小变大，巧用空间，资源整合，值得推荐。

（2）课程均以孩子为本，培养其自主学习的能力。不管是主题教学，还是学习区活动，均以孩子自主探索，教师作为参与者、支持者在鹰架孩子的学习，促其成长。台东县立新生幼儿园的KAPLA建构区课程，就充分体现了以孩子自由探索为主，教师适当支持、提升经验的课程理念，并把教育大纲里的教学目标有机地整合渗透在建构活动中。

（3）课程有融合的特点。在台湾当地幼儿园的课程里，你会发现有瑞吉欧的教学模式，也有蒙台梭利的自由工作环节，有华德福的自然教育，还有福禄贝尔的"恩物"教具的实际运用。虽然他们没有宣称自己是蒙氏教育或华氏教育等，但你会发现这些教育理念在幼儿园里都得到了实践。实际上是整合了世界经典课程的精髓，结合台湾当地的实际，在实践中生成适合本园的课程。所以说，好的教育都是相通的。

我认为，只要是遵循孩子的发展规律，孩子能得到健康发展的课程都是好课程。顶层设计是基础，有效落实才是关键。

二、关于管理

良好的管理是幼儿园可持续发展的重要保障，管理是一门学问，更是一门艺术。有人主张制度化管理,而有人倾向人性化管理;有人注重层级管理,而有人主张扁平化管理。对于幼儿园的管理,到底采取怎么样的管理方式更科学、有效呢?我一直在思考着这个问题。

台湾大学附设幼儿园的管理有个鲜明的特点,他们提倡打造"雁型团队"。戴园长的这种管理思想给我很大启发,简单地说,就是幼儿园里管理人员和教师是一个团队……比如:这次的接待参访活动就是由中班的刘老师一手策划、组织、接待的,连戴园长的发言时间也是由刘老师来安排的。

反观现在许多幼儿园,能真正做到"轮流当家、统筹园所"的幼儿园少之又少,大部分都是园长永远在前面带领大家往前跑,是什么原因造成的呢?园长喜欢高控?园长不放心、不敢放手给下属?还是下属太差,撑不起来?在这里,我不能一一分析,但我想"雁型团队"给了我一些启示。

①园长的观念很重要!愿意给基层幼师机会锻炼,愿意搭平台给下属展示,这是一种气度与智慧。首先,只要相信每个人都有他的专长,都有适合他的位置,那么就有了让其做头雁的理由。其次,每个人的成长都需要一个过程,如果注重其成长的过程,就不必在意事情办得是否完善,也更有了放手的心态。

②优秀的园长应该能带出一个优秀的团队。在业内,不乏有一些"领袖型""英雄式"园长,园长自己个人很优秀、很知名,但其团队却很默默无闻、无人问津。在我看来,园长做好榜样,不断进取,完善自我固然重要,但与此同时,如能带出一个优秀的队伍,支持下属每个人都能找到自己的亮点,促其专业发展,在行业内能发光发亮,并有"一席之地",这样的园长才是真正优秀的园长,才能真正做到后继有人,青出于蓝胜于蓝,那么幼儿园才会有更好的发展。

③支持员工实现自我价值,于员工、幼儿园而言,是一个双赢的过程。根据马斯洛需求层次理论,人的最高需求是自我价值提升的实现,以员工为主体,创造机会,让其担当,自我督促,这是一种锻炼,也是其体现自我价值的过程,既满足了员工的需求,更促进了园所的全面发展。当然创造机会给下属锻炼或展示,园长在其背后专业指导,也是很重要的。

三、关于环境

参观台湾大学附设幼儿园和东海大学,给我留下最深刻印象就是他们那自然、生态、朴素的户外环境。幼儿园里没有昂贵的大型玩具,也没有鲜艳的塑胶操场,有的是大片的草地、泥地、种类繁多的果树,有心栽种的各种植物,以及孩子们最爱玩弄的沙子、石头等。在大学里,感觉也是除了一些古老的建筑外,剩下的全是碧绿的草地和各种参天大树。行走在校园里,非常的轻松愉悦。

随着城市化的建设,我们生活在钢筋水泥的世界里,人们越来越渴望绿色,渴望回到大自然的怀抱。大自然的力量是无穷的,人类需要大自然的恩赐与滋养,孩子更是如此!只有亲近大自然,方能健康发展!特别是城市中的孩子,在不断亲近电视、电脑等电子产品的同时,越来越少机会去享受玩泥巴、捉泥鳅、听林间鸟鸣的大自然之乐,"大自然缺失症"已越来越在都市孩子们中凸显。通过调查发现,少与大自然接触的孩子,相对而言更急躁、易发脾气;在描绘大自然的物体时,几乎千篇一律,不切实际,不会表达;在人际交往方面，不够宽容、比较自我等。因此，如何让孩子们避免"大自然缺失症"也越来越受到社会关注。

所以，我的思考是：让幼儿回归自然的环境，让教育回归真实的生活，这是一种趋势，也是一种必然。作为幼教工作者，我们应该努力从点滴做起，让我们的孩子多一点接触自然，让孩子的童年少一点遗憾。下面说说个人的几点想法：

（一）带孩子走进大自然

1. 幼儿园应呼吁家长多带孩子走进大自然

喜欢在大自然里玩耍，是每个孩子的天性，他们对大自然有着天然的亲近之情。建议家长利用休息时间，尽量多带孩子到公园、河边、森林等地方去，和孩子们一起观察动植物、玩水、玩沙、骑车、野餐、制作植物标本……让孩子们在情绪快乐的同时又锻炼了身体，增强体质，一举两得。

2. 教师可以善用周边的各种自然资源开展活动

自然资源是幼儿园可利用的园外教育资源之一，幼教工作者应充分利用好自然资源，顺应孩子喜爱亲近自然的天性，多带孩子走进自然，接触自然。带孩子们到公园、农场等天然课堂里，开展写生、观察等活动，让孩子们在自然环境中快乐地游戏、学习，促进他们的身心有益发展；多组织班里的家长孩子到大自然中去，开展春游、拓展、露营等亲子体验活动，增进其亲子感情。

（二）为孩子创设自然的教育环境

1. 幼儿园应尽量创设自然、生态的户外环境

幼儿园应该尽量巧用各种花草、树木、泥土和沙石，为孩子们创设一个自然生态、有教育功能、以孩子为本的户外场所，让孩子们的身心都能得到锻炼、滋养和健康发展。

2. 班级里应尽量提供自然、真实的操作材料

班级里的操作材料，也可以多选择来自大自然的、有生命的物品，比如松果、小石头、木制品、干花等，让孩子们的学习更贴近生活、贴近自然，从而更热爱、敬畏自然与生命。

四、关于户外运动

在台湾参观了几所幼儿园，本人在园所管理、课程设置和教育观念等方面受益匪浅，但是在阳光体育锻炼这一块感觉台湾没有大陆重视，因为在参观的几所幼儿园的户外场地，我们都没有看到丰富的体育器材和体育锻炼功能区。当然，每间园所的参观时间有限，园方也没有过多介绍其健康课程，也有可能是误解。

《幼儿园教育指导纲要》里也指出，要把保护幼儿的生命和促进幼儿的健康放在工作的首位。俗话说得好，"身体是革命的本钱"。我认为，保证幼儿的户外体能锻炼，促进幼儿的身体健康，是幼儿园教育工作的重要内容，为幼儿创设一个安全、科学、合理、有效的户外运动区域是关键。

一般来讲，幼儿园的户外区域运动应该是根据幼儿园的环境，因地制宜地把各种不同的场地创设成不同的运动区域，然后投放不同的材料，让幼儿在有准备的运动环境中开展丰富的活动，从而达到锻炼幼儿身心健康的目的。比方说：

①草地上：可以投放各种材料设置平衡、跳跃、大垫子、钻爬、高低杠等运动区域。

主要锻炼幼儿的下肢力量，对身体的灵敏性、平衡性和协调性有较大的提升作用。

②山坡上：可以利用山坡的坡度设置匍匐前进、翻滚、投掷等运动区域。主要促进幼儿前庭器官发育，是提升幼儿空间、方位、感知力的手段之一。

③树林里：可以利用树木设置攀登、攀爬、空中行走、荡绳等运动区域。主要锻炼幼儿的上臂、手指和手腕的力量，对幼儿的意志品质、四肢灵敏与力量素质有较大的促进作用。

④沙池里：可以利用安全柔软的沙面设置爬杆、攀岩及自由建构等运动区域。主要锻炼幼儿的身体控制、协调，提升幼儿的自我挑战、注意力和控制力。

⑤操场上：可以利用硬地设置各种球类、车类等运动区域。全面锻炼幼儿的驾驶能力、合作能力、力量、耐力等。

五、关于细节

都说台湾人温柔、细致、专注。在台湾考察的日子里，我是深深地感受到了。

1. 接待团队

这次到台湾考察，负责接待我们的是东莞台商育苗教育基金会。陪伴我们15天的司机白熊大哥、导游吕老师、和蔼可亲的朱园长，他们带给我们不仅是热情细致的安排，更多是无微不至的关怀。合理安排好学习行程；提前准备好小组移动WiFi；尽力解决同学们工作、生活上的事情等。最让人难忘的是，两位同学恰巧在台湾过生日，他们便悄悄准备了蛋糕和香槟，所有的人感动不已……

2. 园所环境

以台湾大学附设幼儿园为例，在户外环境的创设上，他们非常注重细节，注重人与自然的互动，真是处处见教育。首先，园所植物的种植，就非常讲究。最外圈是蜜园植物，蜜蜂们的家；往里是果树，孩子们可能观察果实的成熟过程；最里面是遮阴植物，盛夏可以乘凉玩耍。其次，在园里的很多大树下面都会有一个小木台，散放着一些干果，专门给小松鼠吃的，关注生命教育。还有，幼儿园非常注重环保生态教育：巨大的雨扑满是用来储雨水，用于灌溉；户外的小水桶可以储存男孩子的小便，稀释后做肥料；墙角的大木箱是用来收集落叶，然后放进木箱里发酵成肥料……

3. 公共设施

最让我感动的是这里细微的人文关怀，拿公共设施举例：电梯的按键、公交车、停车场、洗手间等地方都专门设置了残障人士使用专区；地铁上的孕妇专座；许多卫生间都设置了亲子卫生间；还有清晰明了的垃圾分类箱、方便取用的狗便清洁袋等等。这些细致暖心的服务，随处可见。

六、关于台湾人

没去台湾前，就常听去过的人说："最美台湾人！"亲自到过台湾，亲身感受后，才知道什么叫名不虚传、实至名归——最美台湾人！

分享我自己亲身经历的三件小事，让您也感受一下台湾人的美是怎样的一种美。

第一件：借WiFi。记得在新北市的九份旧道了解民俗时，我走丢了，找不到队伍。由于手机没有开通漫游不能打电话也不能联网，只能靠WiFi上微信联络导游。于是走进一家小店寻求帮助。老板了解情况后，便热情地告诉我，他们店虽然没有WiFi，但是她手机有流量，可以开热点给我用。于是，我很快就联系上团队，知道集中地点后，她又认真地画了个简易地图告诉我该如何走。于是，我非常顺利地找到了"组织"。

第二件：问路。在台北的一家诚品书店买书时，找不到《人智学启迪下的儿童教育》这本书，请工作人员帮忙用电脑查找得知，原来整个台湾的诚品书店库存就只有一本，就在附近的另一家诚品书店。工作人员帮忙电话订购后，我就准备和几位同学打车过去取。出书店门口遇上一位小哥在散步，本打算想问问去哪里打车前往方便，小哥知道原委后却说："不用打车浪费钱了，我带你们走几段路，很快就到。"于是，小哥便带着我们走了起来，路上还热情地介绍当地的经济、文化等情况。很快，拐过几个路口，便看到书店了。我们说："谢谢您了，小哥。"他说："不用不用！"

第三件：小狗。午饭后，我们一帮同学站在路边等车，这个时候一位阿姨提着一只小狗从对面马路走过来，有着"帅气发型"的小狗乖乖地待在篮子里，悠闲地四处张望，非常可爱。一下子吸引了我们的目光，从远处就开始盯着小狗看，并开心地讨论起来。阿姨发现了我们对小狗的关注，就主动走过来，开心地给我们介绍起来小狗名字、年龄、喜好等，并解释狗狗已经是晚年时期了，不适宜走太多路，所以为了它的健康，出门都会让它待在篮子里……一时间，大家都围着小狗欢乐地聊着。

总而言之，热情、友善、真诚——就是我认为台湾人的美之所在！

七、关于台湾幼教学府

1. 台北市立大学（台北）

台北市立大学是由台北市立教育大学及台北市立体育学院合并而成的综合性大学，拥有118年的历史。其教育学院下设幼儿教育学系，主要培养与幼儿互动的专业幼教人员，学制四年。这些学生毕业后可以直接从事幼儿园教师的工作，或者从事与幼教相关的工作。该系除大学部外，还设有研究生和在职研究生培训专业，是一所师资培育典范大学。副教授陈正干给我们做了题为《游戏在幼儿发展与学习的功用》的报告，他从儿童游戏中的冲突、游戏内容的发展、幼儿园课程与教学品质评估等方面介绍了台湾幼儿园教育的一些做法。

2. 亚洲大学（台中）

亚洲大学是一所年轻、生态、自然、人文气息非常浓厚的大学。校园里绿树成荫，到处可见懒散晒太阳的大狗，教学楼里的走廊外布满了绿色植物，无数鸟儿欢畅地飞来飞去，幼儿教育学系就设在这栋楼里。幼儿教育学系系主任陈昇飞副教授介绍了该系旨在培养优秀的全方位幼儿教育师资，该系学生除了学习本专业课程之外，还有自由选修的幼儿特殊教育与保姆照顾课程。在参观环境中我看到了蒙台梭利教室、情景教室，还有保姆教室里一些学生正模拟照顾喂养小BB（1:1的塑料娃娃）。讲座教授卢美贵激情而幽默地为我们作了题为"绘本美学——听说、画唱、编演"的报告，介绍了台湾绘本教学，她认为进行绘本教学首先要了解孩子，然后了解绘本，最重要的是自己有兴趣、有创新思维。

3. 台湾师范大学（台北）

台湾师范大学前身是1922年创立的"台湾总督府高等学校"，属台湾顶尖大学之一，2015年英国QS公布为教育类全球排名前22名。进校门的正中央矗立着"诚、正、勤、朴"四个大字，接待我们的戴建耘博士曾留学美国，他用幽默风趣的语言向我们介绍了台湾师大的情况、台湾学制以及台湾职业教育课程，还展望未来将会用机器人做幼儿老师的助手。台湾师大设人类发展与家庭学系，分为家庭生活教育组、幼儿发展与教育组、营养科学与教育组，三组均设有大学部、硕士班和博士班，为幼儿园及幼教学府输送各层次的人才。

参观完几所幼教学府，我们了解到台湾幼教职前教育的学制、学程及培养方向。学历分职高、大学、研究生、博士生；人才培养的梯队为保姆、教保人员、教师、行政人员以及与幼儿教育相关的行业人员；在课程学习中重视实际操作，如蒙氏教具和福禄贝尔的恩物是每个学生都要掌握的，还有照顾婴儿的具体实操是每个幼保人员都要过关的等。

八、结语

15天的考察学习，让我可以静下心来好好学习和吸收不同地域的文化精髓，借鉴有益的经验，并在和老师同学们的探讨交流中，开阔视野、增长阅历。这就是我这次台湾之行最大的收获。

台湾地区幼儿园情绪领域教育及其启示

■ 广州市越秀区教师进修学校　许　凯

近年来，我国对幼儿心理健康教育日益重视，《幼儿园工作规程》《幼儿园教育指导纲要（试行）》《3～6岁儿童学习与发展指南》中都有相关的表述。相比较而言，台湾地区《幼儿园教保活动课程暂行大纲》将"情绪"单列为重要发展领域，更突显了对幼儿心理健康教育的关注。其框架和内容对我们开展幼儿情绪教育，最终促进幼儿的心理健康发展有积极的借鉴价值。

一、台湾地区《幼儿园教保活动课程暂行大纲》内容框架

2012年出台的台湾地区《幼儿园教保活动课程暂行大纲》标志着台湾地区幼儿的教育教学有了新的依据和发展方向，在较高层面规划了幼儿的学习和发展蓝图。它立足人的陶养，确立了课程大纲的宗旨及总目标，将课程分为身体动作与健康、语文、认知、社会、情绪和美感等六大领域。每个领域包含领域目标、领域内涵、实施原则三个方面的内容。同时，每个领域还根据领域目标，设定了该领域的课程目标，再根据各年龄层幼儿的学习任务，规划出分龄学习指标，这些学习指标反映的是幼儿学习的方向，强调在幼儿先前经验及能力的基础上，朝着学习目标的方向进一步学习。《幼儿园教保活动课程暂行大纲》通过统整六大领域课程规划与实践，主要培养幼儿在感知辨识、表达沟通、关怀合作、推理赏析、想象创造、自主管理等方面的能力。

二、台湾地区《幼儿园教保活动课程暂行大纲》情绪领域内容

台湾地区《幼儿园教保活动课程暂行大纲》将"情绪"单列为一个独立领域，与其他五个领域并列。情绪领域的创设，标志着台湾地区沿用二十多年的幼儿园课程体系做出了很大的调整，幼儿园保教活动方式发生了改变，同时也显示出台湾学前教育界关于幼儿学习与发展、教保活动课程、教保人员角色等观念发生了一系列改变，这些将对台湾幼儿教育未来发展走向产生较长时间的影响。其背景是20世纪80年代以来世界范围内情商和情绪智力的研究热潮影响下岛内学界关于情绪教育的本土研究的兴起，使岛内学者关于情绪对个体发展的重要意义、情绪教育的可能性达成了共识。

台湾地区《幼儿园教保活动课程暂行大纲》情绪领域的目标定位为"接纳自己的情绪；以正向态度面对困境；拥有安定的情绪并自在地表达感受；关怀及理解他人的情绪。"在领域内涵部分，《幼儿园教保活动课程暂行大纲》阐明了情绪的概念及幼儿情绪发展的规律，明确了情绪领域着力要培养的是幼儿处理情绪的能力，简称为情绪能力。这种情绪能力又包括"情绪觉察与辨识"能力、"情绪理解"能力、"情绪调节"能力和"情绪表达"能力。这些具体的情绪能力根据情绪产生来源，可分为"自己"和"他人与环境"两个维度。前者是指"自身因受到环境的刺激而产生情绪反应"，后者是指"幼儿可以感受到他人受环境刺激而产生的情绪反应；"或"幼儿以拟人化形式投射自身对环

境中事物刺激（包括环境中的动植物、物件、文本及影片等）的情绪反应。"

综合以上四项情绪能力和两个维度，形成了情绪领域的课程目标（表1），并在课程目标基础上，对应形成了2～6岁各年龄段的学习指标（表2以"情绪察觉与辨识"目标为例列出了各年龄段学习指标）。

表1 情绪领域课程目标

两个面向 情绪能力	自己	他人与环境
情绪觉察与辨识	1-1 觉察与辨识自己的情绪	1-2 觉察与辨识生活环境中他人和拟人化物件的情绪
情绪表达	2-1 合宜地表达自己的情绪	2-2 适当地表达生活环境中他人和拟人化物件的情绪
情绪理解	3-1 理解自己情绪出现的原因	3-2 理解生活环境中他人和拟人化物件情绪产生的原因
情绪调节	4-1 通过策略调节自己的情绪	

表2 "情绪察觉与辨识"目标的各年龄段学习指标

学习指标 课程目标	2～3岁	3～4岁	4～5岁	5～6岁
1-1 觉察与辨识自己的情绪	1-1-1 知道自己常出现的正负向情绪	1-1-1 →	1-1-1 辨识自己常出现的复杂情绪	1-1-1
	1-1-2 知道自己的同一种情绪存在着两种程度上的差异	1-1-2	1-1-2 辨别自己的同一种情绪有程度上的差异	1-1-2 辨识自己的同一种情绪在不同情境中会出现程度上的差异
			1-1-3 辨识自己在同一事件中存在着多种情绪	1-1-3 →
1-2 觉察与辨识生活环境中他人和拟人化物件的情绪	1-2-1 觉察与辨识常接触的人和拟人化物件的情绪	1-2-1 →	1-2-1 从事件脉络中辨识他人和拟人化物件的情绪	1-2-1
		1-2-2 辨识各种文本中主角的情绪	1-2-2 →	1-2-2

在情绪领域的"实施原则"部分,《幼儿园教保活动课程暂行大纲》强调情绪领域教保活动实施的原则就是建立幼儿能理解及接纳自己和他人情绪的情境,并学习以合宜的情绪状态面对自己和他人。同时,《幼儿园教保活动课程暂行大纲》对教保人员应遵守的教学原则和评量原则进行了较为详细的论述。教学原则涉及环境营造、因材施教、身教示范、随机教育等多方面,强调接纳情绪、鼓励表达、尊重差异、适时引导。评量方面倡导根据幼儿情绪的整体表现进行定期分析评量,而不是针对特定时间的某一时间进行评量,并提出了教保人员对幼儿情绪进行观察分析、对自身教学进行反思可参考的一些要点。对此,有学者认为"将反思写入课程纲要中,有利于增强教师的反思意识,提高教师的重视程度"。

三、台湾地区情绪领域教育对祖国大陆地区幼儿心理健康教育的启示

1. 关注幼儿情绪教育,突出幼儿心理健康教育的重点

随着全社会对幼儿心理健康问题的关注,近年来对幼儿心理健康教育的探讨日益增多,学前教育法规及重要文件中也有相关的表述。2001年颁布的《幼儿园教育指导纲要(试行)》中强调"树立正确的健康观念,在重视幼儿身体健康的同时,要高度重视幼儿的心理健康。"2012年颁布的《3~6岁儿童学习与发展指南》不仅在说明部分强调"促进幼儿身心全面和谐发展",还在健康、社会两个领域提出了与幼儿心理健康密切相关的各层次的幼儿学习与发展目标,如"情绪安定愉快""较快融入新的人际关系""具有自尊、自信、自主的表现""喜欢并适应群体生活"等,并在"情绪安定愉快"目标项中描述了不同年龄段幼儿在情绪方面的典型表现。2016年出台的新《幼儿园工作规程》在原则部分特意增加了"促进幼儿身心和谐发展"这样的表述,第十九条增加了"幼儿园应当关注幼儿心理健康,注重满足幼儿的发展需要,保持幼儿积极的情绪状态,让幼儿感受到尊重和接纳"。总体看来,祖国大陆重视幼儿心理健康教育,但相关的教育目标和内容较笼统、重点不突出。

个体的心理健康与情绪息息相关,在当前的幼儿心理健康教育中,情绪教育是非常重要的一项内容。大陆地区相关的课程指导主要体现在《3~6岁儿童学习与发展指南》中健康领域-身心健康子领域目标2"情绪安定愉快"版块所描述的不同年龄段幼儿在情绪方面的典型表现和相关教育建议。相比之下,台湾地区《幼儿园教保活动课程暂行大纲》将"情绪"单列为一个发展领域,更突显了情绪教育在幼儿心理健康教育中的重要地位。这也启发我们在本地区、本园的教育实践中进一步细化幼儿心理健康教育的目标和内容,抓住"情绪教育"这个重点难点进行持续、深入的探索,这样才有可能大幅度提高幼儿心理健康教育的成效。

2. 重视幼儿的情绪认知及表达,真正促进幼儿心理健康发展

《3~6岁儿童学习与发展指南》"情绪安定愉快"目标板块中描述了不同年龄段幼儿在情绪方面的典型表现,三个年龄段共涉及8项指标或典型表现,其中5项涉及情绪状况及情绪调节,2项涉及情绪表达,1项涉及情绪认知。总体上看,我们较多强调情绪控制,潜在地将负面情绪看作是不利于集体氛围和人际关系的,重视情绪保持在安定愉快状态,而对各种情绪的认识、理解和表达强调不充分。而台湾地区《幼儿园教保活动课程暂行大纲》中情绪领域的课程目标包括了情绪觉察与辨识、情绪表达、情绪理解、情绪调节

等四项能力，在各年龄段学习指标中，情绪认知和情绪表达方面的学习指标是占比最多的内容。而且，对情绪认知和表达的重视从2～3岁阶段已经开始了。

这给我们带来很大的启发：我们必须认识到，幼儿有复杂的情绪体验，有情绪认知的基础和需要，而幼儿的情绪认知对于其情绪表达和情绪调节策略的运用有着至关重要的影响。幼儿如果认识到自己的情绪是怎样的，就能更准确地表达情绪；幼儿如果理解了情绪产生的原因是什么，就能更好地采取适当策略来调节情绪。幼儿有表达情绪的需要，表达情绪本身就有释放排解负面情绪的功能，同时也是幼儿获得帮助和建议的重要基础。过多强调情绪控制，会使幼儿不愿意或不习惯表达情绪，导致很多情绪问题被掩盖，负面情绪得不到及时的疏导，长此以往是不利于幼儿心理健康发展的。对情绪控制的强调与东亚文化对情绪掩蔽的态度有关，与西方文化相比，中国文化并不是那么提倡负面情绪的表达与表现。在一项关于教师对幼儿情绪表达事件的态度的研究中也发现，幼儿消极情绪表达事件中教师常采用消极态度。但鉴于祖国大陆和台湾地区有相似的文化背景，我们可以借鉴台湾地区对幼儿情绪认知和情绪表达给予重视的理念和做法，从促进幼儿心理健康发展的角度出发，主动调整传统文化的固有思维，探索本土化的幼儿情绪教育模式。

3. 加强幼儿情绪教育实践指导，提高幼儿教师心理健康教育能力

台湾地区《幼儿园教保活动课程暂行大纲》情绪领域在基本理念统摄下，将情绪教育的目标分为领域目标、课程目标、学习指标三个层次，围绕核心概念，逐层细化。使看起来似乎无从入手的幼儿情绪教育"不但目标框架清晰，而且方法步骤清晰有效，为幼儿园课程开发研制提供了难得的技术与知识借鉴，贡献不小。"

其"实施原则"部分则对教保人员进行幼儿情绪教育给予了实操性的指导。例如在教学原则方面，倡导提供一个接纳、温暖及开放的环境，包括适宜的活动空间、稳定的作息安排、丰富的游戏材料、关爱接纳的人际关系等。倡导既鼓励幼儿表现正向的情绪，同时也接纳幼儿负向情绪的自然流露，逐步引导幼儿学习以符合社会文化的方式来表达情绪，对情绪能力较弱的幼儿要更多关注并提供学习机会或设计课程活动。倡导教师要做知觉自身情绪、调节自身情绪的正面身教示范，同时抓住生活中情绪事件开展随机教育，帮助幼儿发展情绪能力，等等。此外，对于如何进行情绪领域的评量，《幼儿园教保活动课程暂行大纲》也提供了具体的指导，例如：怎样依据该领域课程目标和年龄段学习目标对幼儿进行日常观察和资料收集，并定期分析幼儿的情绪能力表现，为调整后续课程内容、教学方法或个别指导提供参考等。这些实操性的指导对于幼儿情绪教育的有效落实起到了积极的促进作用。

目前祖国大陆还缺乏针对幼儿情绪教育或心理健康教育的具有较强实践指导性的文件或课程大纲，《3～6岁儿童学习与发展指南》中列举了一些与幼儿心理健康教育有关的教育建议，但未达成系统性和全面性。在这样的背景下，一方面我们期待相关部门陆续出台相关的实操指导性文件，切实助力幼儿心理健康教育实践。另一方面也需要各地教科研部门和幼儿园继续加强幼儿心理健康教育方面的研究和实践，推进幼儿心理健康教育课程的开发，形成具有指导性、推广性的理念和做法，不断提高教师开展幼儿心理健康教育的能力。